GRAHAM PHILLIPS

PARZIVALS HEILIGER GRAL

Auf der Suche nach der geheimnisvollsten Reliquie der Menschheit

Aus dem Englischen von Christiane Jung

Deutsche Erstausgabe

WILHELM HEYNE VERLAG
MÜNCHEN

HEYNE SACHBUCH
Nr. 19/545

Titel der englischen der Originalausgabe:
THE SEARCH FOR THE GRAIL
Erschienen 1996 bei Arrow Books Ltd., London

Umwelthinweis:
Das Buch wurde auf
chlor- und säurefreiem Papier gedruckt.

Redaktion: Wolfgang Schuler

Copyright © 1995 by Graham Phillips
Copyright © der deutschsprachigen Ausgabe 1997 by
Wilhelm Heyne Verlag GmbH & Co. KG, München
Printed in Germany 1997
Umschlagillustration: Archiv für Kunst und Geschichte, Berlin
Umschlaggestaltung: Atelier Adolf Bachmann, Reischach
Technische Betreuung: S. Hartl
Satz: Pinkuin Satz- und Datentechnik, Berlin
Druck und Verarbeitung: Presse-Druck, Augsburg

ISBN 3-453-12323-9

Inhalt

Danksagung — 7

Vorwort — 9

Teil I
Die Suche nach König Artus

1 Die Artusromane — 17

2 Die ersten Berichte — 39

3 Historische Schriften — 55

4 Wann hat Artus gelebt? — 71

5 Auftakt zur Schlacht von Badon — 85

6 Artus von Britannien — 103

7 Auf den Spuren des Bärenkönigs — 127

8 Die Insel Avalon — 143

Teil II
Die Suche nach dem Heiligen Gral

9	Die Gralsdichtungen	169
10	Ketzerei im Weißen Land	191
11	Der Kaiserkönig	209
12	Artus' Erben	229
13	Parzival	247
14	Das Geheimnis der Tarockkarten	269
15	Das geheime Evangelium	283
16	Robin und Marian	299
17	Die Hirtenlieder	321

Chronologie der Ereignisse	347
Bibliographie	355
Register	367

Danksagung

~~~~~~~~

Graham Phillips möchte folgenden Personen für ihre unschätzbare Hilfe danken: Mark Booth, Anthony Whittome, Lyndsay Symons, Elizabeth Rowlinson, Karina Attar, Tracey Jennings, Dan und Susanna Shadrake, Malcolm Ordover, Steven Griffin, Melissa Marshall, Victoria Palmer, Jean Astle, Kerry Harper, Caroline Wise, Steven Wilson, der Verwaltung und dem Personal von Hawskstone Park, Francesca Price, Michael Hurll Television Ltd., Brian Blessed, Martin Keatman, der Familie Edwards, Mrs. Sheila Lea, Geophysical Surveys of Bradford, Mike Stokes und Roger White.

Vorwort

Der Heilige Gral

Da sie aber aßen, nahm Jesus das Brot, dankte und brach's und gab's den Jüngern und sprach: Nehmet, esset; das ist mein Leib. Und er nahm den Kelch und dankte, gab ihnen den und sprach: Trinket alle daraus; das ist mein Blut des neuen Testaments, welches vergossen wird für viele zur Vergebung der Sünden.

Matthäus 26: 26-28

Der Heilige Gral hat seit Beginn des Mittelalters eine einzigartige Stellung in der westlichen Vorstellungswelt eingenommen. Auch heute noch ist er ein herausragendes Thema, das immer wieder in der modernen Literatur auftaucht. Jahrhundertelang hat er Autoren, Maler und Musiker inspiriert. Heute strahlt sein magischer Zauber von Kinoleinwänden und Fernsehschirmen. Der heilige Kelch soll die Kraft haben, alle Krankheiten zu heilen und der Welt Frieden und Wohlstand zu bringen. Damit verkörpert der

Gral die Unsterblichkeit und die Erfüllung aller Träume und Wünsche.

In all den Jahren wurde die Suche nach dem Gral zu einem ebenso wichtigen Motiv wie dieser selbst. In der Literatur des Mittelalters suchten die mittelalterlichen Helden in heldenhaften romantischen Abenteuern nach dem Gral und gelangten durch die Aufgaben, die ihnen bei der Suche auferlegt wurden, zu Einsicht und Erleuchtung. Es wurde beinahe unwichtig, daß der Gral niemals gefunden wurde; die wahre Suche war die nach Weisheit, und das Verständnis des eigenen Selbst war der Lohn. In vielen mittelalterlichen Geschichten fungierte der Gral schlicht als Lockmittel, um den Helden in das ultimative Abenteuer zu locken: die Suche nach dem wahren Lebenssinn in dieser Welt. Das ist der Gral, wie er in den Bildern der Präraffaeliten und den Versen der romantischen viktorianischen Dichter des 19. Jahrhunderts dargestellt wurde. Dieses Bild wurde zum Thema moderner Romanschreiber und von Hollywoods Drehbuchautoren. Doch was ist der Heilige Gral wirklich? Hat er tatsächlich existiert? Oder existiert er gar noch immer. Für die meisten Menschen gehört der Gral heute ins Reich der Fabel. Im Mittelalter jedoch wurde er nicht einfach als ein magisches Objekt betrachtet, sondern als die heiligste christliche Reliquie. Der Glaube an die Existenz des Grals war kein Aberglaube, sondern tiefer religiöser Glaube.

In den meisten Gralserzählungen des Mittelalters ab dem 13. Jahrhundert ist der Gral jener Kelch, den Christus beim letzten Abendmahl benutzt hat und in dem der Wein zu seinem Blut wurde. Es heißt, seine Jünger hätten ihn während der römischen Verfolgung versteckt, bevor er nach Britannien gelangte, wo er später bei König Artus und seinen Rittern zum Gegenstand der Suche wurde. Millionen Christen in aller Welt glaubten fest daran, daß Jesus der Sohn Gottes ist und daß das Wunder des letzten Abendmahles wirklich stattgefunden hat. Für Christen gab es keinen Zweifel, daß der Abendmahlskelch tatsächlich existierte; und im Mittelalter glaubten viele, daß er sich noch immer irgendwo befand.

Normalerweise sind Reliquien die sterblichen Überreste von Heiligen, aber auch Kleider und Gebrauchsgegenstände. Man glaubte, daß Reliquien eine göttliche Macht besäßen: Sie sollten Krankheiten heilen, vor bösen Mächten schützen und für das Seelenheil sorgen. Im Mittelalter waren Reliquien höchst begehrt. Für viele Mönche war es eine heilige Pflicht, sie aufzuspüren und ihren Äbten auszuhändigen. Überall in Europa wurden sie in Kirchen und Klöstern ausgestellt, die von Tausenden von Pilgern in der Hoffnung besucht wurden, daß ihnen vor dem Reliquienschreinen Hilfe, Heilung oder Erleuchtung zuteil würde. Die Pilger zahlten gern für einen Blick auf die Reliquie oder eine Berührung des Reliquiars, so daß die Kirchen, Klöster und Kathedralen, die die Gebeine berühmter Heiliger aufbewahrten, zu großem Reichtum gelangten. Oft wurde ein religiöses Zentrum nur wegen seiner Reliquien reich und mächtig.

Ein gutes Beispiel dafür ist Glastonbury Abbey in

Somerset. Die eindrucksvollen Ruinen stammen aus dem späten 12. Jahrhundert. Ein älteres Gebäude wurde durch ein Feuer 1184 zerstört. Nach dem Feuer benötigte das Kloster dringend Geld für den Wiederaufbau. Der einzig sichere Weg, Geld einzutreiben, war, das Interesse der Pilger auf sich zu lenken. Im Jahr 1190 behaupteten Mönche, sie hätten bei Renovierungsarbeiten in den Grundmauern die Knochen der drei berühmten Heiligen Patrick, Gildas und Dunstan, der Schutzpatrone des Klosters, entdeckt. Die Reliquien wurden ausgestellt und führten zu großzügigen Spenden von unzähligen Gläubigen. Das Kloster wurde so reich, daß es als eines der herrlichsten in ganz England wiederaufgebaut werden konnte.

Im Mittelalter waren Reliquien ein Geschäft, und die begehrtesten waren die, die man mit Christus selbst in Verbindung bringen konnte. Da die Bibel berichtet, daß Jesus in den Himmel aufgefahren sei, konnten seine Gebeine nicht auf der Erde existieren. Daher galten Gegenstände, mit denen er zu tun gehabt hatte, als Reliquien. Die vielen Splitter vom Kreuz hielt man für echt, ebenso das berühmte Leintuch, mit dem der Gekreuzigte bedeckt worden sein soll. Und wenn er existierte, wäre die heiligste Reliquie der Kelch, der einst Christi Blut enthalten hatte: der Abendmahlskelch.

Die älteste Erwähnung des Grals als Name für den Kelch Jesu stammt vom burgundischen Dichter Robert de Boron; seine ›Geschichte des Heiligen Gral‹ schrieb er um 1200. Die Bibel erzählt, wie Joseph, ein reicher Händer aus Arimathia, den Körper Jesu nach der Kreuzigung in seinem eigenen Grab bestattete. Nach Robert erhielt Joseph von Arimathia den Abendmahlskelch von Pilatus und verwendete ihn, um bei der Kreuzigung Jesu dessen Blutstropfen aufzufangen. Im Epos erlebt Joseph eine Reihe von Abenteuern, die ihn und den Gral nach Britannien, in die ›Täler von Avalon‹ führen.

In den folgenden Jahrzehnten schrieben andere Autoren sehr ähnliche Romane, in denen der Gral als legendärer Kelch aus Gold und Silber geschildert wird. Falls ein Trinkgefäß, das bei einem improvisierten Mahl im Palästina des 1. Jahrhunderts verwendet wurde, in der Folgezeit wirklich heil geblieben sein sollte, so ist es doch sehr unwahrscheinlich, daß es aus so wertvollen Materialien hergestellt war. Vielmehr müßte es ein einfaches Gefäß aus Holz, Stein oder Tonware gewesen sein. Zudem paßt ein derart kostbarer Gegenstand eigentlich nicht so recht zu Jesus, dem bescheidenen Sohn eines Zimmermanns.

Doch abgesehen von seinem Aussehen und seiner Beschaffenheit, könnte der Gral tatsächlich unbeschädigt irgendwo auf den Britischen Inseln versteckt sein?

Der Name, der unauslöschlich mit dem Gral verbunden ist, ist der von König Artus. In fast allen mittelalterlichen Geschichten über die Gralsuche sind Artus und seine Ritter die zentralen Figuren. Sie suchen und finden die heiligste Reliquie. Daher müssen wir vor der Abwägung des Wahrheitsgehalts der Gralserzählungen zunächst nach König Artus forschen. War er nur eine Erfindung des Mittelalters? Oder hat er wirklich existiert?

Teil I

Die Suche nach König Artus

1

DIE ARTUSROMANE

Die Geschichte von König Artus, wie wir sie heute kennen, stammt aus der Feder des englischen Ritters Sir Thomas Malory und wurde 1485 unter dem Titel *Le Morte d'Arthur* (Der Tod Arthurs) gedruckt. Malory hat die Geschichte nicht erfunden. Er sammelte vielmehr eine große Anzahl bereits existierender Sagen und erzählte sie neu. Da sein Werk zu den ersten gedruckten Büchern gehörte, galt es bald als Standardwerk. Und doch findet sich im Mittelalter – der Zeit der höfischen Kultur, der Turniere und Ritter in Rüstungen, in der die Geschichten zu spielen scheinen – kein Hinweis auf einen solchen historischen König, weder in England noch anderswo in der christlichen Welt. Selbst wenn wir bis zur Eroberung der Normannen (1066) zurückblicken, finden wir keinen König Artus. Und noch weiter zurück: Auch im 9. Jahrhundert, als Athelstan der erste Sachsenkönig von ganz England wurde, gab es keinen Herrscher mit diesem Namen. Wer also war Artus? Wie konnte eine solch unbestimmte und undeutliche Figur eine derartige Berühmtheit erlangen?

Zur Beantwortung dieser Frage müssen wir die Entwicklung der Artuserzählung selbst verfolgen und untersuchen, wie sie im Mittelalter entstanden ist. Der erste detaillierte Bericht über das Leben Artus' wurde um 1135 von dem walisischen Kleriker Geoffrey of Monmouth geschrieben, dem späteren Bischof von St. Asaph. Geoffreys Werk, die *Historia regum Britanniae* (Geschichte der Könige Britanniens), legte das Fundament, auf dem alle späteren Erzählungen über König Artus ruhen. Wie sein Titel vermuten läßt, ist das Buch nicht als Fiktion angelegt. Im Gegenteil: Es präsentiert sich als genaue historische Darstellung des Königtums in Britannien. Doch zu einer Zeit, wo es so gut wie keine präzise historische Schilderung gab und Geschichte nicht wie heute als eine Wissenschaft betrachtet wurde, die auf der Deutung bewiesener Tatsachen beruht, hielten sich Schriftsteller oft für berechtigt, historische Begebenheiten nach ihrem Belieben auszuschmücken. Daher ist es sehr schwierig, Fakten und Erfindung im Werk Geoffreys auseinanderzuhalten.

Die in Latein verfaßte *Historia* verfolgt die Entwicklung auf den Britischen Inseln und gipfelt in der Beschreibung des Goldenen Zeitalters unter König Artus. Nach Geoffrey wird Artus als Sohn des britischen Königs Uther Pendragon auf der Burg Tintagel in Cornwall geboren. Bereits mit jungen Jahren zum König gekrönt, beweist er schon bald seine Macht, indem er die barbarischen Feinde in der Schlacht von Bath besiegt. Mit seinem zauberkräftigen Schwert Caliburn, von dem es heißt, es sei auf der Feeninsel Avalon geschmiedet worden, schlägt Artus die Schotten im Norden und vereint das Land. Nachdem er Irland und Island erobert hat, regiert er mit Königin Ganhumara an seiner Seite zwölf Jahre lang in Frieden. Er gründet einen Ritterorden, in den er berühmte Kämpfer aus allen Ländern aufnimmt, bevor er sich mit dem ehrgeizigen Ziel trägt, Europa zu erobern. Nachdem Norwegen, Dänemark und Gallien (ein Gebiet, das sich einst über Norditalien, Frankreich und Belgien, Teilen Deutschlands, die Niederlande und die Schweiz erstreckte) ohne Schwierigkeiten in seine Hände gefallen sind, kehrt Artus wieder nach Hause zurück und hält in einer Periode des Friedens Hof in der Stadt Caerleon in Südostwales.

Nach einiger Zeit zieht Artus wieder in den Krieg, um in Burgund zu kämpfen. Doch diesmal hat er kein Glück. Schon bald sieht er sich gezwungen, nach Britannien zurückzukehren, um einen Aufstand niederzuschlagen, der von seinem Neffen Mordred angezettelt wurde, der unklugerweise als Stellvertreter für die Zeit von Artus' Abwesenheit eingesetzt worden war. Obwohl Artus den Aufstand in der Schlacht von Camlann – irgendwo in Cornwell – niederschlagen kann, wird er tödlich verwundet und auf die Insel Avalon gebracht. Leider erfahren wir hier nichts über das weitere Schicksal Artus'.

Die zweitwichtigste Figur der *Historia* ist der Zauberer Merlin, über den Geoffrey zwei weitere Versdichtungen geschrieben hat. In den *Prophetiae Merlini* (Merlins Prophezeiungen) und der *Vita Merlini* (Das Leben Merlins) beschreibt Geoffrey ihn als führenden Ratgeber König Artus'.

Geoffreys Werke fanden schnell begeisterte Aufnahme, und bald ließen sich Schriftsteller in ganz Europa von den Abenteuern König Artus' inspirieren. Der erste war der aus Jersey stammende Dichter Wace, der 1155 den *Roman de Brut* (Der Roman von Brutus) verfaßte. Diese in französischen Versen geschriebene Bearbeitung von Geoffreys Werk war der erste Artusroman; er beschrieb erstmals die Tafelrunde. Fünfzig Ritter konnten an dem riesigen Tisch Platz nehmen, wobei sein Zweck Wace zufolge darin bestand, das Gefühl der Gleichheit unter Artus' Edelmännern zu fördern.

Obwohl Geoffrey of Monmouth die Artussage bekannt machte und Wace sie in seinem Epos ausschmückte, hat erst der französische Dichter Chrétien de Troyes den Stoff zu einem beliebten Romanthema gemacht. In seinen fünf Artusgeschichten, die er zwischen 1160 und 1180 geschrieben hat, erweiterte Chrétien die Handlung um die mittelalterlichen Vorstellungen von Rittertum und Minnedienst. Chrétien erfand nicht nur viele der Ritter (darunter Lanzelot), er verwendete außerdem den viel poetischer klingenden Namen Guenièvre für Artus' Königin und nannte den Artushof Camelot. Noch wichtiger ist jedoch, daß Chrétien als erster bekannter Dichter den Gral in die Artusgeschichte eingeführt hat. Leider erklärt er nicht, was der Gral eigentlich ist. Erst sein Zeitgenosse Robert de Boron behauptete Ende der 90er Jahre des 12. Jahrhunderts, daß der Gral der Abendmahlskelch sei. Dem verlorenen Gral werden wunderbare Heilkräfte zugesprochen, weswegen er von den Artusrittern gesucht wird, die dabei Welterfahrung und geistliche Einsicht gewinnen.

Durch die Gralsuche stießen die Erzählungen von König Artus auch unter den Christen auf Interesse, und viele Geistliche begannen eigene Artusgeschichten zu verfassen. Der englische Geistliche Layamon übertrug die Sage um 1200 als erster in die englische Volkssprache. In seinem Werk *Brut*, einer Adaption von Waces *Roman de Brut*, erhebt Layamon König Artus zu einer Messiasfigur. In seiner Version lebt Artus als Unsterblicher auf der verborgenen Insel Avalon und wartet auf den Tag, an dem er wieder zurückkehrt.

Zu Beginn des 13. Jahrhunderts um weitere Motive bereichert, entstand schließlich die endgültige Artusdichtung. In der Zeit von 1215 bis 1235 wurde eine große Anzahl verstreuter Artuserzählungen unter dem Titel Lanzelot-Gral-Zyclus anonym zusammengefaßt. Der Lancelot-Gral-Zyklus zeigt weitere Ausschmückungen; so wird hier zum Beispiel das Schwert Excalibur erwähnt, das beim Tod Artus' in den See geworfen und der Dame vom See zurückgegeben wird.

Nach dem Lancelot-Gral-Zyklus, der den Wendepunkt vom Versepos zur Prosaerzählung markiert, fügten bekannte Autoren weitere Stoffe hinzu, bis im späten 15. Jahrhundert die wohl bekannteste Version der Artussage erschien, *Le Morte d'Arthur* von Sir Thomas Malory aus Newbold Revel in Warwickshire. 1470 abgeschlossen, wurde das Buch 1485 von William Caxton gedruckt und enthält acht Geschichten, die ursprünglich von Malory den Titel *The Whole Book of King Arthur and his Noble Knights of the Round Table* erhalten hatten (Das vollständige Buch von König Artus und seinen edlen Rittern der Tafelrunde).

Bei Malory ist Artus der uneheliche Sohn Uther Pendragons. Nachdem er im verborgenen herangewachsen ist, erweist sich Artus als der rechtmäßige König, indem er das Schwert aus dem Stein zieht. Er heiratet Guinevere, gründet die Tafelrunde in Camelot (für Malory: Winchester) und zeugt Mordred in unbewußtem Inzest. Später machen sich Artus' Ritter auf die Suche nach dem Heiligen Gral. Während dieser Zeit hat Lanzelot ein ehebrecherisches Verhältnis mit Königin Guinevere. Das Paar wird schließlich entdeckt, und Artus verfolgt Lanzelot bis nach Frankreich, wobei er Mordred als Stellvertreter zurückläßt. Schließlich erfährt Artus von Mordreds verräterischem Plan, die Macht zu ergreifen, und kehrt zurück, um den Aufstand niederzuschlagen. In einer letzten Schlacht stirbt Mordred, und Artus empfängt eine tödliche Wunde. Er wird auf einer Barke in das Tal von Avalon gebracht. Nach der Schlacht wird Artus' Schwert Excalibur von Sir Bedivere widerstrebend der Dame vom See zurückgegeben, während sowohl Lanzelot als auch Guinevere in ein Kloster eintreten und ihr Leben in Frieden beenden.

Dies also ist die Entwicklung der Artusgeschichte in der Literatur. Aber ist das alles bloß Fiktion? Obwohl die mittelalterlichen Autoren sich künstlerischer Freiheiten bedient haben, scheinen sie doch alle von der historischen Realität König Artus' auszugehen. Allerdings werden sie unsicher, wenn sie die beschriebenen Ereignisse zeitlich einordnen sollen. Nach dem Äußeren der Protagonisten zu urteilen, spielen die Geschichten im Mittelalter. Die Ritter tragen prächtige Rüstungen, kämpfen mit Breitschwertern und befolgen die höfischen Regeln. Mittelalterliche Autoren jedoch, die ihre eigenen Versionen von alten Stoffen verfaßten (wie zum Beispiel von griechischen oder römischen Sagen), beschrieben die Figuren ausnahmslos auf eine dem damaligen Leser verständliche Weise, indem sie sie in ihre Zeit übertrugen.

Wenn wir die wahre Artuszeit herausfinden wollen, müssen wir zunächst zu Geoffrey of Monmouth zurückkehren. Sein Werk sollte nicht als erfundene Geschichte gelesen werden. Der Autor versteht es als historische Abhandlung und behauptet im Vorwort, er habe es aus einem ›bestimmten, sehr alten Buch übersetzt, das in britannischer Sprache geschrieben ist‹ und ihm vom Erzdiakon Walter von Oxford überlassen worden sei. Kann man Geoffrey glauben? Da es keine Spur von diesem ›sehr alten Buch‹ gibt, bleibt uns nur Geoffreys Werk als Quelle.

Obwohl Geoffrey berichtet, daß Artus 542 starb, gibt es eine Reihe historischer Ungereimtheiten. Es heißt, Artus habe einen Feldzug gegen die Gallier geführt, und zwar während der Regierungszeit von Leon I., Kaiser von Byzanz 457 bis 474. Das bedeutet aber, daß Artus bei der Schlacht von Camlann ungefähr 100 Jahre alt gewesen sein muß. Dieser Widerspruch mag ein Ergebnis der Verwirrung sein, die durch zwei verschiedene Zeitrechnungen entstand. Die eine, die im 5. Jahrhundert weit verbreitet war, begann mit der Kreuzigung Christi, wohingegen der Kalender, den Geoffrey benutzte, mit Christi Geburt anfing (Anno Domini = im Jahre des Herrn = nach Christi Geburt). Dieses System konnte sich erst im späten 6. Jahrhundert durchsetzen. Wenn Geoffrey beide Zeitrechnungen durcheinandergebracht hätte, könnte Artus um 510 gestorben sein, nur 36 Jahre nach dem gallischen Krieg.

Größere Ungereimtheiten treten auf, wenn wir Zeitgenossen des Artus ins Auge fassen, wie sie Geoffrey beschreibt. Obwohl es kein historisches Zeugnis für Artus' Vater Uther Pendragon gibt, scheinen zwei Onkel jedoch auf geschichtlichen Personen zu beruhen. Das Problem ist nur, daß sie in verschiedenen Ländern und Zeiten gelebt haben. Geoffrey erklärt, daß Uther der Bruder von Aurelius Ambrosius war. Dies ist höchstwahrscheinlich Ambrosius Aurelianus, der tatsächlich im späten 5. Jahrhundert gegen die Angelsachsen gekämpft hat. Geoffreys historische Einordnung scheint so weit konsequent. Sie paßt jedoch keineswegs zu dem, was Geoffrey über Uthers zweiten Bruder Constans berichtet. Da dieser als Mönch geschildert wird, könnte er der Sohn des römischen Kaisers Konstantin III. gewesen sein; auch er war Mönch und konnte, wie Geoffreys Constans, überredet werden, sein Klosterleben aufzugeben, um Mitregent seines kaiserlichen Vaters zu werden. Leider lebte dieser Konstans über ein halbes Jahrhundert *vor* Ambrosius.

Schon zu Geoffreys Lebzeiten gab es Spekulationen darüber, wann König Artus gelebt hat. Wace zum Beispiel setzte den Tod von Artus 100 Jahre später als Geoffrey an. Um Hinweise auf den wirklichen Artus zu finden, bleibt uns also nichts anderes übrig, als eine Epoche von 250 Jahren zu untersuchen, von 400 bis etwa 650. Malory beschreibt Artus als mittelalterlichen Lehnsherren. Aber wenn er im 5. oder im 6. Jahrhundert gelebt hat, hätten er und seine Krieger sich sehr von den Rittern der Tafelrunde unterschieden. Die Kriegsherren dieser Zeit trugen Rüstungen nach römischer Art, und ihre Festungen waren keine großen mittelalterlichen Burgen, sondern hölzerne Palisadenanlagen.

Die Hauptquellen der englischen und der walisischen Geschichte dieser Zeit bilden das Werk des Mönchs Gildas aus dem 6. Jahrhundert, die Aufzeichnungen einiger ausländischer Reisender sowie frühe Klosterschriften. Diese beschäftigen sich zwar nicht so sehr mit militärischen Dingen, doch ist es bei dem großen Ruhm, der Artus später umgab, verwunderlich, daß keine dieser Quellen einen Hinweis auf ihn gibt. Ist die Geschichte von Artus doch nur ein Mythos, entsprungen der lebhaften Fantasie eines Geoffrey of Monmouth?

Auch wenn vieles aus Geoffreys Artusgeschichte

nicht historisch belegt werden kann, so hat er König Artus doch mit Sicherheit nicht erfunden. Ungefähr zehn Jahre vor Erscheinen der *Historia*, im Jahr 1125, schrieb William of Malmesbury, ein Mönch aus dem Kloster von Malmesbury in Wiltshire, die *Gesta regum Anglorum* (Die Taten der englischen Könige). Darin wird Artus flüchtig erwähnt: Er habe Ambrosius Aurelianus im Kampf gegen die heranrückenden Angeln unterstützt, die Briten in der Schlacht von Badon angeführt und sei schließlich in die britische Volkserzählung eingegangen.

In der British Library finden sich darüber hinaus zwei Manuskripte aus dem frühen 12. Jahrhundert, die ebenfalls kurz auf Artus eingehen. In den *Welsh Annals* (Walisische Annalen) wird davon berichtet, daß Artus um 518 die Schlacht von Badon gewonnen habe und um 539 zusammen mit Medraut in der Schlacht von Camlann gefallen sei. Das zweite Werk, die *Historia Britonum* (Geschichte der Briten), beinhaltet eine Liste von Schlachten, die Artus geführt hat, berichtet uns jedoch auf den ersten Blick nur wenig mehr. Zusammen mit den Mitteilungen des William of Malmesbury kann man mit Hilfe dieser zwei Manuskripte jedoch annehmen, daß Artus im späten 5. und frühen 6. Jahrhundert gelebt hat. Leider gilt diese Zeit als Dunkles Zeitalter, aus dem fast keine schriftlichen Zeugnisse überliefert sind. Und so müssen wir uns allein auf das Werk von Geoffrey von Monmouth verlassen, wenn wir Einzelheiten aus dem Leben Artus' erfahren wollen.

In seiner *Historia* macht Geoffrey zahlreiche Angaben, von denen wir aus zuverlässigen zeitgenössischen Quellen wissen, daß sie falsch sind. So erklärt er beispielsweise zu Beginn seines Werkes, daß die britische Nation von einem gewissen Brutus begründet worden sei, der eine Kolonie mit mehreren Tausend aus der griechischen Sklaverei befreiten Trojanern gebildet habe. Er leugnet, daß Britannien von den Römern unterworfen wurde, und behauptet schließlich, daß die Sachsen mit Hilfe einer afrikanischen Armee in England eingefallen seien. Geoffrey läßt nicht nur viele bedeutende britannische Anführer unerwähnt, die nachweislich existiert haben; einige, die er nennt, waren Könige anderer Länder. Verschiedene Behauptungen gehören ganz und gar ins Reich der Fantasie. So erklärt er etwa, die Britischen Inseln seien einst von Riesen bevölkert gewesen, und Merlin war für ihn der Sohn eines Dämons.

Und doch hat Geoffrey König Artus offenbar nicht erfunden. Die interessanteste Frage ist vielleicht, warum er König Artus überhaupt so viel Aufmerksamkeit geschenkt hat. Und mehr noch: Warum folgten ihm so viele darin? Warum sollte ein eher unbekannter Krieger aus dem frühen Mittelalter sechs Jahrhunderte nach seinem Tod zu einer berühmten Gestalt von Ritterromanen werden?

Die Hauptursache scheint politischer Natur zu sein: König Artus wurde in der mittelalterlichen Propaganda zu einer wichtigen Figur. Die englischen Könige normannischen Blutes mußten nach der Entscheidungsschlacht von Hastings (1066) auf irgendeine Weise ihr göttliches Herrschaftsrecht belegen. Die französischen Kapetinger erhoben wiederholt Anspruch auf den englischen Thron, was die Normannen ebenfalls zwang, ihre Herrschaft zu legitimieren. Und in einer Zeit schlechter Kommunikation bedurfte es mehr als ein paar Armeen, um die Ordnung zu erhalten. Das Königtum brauchte die Unterstützung der Kirche.

Viele sächsische Adlige konnten sich zu Recht als Nachkommen der echten Könige Englands bezeichnen, wie etwa Alfreds des Großen und König Athelstans. Dagegen beriefen sich die Normannen auf ihre britischen Vorfahren, jene keltischen Krieger, die im 5. und im 6. Jahrhundert nach der Invasion der Sachsen in die Normandie geflüchtet waren. Daher sahen sich die Normannen nun nach keltischen Persönlichkeiten um, die als angemessene Ahnen herhalten konnten. Leider gab es keinen Hinweis darauf, daß irgendeiner dieser alten Kelten König im mittelalterlichen Sinne gewesen war. Da kam der legendäre Recke Artus gerade recht. Mit dem aristokratischen Siegel der Artussage versehen, wurde Geoffreys *Historia* begeistert aufgenommen, vor allem von Heinrich I. (1100 – 1135).

Welche Quellen Geoffrey und anderen bei der Rekonstruktion von Artus' Leben auch immer zugänglich waren – uns ist kaum etwas davon erhalten geblieben. Mit Hilfe der oben erwähnten mittelalterlichen Geschichtsschreiber können wir einen ungefähren Rahmen für die Artuszeit festsetzen, nämlich das 5. oder das 6. Jahrhundert. Doch was ist mit den

Schauplätzen? Wo wurde Artus geboren? Wo war sein Hof? Wo lag sein Camelot? Und wo wurde er begraben?

Allgemein wird angenommen, daß Artus auf Burg Tintagel an der Nordküste von Cornwall geboren wurde. Jeder, der zur Ferienzeit in das kleine Dorf kommt, wird dort auf zahllose Besucher aus aller Welt treffen. Die Ruinen der Burg stehen vor Tintagel auf einer Insel, die vom schäumenden Meer umspült wird und einst durch einen schmalen Felsgrat mit dem Festland verbunden war. Doch dieser Steg ist schon lange verschwunden, und jeder Besucher, der die Ruinen heute besichtigen will, muß eine Brücke überqueren und viele Stufen erklimmen.

Der früheste Hinweis auf Tintagel im Zusammenhang mit König Artus findet sich in der *Historia* des Geoffrey: Uther Pendragon begehrt Ygerna, die Frau von Gorlois, dem Herzog von Cornwall. Mit Hilfe eines Zaubertranks, den der Zauberer Merlin für ihn zubereitet hat, nimmt Uther vorübergehend die Gestalt von Gorlois an. So besucht er die Burg des Herzogs auf Tintagel und schläft mit der Herzogin. Dabei wird Artus gezeugt. Nach dem Tod von Gorlois macht Uther Ygerna zu seiner Königin, und Artus wird auf Burg Tintagel geboren.

Die Touristenindustrie und die zahllosen Besucher scheinen sich nicht an der einfachen Tatsache zu stoßen, daß die jetzige Burg niemals die Geburtsstätte eines Kriegers gewesen sein kann, der Jahrhunderte vor der Schlacht von Hastings (1066) gelebt hat. Denn die Burg wurde erst im frühen 12. Jahrhundert für Reginald, dem Grafen von Cornwall, erbaut. Die Geschichte wurde vielleicht von Geoffrey erfunden, um dem Grafen zu gefallen, der immerhin der reiche Bruder seines Gönners Robert, des Grafen von Gloucester war. Zwar hat man angenommen – um Geoffrey nicht bloßzustellen –, daß Artus in einer Burg geboren wurde, die bereits vorher an dieser Stelle gestanden hat, aber moderne Ausgrabungen haben ergeben, daß zuvor auf dem Berg eine frühe Mönchsgemeinde gelebt hat – es ist sehr unwahrscheinlich, daß hier irgend jemand geboren wurde.

Mit diesen Zweifeln an seiner Geburtsstätte wenden wir uns nun Artus' prächtiger Burg Camelot zu. Anders als bei Tintagel gibt es keinen Hinweis darauf, daß ein Ort namens Camelot je existiert hat. Geoffrey erwähnt ihn überhaupt nicht, ebensowenig Wace. Erstmals taucht Camelot als Bezeichnung für den Artushof im 12. Jahrhundert bei dem altfranzösischen Dichter Chrétien de Troyes auf, und zwar nur in einem seiner Werke: im *Lancelot*, wo er nebenbei erwähnt wird. Der Name ›Camelot‹ könnte daher eine literarische Erfindung Chrétiens sein.

Die Dichter des 13. Jahrhunderts haben Camelot ausgeschmückt. Sie beschreiben in allen Einzelheiten die wunderschöne Stadt und ihre uneinnehmbare Burg. Obwohl alle Schriftsteller anderes berichten, haben sie doch eines gemeinsam, daß sie nämlich die Lage dieses Ortes nicht genauer bezeichnen. Nach Malory allerdings lag Camelot bei Winchester in Hampshire, und in der Großen Halle von Burg Winchester findet man noch immer das berühmteste aller

Artusrelikte: die runde Tafel, um die sich einst die Ritter versammelt haben sollen.

Heute existiert nur noch die Tischplatte; sie hängt an der Wand. Ihr Durchmesser beträgt etwa 5 Meter, sie besteht aus massiver Eiche und wiegt schätzungsweise 1¼ Tonnen. Die Platte erinnert mit ihrer grünen Farbe und den weißen Unterteilungen, die die Plätze des Königs und seiner Ritter bezeichnen, an eine riesige Dartscheibe. Seit dem späten 15. Jahrhundert hielten viele diesen Tisch für echt, so wie man in Burg Winchester allgemein Artus' Festung sah. Leider ist auch dieses Gebäude nicht annähernd alt genug, um aus der Zeit von Artus zu stammen: Es wurde im 11. Jahrhundert von Wilhelm dem Eroberer errichtet.

Doch was ist mit dem Tisch selbst? Seine Bemalung wurde erst in der Zeit Heinrichs VIII. (1. Hälfte des 16. Jahrhunderts) aufgetragen. Der Tisch jedoch ist älter. 1976 ergaben dendrochronologische Untersuchungen der Jahresringe im Holz, Analysen der Tischlermethoden und eine Radiokarbondatierung, daß der Tisch während der Herrschaft von Eduard III. hergestellt worden ist, wahrscheinlich im Jahr 1344, als der König sich zur Wiederbelebung der Tafelrunde entschloß. Zu Artus und dem 6. Jahrhundert gibt es also wieder keine Verbindung. Doch der Tisch belegt den recht großen Einfluß der Artussagen im Mittelalter.

Nicht nur in England gibt es eine Stadt, die den Anspruch erhebt, Camelot gewesen zu sein. Einige halten das Städtchen Caerleon am Fluß Usk im Südosten Wales' dafür. Nach Geoffrey hat hier Artus einige Zeit nach seinem ersten Gallienfeldzug Hof gehalten. Wahrscheinlich ist dies auch der Ort einer von Artus' Schlachten, der in der *Historia Britonum* ›City of the Legion‹ (die Legionsstadt) genannt wird: die wörtliche Übersetzung von Caerleon. Während der römischen Besetzung hieß er *Isca Silurum* und war ein militärischer Vorposten mit großer Zivilbevölkerung. Noch zu Geoffreys Zeit waren die eindrucksvollen römischen Ruinen zu sehen. Moderne Ausgrabungen haben mehrere römische Überreste ans Licht gebracht, darunter die eines Amphitheaters, das von einigen für den Ursprung der Tafelrunde gehalten wird. Doch auch wenn man Caerleon mit den Artussagen in Verbindung bringt, hält Artus nach Geoffreys Bericht hier nur kurze Zeit Hof, während die *Historia Britonum* Caerleon bloß als Kampfplatz nennt.

In England gibt es noch andere Kandidaten: Cadbury Castle, eine Bergfestung in Somerset, wurde lange für Camelot gehalten. Die älteste Verbindung wurde vom Hauptantiquar Heinrichs VIII., John Leland, im Jahr 1542 hergestellt. Leland scheint durch eine Legende zu seiner Schlußfolgerung angeregt worden zu sein wie auch durch die Tatsache, daß das Wort ›Camel‹ in den Namen zweier nahegelegener Dörfer zu finden ist: nämlich in Queen Camel und West Camel. Obwohl die Festung lange vor der Zeit entstand, in der Artus gelebt haben soll, gibt es keinen Hinweis auf eine Verbindung mit diesem Ort, der über die von Leland erwähnte Namensverwandtschaft hinausgeht. Das Wort ›Camelot‹ ist mit an Sicherheit grenzender Wahrscheinlichkeit eine Erfindung Chrétien de Troyes und taugt daher nicht, den Ort zu lokalisieren. Dennoch wurden unter der Leitung des Archäologen Leslie Alcock in den späten 60er Jahren dieses Jahrhunderts größere Ausgrabungen in Cadbury unternommen. Obwohl man Hinweise fand, daß der Platz wie viele andere Stellen auch zur fraglichen Zeit genutzt wurde, fand man nichts, was den Ort mit dem historischen König Artus in Verbindung gebracht hätte.

Wenn Camelot nicht zu belegen ist, was ist dann von Avalon zu halten, der legendären letzten Ruhestätte des Königs? Der erste Autor, der Avalon erwähnt, ist Geoffrey. In seiner *Historia* ist zweimal von einer ›*Insula Avallonis*‹ die Rede: Dort sei Caliburn, das Schwert des Königs, geschmiedet worden; und dorthin habe man Artus nach seiner letzten Schlacht gebracht, damit seine Wunden versorgt werden konnten. In seiner *Vita Merlini* nennt Geoffrey die Insel auch ›*Insula Pomorum*‹, die Insel der Äpfel. Sie liege irgendwo im westlichen Meer und sei die Heimat von Morgan (eine gute Zauberin und nicht die Hexe späterer Geschichten), die eine Schwesternschaft von neun Jungfrauen leitet. Nach der Schlacht wird Artus also auf die Insel gebracht und auf ein goldenes Bett gelegt. Morgan bietet ihm Heilung an, wenn er ihr verspricht, mit ihr auf der Insel zu bleiben.

Wann immer Avalon erwähnt wird, fällt einem sofort das kleine Marktstädtchen Glastonbury im Westen des Landes ein. An den Straßen, die in den Ort führen, begrüßen Schilder die Touristen im ›alten Avalon‹. Der Anspruch der Stadt, die geheimnisumwitterte Insel Avalon und die letzte Ruhestätte von Artus zu sein, gab lange Zeit Anlaß zu heftiger Kontroverse. Glastonbury, das inmitten einer kleinen Hügelgruppe liegt, war in früherer Zeit tatsächlich fast eine Insel, denn ein Großteil der Landschaft stand unter Wasser. Es ist ohne Zweifel ein beeindruckender Ort, denn sein höchster Berg, Glastonbury Tor, auf dessen Gipfel ein einzelner Steinturm steht, ist in der fruchtbaren Ebene Somersets meilenweit zu sehen.

Glastonbury wurde mit König Artus in Verbindung gebracht, nachdem man, wie es heißt, im späten 12. Jahrhundert in den Grundmauern des Klosters eine Entdeckung gemacht hatte. Das alte Gebäude war, wie bereits erwähnt, im Jahr 1184 abgebrannt. Nach den Aufräumungsarbeiten behaupteten die Mönche, sie hätten die Knochen der Heiligen Gildas, Patrick und Dunstan – und die des Königs Artus gefunden: Man habe 1190 ein Grab mit den Gebeinen eines großen Mannes entdeckt sowie einige kleinere Knochen und ein Büschel blonder Haare. Auch habe man darin ein Kreuz aus Blei mit der lateinischen Inschrift gefunden:

HIC IACET SEPULTUS INCLYTUS REX ARTHURIUS IN INSULA AVALLONIA CUM UXORE SUA SECUNDA WENNEVERIA.

›HIER LIEGT DER BERÜHMTE KÖNIG ARTUS AUF DER INSEL AVALON MIT SEINER ZWEITEN FRAU GUINEVERE BEGRABEN‹

Weder die Knochen noch das Kreuz sind erhalten geblieben, und so kann man leider auch mit diesem Bericht nichts beweisen. Der Fund an sich ist jedoch höchst unglaubwürdig. Die ›Entdeckung‹ des Grabes kam sehr gelegen. Das Kloster benötigte dringend Geld für den Wiederaufbau, und der sicherste Weg dazu war, viele Pilger anzulocken. Geschichten über König Artus waren zu der Zeit so verbreitet, daß nur wenige andere Reliquien geeignet gewesen wären, so viele Besucher anzulocken. Und die ›Inschrift des Kreuzes‹ schien der endgültige Beweis; danach war hier nicht nur Artus begraben, sondern hier hatte auch einst die Insel Avalon gelegen.

Die Erwähnung von Guinevere als der zweiten Frau von Artus war ein weiterer Glücksfall, denn zu dieser Zeit waren zwei verschiedene Versionen im Umlauf: In der einen hieß die Königin Guinevere, in der anderen Ganhumara. Daß Guinevere nun Artus' zweite Frau gewesen war, stellte jedermann zufrieden. Doch einige Jahre später, als allgemein angenommen wurde, daß Artus nur eine einzige Frau gehabt habe, hieß es, das Kreuz habe nur diese Inschrift getragen:

HIC IACET SEPULTUS INCLITUS REX ARTHURIUS IN INSULA AVALONIA.

›HIER LIEGT DER BERÜHMTE KÖNIG ARTUS AUF DER INSEL AVALON BEGRABEN‹

1962 führte der Archäologe Dr. Ralegh Radford Ausgrabungen an der Stelle durch, an der die Mönche auf die Gebeine gestoßen sein wollten, und fand Hinweise auf ein altes Grab. Vielleicht hatten die Brüder doch etwas gefunden? Doch ohne das Kreuz kann nicht nachgewiesen werden, daß die gefundenen Überreste tatsächlich die von Artus waren. Immerhin haben wir die Inschrift, die aber heftig umstritten ist. Man hat darauf aufmerksam gemacht, daß gerade ihr Stil das angeblich alte Kreuz als eine Fälschung aus dem 12. Jahrhundert entlarvt. Nach Meinung des Oxforder Linguisten James Hudson unterscheidet sie sich von einer Inschrift aus dem 6. Jahrhundert so stark wie das moderne Englisch von einem Shakespeare-Text.

Heute gibt es an der ganzen Geschichte so viele Zweifel, daß nur noch wenige Historiker sie ernst nehmen. Die Mönche entdeckten vielleicht ein unbekanntes Grab, und irgend jemand kam auf die Idee, es als das Grab von König Artus auszugeben. Ein Kreuz mit Inschrift galt als ›Beweis‹ und wurde einer leichtgläubigen Öffentlichkeit präsentiert. Mit anderen Worten: Das Ganze könnte auch eine mittelalterliche Übung in Public Relations gewesen sein.

Was also hat Glastonbury mit der geheimnisvollen Insel zu tun?

Vor 1190 gibt es keinerlei Hinweis darauf, daß irgend jemand Glastonbury mit Avalon in Zusammenhang gebracht hat. Im Gegenteil: Frühe Geschichtsschreiber scheinen davon nichts zu wissen. William of Malmesbury verfaßte im frühen 12. Jahrhundert eine Geschichte von Glastonbury. Nicht einmal er erwähnt dabei König Artus oder eine Beziehung zwischen Glastonbury und Avalon. Noch niederschmetternder ist Caradoc von Llancarfan, der, soweit bekannt, als erster Glastonbury im Zusammenhang mit Artus (um 1140) erwähnt. Er hält den Ort nicht für Avalon, sondern sagt nur, daß der Abt von Glastonbury bei der Befreiung von Guinevere aus den Händen König Melwas von Somerset behilflich war.

Glastonbury wurde oft mit dem Heiligen Gral in Verbindung gebracht. Dies scheint jedoch eine Folge des Buches von Robert de Boron gewesen zu sein. In diesem Versroman erlebt Joseph eine Reihe von Abenteuern, die schließlich den Gral nach Britannien und in die Täler von Avalon bringen. Obwohl sich Robert mit keinem Wort auf Glastonbury bezog, nahmen die Mönche bald an, daß der Gral hier versteckt sei. 1247 gab das Kloster eine überarbeitete Ausgabe der Geschichte von Glastonbury heraus, wie sie von William of Malmesbury ein Jahrhundert zuvor begonnen worden war. Hierin versuchen sie, einen historischen Zusammenhang zwischen Gral und ihrem Kloster herzustellen. Obwohl William in seinem Originaltext *De Antiquitate Glastoniensis Ecclesiae* (Über die Geschichte der Kirche von Glastonbury) von 1130 Joseph von Arimathia nicht erwähnt, wird in der überarbeiteten Ausgabe von 1247 behauptet, daß die Kirche von Glastonbury von Joseph selbst gegründet worden sei.

So kann der berühmte Schauplatz, der immer wieder mit Artus in Verbindung gebracht wurde, einer genauen historischen Überprüfung nicht standhalten. Es gibt kein zeitgenössisches Dokument, das die Existenz von Artus beweist, und Archäologen haben nichts gefunden, was seinen Namen trägt. Wenn man also annimmt, daß die mittelalterlichen Geschichten einfach nur Märchen waren, die sich zum größten Teil auf den wenig verläßlichen Geoffrey of Monmouth berufen, gibt es dann noch einen Grund, in der Geschichte weiter nach Artus zu suchen? Ist Artus nur eine Erfindung des Mittelalters? Um diese Frage zu beantworten, müssen wir überprüfen, ob die Artussage vor den ersten Ritterromanen des 12. Jahrhunderts bereits existiert hat.

2

DIE ERSTEN BERICHTE

Aus den *Welsh Annals* und der *Historia Britonum* (beide Texte sind in einem Manuskript von 1120 überliefert) sowie William of Malmesburys *Gesta regum Anglorum* (um 1125), die alle definitiv vor Geoffrey of Monmouth geschrieben wurden und alle Artus erwähnen, wissen wir, daß sich die Artussage im frühen 12. Jahrhundert zu verbreiten begann. Auf jeden Fall war sie damals in Frankreich bekannt. Im Jahr 1113 reiste eine Gruppe von Geistlichen aus der französischen Stadt Laon durch England und sammelte Geld für die Wiedererrichtung ihrer Kathedrale. Einige Jahre später beschrieb Hermann von Tournai die Reise von Exeter nach Bodmin. Irgendwo auf dem Weg, berichtet er, wurden sie von den Bewohnern informiert, daß sie nun das Land von Artus betreten würden. Diese lenkten ihre Aufmerksamkeit auf zwei weithin sichtbare Zeichen: der Artusstuhl und die Artusöfen. Obwohl nicht erklärt wird, worum es sich dabei gehandelt hat, könnten sie bestimmte Felsformationen sein. Hermann erwähnt auch eine Legende aus Cornwell, nach der Artus immer noch am Leben sei.

Um die gleiche Zeit hatte sich die Sage sogar bis nach Italien verbreitet. Im Nordportal der Kathedrale von Modena (Norditalien), die zwischen 1099 und 1140 errichtet wurde, ist eine Szene dargestellt. Sie zeigt eine Frau, die in einer Burg gefangengehalten wird, während drei Ritter zu Pferde sie befreien wollen. Neben einer der Figuren steht die zeitgenössische Inschrift: *Artus de Bretania* – ›Artus von Britannien‹.

Damit sich die Sage um König Artus Anfang des 12. Jahrhunderts so weit verbreiten konnte, muß sie bereits längere Zeit bekannt gewesen sein. Demnach muß es auch frühere Artuserzählungen gegeben haben, aus denen Geoffrey und die anderen mittelalterlichen Verfasser von Ritterromanen ihre Stoffe bezogen. Gibt es heute noch Spuren dieser frühen Tradition?

Zuallererst muß man in der walisischen Literatur suchen, da die einheimischen Kelten nach der Invasion der Angelsachsen nach Wales flohen. Wenn Artus im 5. oder im 6. Jahrhundert wirklich als britannischer Krieger gelebt hat, könnte er in den Geschichten der Waliser vorkommen. Tatsächlich wird Artus in der ältesten walisischen Literatur erwähnt. Doch keines der überlieferten Manuskripte, die König Artus nennen, stammt aus der Zeit vor den großen Artusromanen. Wurde diese keltische Literatur von viel älterem Material abgeschrieben, das aus der Zeit vor Geoffrey und den Artusromanen stammt?

Das älteste erhaltene walisische Werk, in dem Artus erwähnt wird, ist das *Schwarze Buch von Carmarthen*, das um die Mitte des 13. Jahrhunderts von vermutlich einem einzigen Schreiber zusammengestellt wurde. Es enthält fast ausschließlich Gedichte, die von älteren Dokumenten abgeschrieben wurden oder mündlicher Überlieferung entstammen. Wie viele walisische Manuskripte des Mittelalters erhielt es seinen Namen von der Farbe des Einbandes. Obwohl Artus kurz in einigen Versen des Manuskripts erwähnt wird (etwa in der *Strophe über die Gräber*, in der es heißt, daß der Begräbnisort von Artus ungeklärt sei), wird nur einmal detailliert auf ihn eingegangen, nämlich im *Dialog von Artus und Glewlwyd Gafaelfawr (Pa wr yw'r Porthor)*. Darin ist Glewlwyd Gafaelfawr der Wächter einer Burg, in die Artus Einlaß begehrt und sich erst als würdig erweisen muß, bevor er eintreten darf. Leider enthält die Erzählung keinerlei Hinweise auf die Historizität von Artus, denn beschrieben werden hier Dämonen, Ungeheuer und mythologische Wesen. Die einzige Erwähnung Artus' im *Schwarzen Buch von Carmarthen*, die einen historischen Anspruch erhebt, bezieht sich auf Artus' Anwesenheit bei der Schlacht von Llongborth (in den *Strophen von Geraint*), obwohl dieser Ort leider nicht mehr identifiziert werden kann.

Etwas jünger ist das *Buch von Taliesin* (ebenfalls in der Nationalbibliothek von Wales); dieses Manuskript ist um 1300 entstanden und enthält Verse, die von einem gleichnamigen Dichter aus dem 6. Jahrhundert handeln. Es steht aber keineswegs fest, daß Taliesin wirklich gelebt hat. Neben anderen Personen wird auch Artus mehrmals erwähnt, doch wieder nur flüchtig. Eine Ausnahme ist das Gedicht die *Beute von Annwn (Preiddian Annwfn):* Es schildert, wie Artus und seine Männer das Zauberland Annwn überfallen und seine Schätze rauben – einen sagenhaften Kessel und ein Zauberschwert, das von neun Jungfrauen bewacht wird.

Das bekannteste walisische Manuskript, das Artus erwähnt, ist das *Rote Buch von Hergest*; es ist um 1400 entstanden und wird heute in der Bodleian Library in Oxford aufbewahrt. In diesem Manuskript interessieren uns besonders zwei Erzählungen: der *Traum von Rhonabwy* sowie die Geschichte von *Culhwch und Olwen*. Die erste handelt von einem Krieger namens Rhonabwy, der vom König von Powys in Mittelwales beauftragt wird, seinen abtrünnigen Bruder zu finden. Während seiner Reise hat Rhonabwy eine Vision von König Artus' Lager am Vorabend einer großen Schlacht. In *Culhwch und Olwen* bittet der Held Culhwch um die Hand von Olwen, der Tochter des Riesen Ysbaddaden. Der Riese will die Heirat jedoch verhindern und stellt Culhwch eine Reihe von schwierigen Aufgaben, die er lösen muß, wenn er seine Braut gewinnen will. Auf Rat seines Vaters reist der Held an den Hof von Artus und bittet um dessen Unterstützung. Artus selbst löst die meisten Aufgaben an Stelle von Culhwch: Er befreit den Gottkönig Mabon, erlegt einen riesigen Eber, fällt schließlich in Irland ein und nimmt einen Zauberkessel mit sich.

Aufschlußreich sind auch die *Triaden*. Sie erhielten ihren Namen, weil in ihnen Motive oder Charaktere in Dreiergruppen geordnet sind. Sie waren wohl als eine Art Eselsbrücke für walisische Volkserzählungen gedacht und wurden im Mittelalter von einer Gruppe walisischer Autoren zusammengestellt – wahrscheinlich in der Hoffnung, etwas von der mündlichen Tradition in Wales zu erhalten, die immer mehr verlorenzugehen drohte. Sie bieten knappe Inhaltsangaben alter, einst ausführlicherer Sagen. König Artus wird in den *Triaden von Britannien* erwähnt, die außer ihm noch weitere, aber unbekannte historische Figuren aus dem frühen Mittelalter nennen. (Obwohl die *Triaden von Britannien* über mehrere walisische Manuskripte verstreut sind, wurden sie doch bis 1567 niemals zu einem einzigen Text zusammengefaßt. Die erhaltene Ausgabe mit dem Titel *Y Diarebion Camberac* wird heute in der British Library aufbewahrt.)

Die *Triaden* faszinieren insofern, als Artus nicht immer als Inbegriff königlicher Tugend dargestellt wird, ganz im Gegenteil: Die ›Drei schlimmen Entdeckungen‹ geben Artus die Schuld an der Unterwerfung der Briten, da er den Kopf des Gottes Bran entwendet habe, der in Londons Tower Hill vergraben war und als Zauber gegen feindliche Invasion galt. In ›Drei rote Heimsuchungen‹ wird Artus beschuldigt, einen Fluch über das Land gebracht zu haben: Wo auch immer er geht, wächst sieben Jahre lang kein Gras mehr; und was er auch tut, er bleibt erfolglos. In der Geschichte ›Drei mächtige Schweineherden‹ versagt Artus kläglich bei dem Versuch, eine Herde von Schweinen zu stehlen, die einem anderen König gehört. Weitere Verwirrung stiftet die Tatsache, daß sein Rang und seine Stellung nicht immer gleich beschrieben werden. So ist in den ›Drei frivolen Barden‹ Artus einer der Barden (Hofdichter). Doch auch der traditionelle König Artus ist in den Triaden zu finden. Die Schlacht von Camlann wird zum Beispiel in den ›Drei vergeblichen Schlachten‹ als Konflikt zwischen Artus und Mordred erwähnt.

Eine Untersuchung der Artusfigur in der walisischen Literatur wäre ohne das *Mabinogion* nicht vollständig. Es wird oft für ein altes keltisches Manuskript gehalten, das bei der Suche nach dem historischen König Artus sehr wichtig sei. Tatsächlich ist es jedoch der Titel einer englischen Übersetzung von zwölf mittelalterlichen walisischen Geschichten, die von Lady Charlotte Guest aus Lincolnshire stammt und in drei Bänden von 1838 bis 1843 veröffentlicht wurde. Das *Mabinogion* besteht aus elf Geschichten aus dem *Roten Buch von Hergest* sowie einer Geschichte des Barden Taliesin (wahrscheinlich ein Manuskript aus dem 18. Jahrhundert). Da es *Culhwch und Olwen* und den *Traum von Rhonabwy* enthält, ist es tatsächlich für die Artusforschung von Bedeutung. Leider sind dies bloße Übersetzungen, die man lieber im Original untersuchen würde. Das Wort ›Mabinogion‹ kommt übrigens von *Pedair Cainc y*

Mabinogi, Die Vier Zweige der Mabinogi, ein Name, der zunächst nur vier Geschichten im *Roten Buch von Hergest* meinte (*Pwyll, Branwen, Manawydan* und *Math*). Der walisische Begriff ›mabinogi‹ bedeutete ursprünglich ›Jugend‹, wandelte sich später in ›Erzählungen über das Jugendalter‹ und schließlich in ›eine Geschichte‹. Die erste Einzelausgabe vom *Mabinogion* erschien 1877 und wurde seither mehrfach wiederaufgelegt. Das *Mabinogion* ist insofern wichtig, als es mehr Leser für die frühe walisische Literatur gewonnen hat, doch für die Artusforschung ist die Untersuchung des *Roten Buchs von Hergest* wichtiger.

Welche Schlußfolgerungen kann man aus dieser frühen walisischen Literatur ziehen? Wurde Artus erst in die walisische Volkserzählung aufgenommen, als er bereits Thema beliebter Ritterromane geworden war? Oder haben Geoffrey und andere Autoren diese Geschichten als Quelle genutzt?

Leider stellen uns die *Triaden von Britannien* vor einige Probleme. Im Gegensatz zu anderen Gedichten kann man von ihrer Sprachgestalt nicht auf eventuelle Vorlagen schließen. Viele Motive können ohne weiteres aus dem frühen Mittelalter stammen oder sogar noch älter sein. Alles, was man mit Sicherheit sagen kann, ist, daß die *Triaden* die walisische Artustradition im 13. und im 14. Jahrhundert wiedergeben – lange nachdem die Artusromane entstanden waren.

Erstaunlich ist die Darstellung der Artusfigur in den *Triaden*, da oft auch seine Schwächen geschildert werden. Diese wird kaum eine Anregung für die Verfasser der Artusromane gewesen sein und ist vielleicht ein Hinweis auf eine zweite Artustradition. Jedenfalls scheint es unwahrscheinlich, daß Artus ein Hauptthema mittelalterlicher Ritterromane in England und anderswo geworden wäre, wenn die älteren walisischen Sagenkreise seinen Charakter in Zweifel gezogen hätten. Eher leuchtet ein, daß die *Triaden* die walisischen Artusgeschichten des späten Mittelalters wiedergeben. England betrachtete König Artus als sein historisches Eigentum, was die Waliser möglicherweise zur Kritik herausforderte, indem sie auch seine schlechten Eigenschaften schilderten.

Der *Traum von Rhonabwy* dürfte kaum vor Geoffrey geschrieben worden sein; auf jeden Fall kann die Handlung der Geschichte zeitlich nicht genau eingeordnet werden. Der König von Powys, der den Krieger Rhonabwy beauftragt, seinen Bruder zu suchen, heißt Madog ap Maredudd, eine bekannte historische Persönlichkeit, die um 1159 starb. Daher kann man fast mit Sicherheit sagen, daß der *Traum von Rhonabwy* nach Geoffreys *Historia* verfaßt wurde.

Culhwch und Olwen existierte mit Sicherheit bereits 75 Jahre, bevor das *Rote Buch von Hergest* zusammengestellt wurde. Teile davon wurden im *Weißen Buch von Rhydderch* überliefert, das um 1325 entstanden ist (heute wird es in zwei Bänden in der National Library of Wales aufbewahrt). Außerdem haben sprachwissenschaftliche Analysen ergeben, daß *Culhwch und Olwen* bereits im 10. Jahrhundert entstanden sein muß, mehr als 100 Jahre vor Geoffreys *Historia*. Die *Beute von Annwn* könnte genauso alt sein, da es zwischen beiden deutliche Parallelen gibt. Der Angriff auf Irland und die Entwendung des Kessels in *Culhwch und Olwen* erinnern an die Plünderung in der *Beute von Annwn*, und das Schiff von Artus wird in beiden Geschichten ›Prydwen‹ genannt.

Ein weiterer Hinweis auf ein früheres Entstehungsdatum dieser beiden Geschichten sind die Motive, die sich offenbar an alten keltischen Vorstellungen orientieren. Das Bild der neun heiligen Frauen, die in der *Beute von Annwn* in völliger Abgeschiedenheit leben, kann keltischen Ursprungs sein. Der römische Geograf Pomponius Mela aus dem 1. Jahrhundert berichtet zum Beispiel von neun Priesterinnen, die ein Keuschheitsgelübde abgelegt hätten und auf einer Insel vor der Küste Britanniens lebten. Sie gehörten einem keltischen Stamm an, ähnlich dem der Briten, und sollen die Macht gehabt haben, Kranke zu heilen und die Zukunft vorherzusagen. Derselbe keltische Zusammenhang gilt auch für den Zauberkessel, der in beiden Erzählungen vorkommt. Es gibt viele Beispiele solcher Kessel in der keltischen Literatur, wie zum Beispiel der Kessel von Dagda (Dagda war der Häuptling der Tuatha de Dannan) in der irischen Volkserzählung. Auch der Kessel in der *Beute von Annwn* könnte mit der alten walisischen Mythologie zusammenhängen. In der Geschichte von *Culhwch und Olwen* reist Artus tatsächlich auf der Suche nach dem Kessel nach Irland. Außerdem heißt es, der Kessel gehöre Di-wrnach, vermutlich eine walisische Form des irischen Dagda.

In der *Beute von Annwn* lesen wir, wie Artus den Kelch und das Schwert aus dem Land Annwn stiehlt. Vielleicht hat Geoffrey aus diesem Gedicht sein Avalon und das Zauberschwert Caliburn entwickelt. Die Ähnlichkeiten können nicht übersehen werden, besonders da Annwn als ein Land beschrieben wird, das über dem Wasser liegt – ein geheimnisumwittertes Land voller Wunder, mit dem Geoffreys Insel Avalon bestimmt etwas zu tun hat. Tatsächlich wird die Verbindung zwischen Annwn und Avalon noch deutlicher, wenn wir in dem Gedicht lesen, daß das Land ›fort of glass‹ (Festung aus Glas) genannt wird – ein Name, den man im späten 12. Jahrhundert mit Glastonbury in Verbindung brachte.

Fünf Jahre nachdem ›Artus' Überreste‹ 1190 von den Mönchen in der Kirche von Glastonbury aufgefunden worden waren, schrieb der Gelehrte Giraldus Cambrensis ein Werk mit dem Titel *De principis instructione*. Darin erklärt der Autor, daß Glastonbury eigentlich ›Festung aus Glas‹ bedeute. Obwohl diese Assoziation unbelegt bleibt (der Name der Stadt ist wahrscheinlich auf Glasteing zurückzuführen, den Namen des Gründers dieser Siedlung), gibt es doch einen Hinweis darauf, daß die *Beute von Annwn* bereits vor dem *Buch von Taliesin* entstanden ist, denn es scheint, als verwende Giraldus diesen Text, um den Anspruch der Stadt zu stützen, die Insel von Avalon zu sein. Giraldus' Behauptung, daß Glastonbury die ›Festung aus Glas‹ sei, zeigt deutlich, daß

Avalon und Annwn in dieser Zeit für ein und dasselbe gehalten wurden.

Geoffreys Avalon gleicht dem geheimnisvollen Land Annwn so sehr, daß es einen Zusammenhang geben muß. In Geoffreys Werk ist die Zauberin Morgana beispielsweise das Haupt einer Schwesternschaft von neun Frauen, die die Insel bewachen. In der *Beute von Annwn* ist Annwn die Heimat von neun Jungfrauen, den Hüterinnen des Zauberkessels. In der *Beute von Annwn* heißt das Schiff von Artus Prydwen, bei Geoffrey ist das der Name von Artus' Schild.

Sogar der Name ›Avalon‹ scheint keltischen Ursprungs zu sein. Aus Irland stammt ein alter Verszyklus; darin wird der Meeresgott Manannan beschrieben, der über eine Zauberinsel herrscht. Benannt wird sie mit dem gälischen Wort *ablach*, was soviel heißt wie ›reich an Äpfeln‹. Geoffrey nennt Avalon in seiner *Vita Merlini* auch die ›Insel der Äpfel‹ (Insula pomorum).

Geoffrey und die mittelalterlichen Ritterromanautoren scheinen noch anderes keltisches Material verarbeitet zu haben – zum Beispiel Excalibur, eine Adaption von Wace für Geoffreys Caliburn; fast alle Romanautoren haben übrigens den poetischer klingenden Namen ›Excalibur‹ übernommen. Zwar könnte Geoffreys Begriff vom lateinischen *chalybs* (Stahl) abgeleitet sein, doch deuten walisische Legenden auf einen anderen Ursprung hin, denn in ihnen (wie *Culhwch und Olwen*) wird Artus' Schwert ›Caledfwlch‹ genannt, nach dem alten irischen Wort *caladbolg* (blitzendes Schwert). Wenn sich Caliburn aus Caledfwlch entwickelt hat, könnte dies darauf hindeuten, daß das Excaliburmotiv aus einer frühen keltischen Sage stammt.

Die bekannte Geschichte vom Zauberschwert wird nicht von Geoffrey erzählt. Er berichtet nur, daß es auf der Insel Avalon geschmiedet wurde. Erst ein Jahrhundert nach Geoffrey führt der Lancelot-Gral-Zyklus die Excaliburgeschichte ein, wie wir sie heute kennen. In dieser Version befiehlt der sterbende Artus, der das Schwert vormals von einer geheimnisvollen Nymphe, der Dame vom See, erhielt, seinem Ritter Girflet, es in einen verzauberten Teich zu werfen. Nachdem er sich dem Wunsch seines Königs zweimal widersetzt hat, gehorcht der Ritter schließlich. Als das Schwert durch die Luft fliegt, hebt sich ein Arm aus dem See, fängt die Waffe auf und nimmt sie mit in die Tiefe. Diese Begebenheit hat Thomas Malory ausgeschmückt; bei ihm allerdings gibt Bedivere und nicht Girflet das Schwert der Dame vom See zurück. Auch wenn andere Autoren Galahad, Lanzelot oder sogar Parzival in dieser Rolle sehen, war das Motiv selbst zum Ende des Mittelalters fest etabliert.

In der Gestalt der Dame vom See gibt es deutlich keltische Elemente, so daß die Autoren der *Vulgate*-Geschichte weit älteres Material benutzt haben könnten. Archäologische Grabungen haben viele kostbare Artefakte zum Vorschein gebracht, darunter auch Schwerter, die vor langer Zeit als Opfergaben für die Wassergötter von den Kelten in heilige

Teiche und Tümpel geworfen wurden. Bei einer Ausgrabung in Anglesey wurden 1942 nicht weniger als 150 Gegenstände entdeckt, die über die Jahrhunderte im Moor des ausgetrockneten Sees von Llyn Cerrig Bach erhalten geblieben waren. Es waren wertvolle Stücke wie Kessel und Pferdegeschirr, die mit Sicherheit nicht einfach weggeworfen wurden. In einer Periode, die sich über 250 Jahre bis zum Ende des 1. Jahrhunderts n. Chr. erstreckt, wurden sie als Opfer dem Wasser übergeben.

Das Motiv, daß Excalibur der Dame vom See zurückgegeben wird, könnte dem alten keltischen Brauch entstammen, der Wassergöttin zu opfern, vielleicht in der Hoffnung auf Heilung des Kriegers oder als Teil eines Begräbnisrituals. Diese Hypothese wird durch die Tatsache gestützt, daß die Dame vom See in der Literatur verschiedentlich ›Viviane‹ heißt. Dieser Name könnte eine Adaption einer keltischen Wassergöttin sein, die von römischen Autoren als Covianna überliefert wird. Ein Schrein für Covianna, hier mit dem romanisierten Namen ›Coventina‹, kann heute noch am Hadrianswall in Nordengland besichtigt werden. Am Schrein wurden zahllose Opfergaben ausgegraben, vor allem Münzen. Aus solchen Entdeckungen kann man schließen, daß die römischen Soldaten hier britannische Bräuche übernommen haben. Wo die Einheimischen wertvolle Gegenstände opferten, warfen die römischen Soldaten Münzen in die heiligen Teiche – ein Brauch, der sich bis heute gehalten hat, wenn man an die Wunschbrunnen denkt.

Auch das Motiv, daß Artus das Schwert aus dem Stein zieht, könnte einer alten keltischen Tradition entstammen. Trotz der heute vorherrschenden Auffassung, daß Excalibur aus dem Stein gezogen wurde (wie es auch John Boormans Film ›Excalibur‹ zeigt), war es ursprünglich ein ganz anderes Schwert. Robert de Boron hat dieses Motiv um 1200 eingeführt. Er könnte es den Traditionen der keltischen Kriegerelite entnommen haben. In römischer Zeit wurden Zwistigkeiten bei der Ernennung eines neuen Stammeshäuptlings oder des Oberbefehlshabers einer Allianz im Kampf ausgetragen. Es war ein Duell der rivalisierenden Kandidaten, das nicht unbedingt durch den Tod eines von ihnen entschieden wurde. Als Zeichen, daß der Verlierer und sein Gefolge den Ausgang des Zweikampfs akzeptierten, wurde dem Sieger normalerweise ein Schwert überreicht, das während des Kampfes auf einem Steinaltar lag. Von ihm sollte Unheil für denjenigen ausgehen, der die Übereinkunft brach. Eine solche Tradition könnte der Ursprung der Geschichte sein, in der Artus das Schwert aus dem Stein zieht.

Wahrscheinlich haben Geoffrey und andere Autoren alte walisische Erzählungen wie *Culhwch und Olwen* und die *Beute von Annwn* als Quelle für ihre Werke genutzt. Doch der Artus dieses älteren Sagenkreises ist ein ganz anderer als der der mittelalterlichen Ritterromane – er ist ein keltischer Stammeshäuptling, umgeben von Halbgöttern, Dämonen und mythischen Wesen. Aber heißt das auch, daß König Artus nicht mehr als ein keltischer Mythos war? Um herauszufinden, ob ein Krieger aus Fleisch und Blut hinter der Legende steckt, wollen wir uns nun den zeitgenössischen historischen Quellen zuwenden, die aus der Zeit stammen, in der Artus gelebt haben soll.

3

Historische Schriften

Eine der wichtigsten Quellen für das frühe Mittelalter ist die *Kirchengeschichte des Volkes der Angeln*. Sie entstand um 731 als erstes englisches Werk, das die Bezeichnung Geschichtsschreibung verdient, und deckt die Zeit vom 5. bis zum 8. Jahrhundert ab. Geschrieben wurde es von dem Mönch Beda aus dem Kloster Jarrow in Northumbria. Auf seiner Arbeit hat die gesamte Chronistik des Mittelalters aufgebaut. Als erster hat er bei jedem bedeutenden Ereignis das Jahr nach Christi Geburt hinzugefügt, das heißt, er hat nicht mehr nach Jahren der Weltentstehung gerechnet; damit hat er die Grundlagen der mittelalterlichen Zeitrechnung geschaffen. Seine historischen Quellen waren hauptsächlich Kirchendokumente aus der Gegend von Kent, das Werk des Mönches Gildas aus dem 6. Jahrhundert sowie zahlreiche mündliche Überlieferungen.

Die zweite wichtige historische Quelle zu den Ereignissen des 5. und des 6. Jahrhunderts ist die *Angelsächsische Chronik*. Obwohl sie auf frühe westsächsische Klosterschriften zurückgeht, wurde sie erst unter Alfred dem Großen (871 – 899) verfaßt, und zwar offenbar unter dessen persönlicher Überwachung. Die Tatsache, daß keines der Werke einen Hinweis auf Artus birgt, hat lange Zeit Zweifel an seiner historischen Authentizität aufkommen lassen. Doch Beda mag Artus aus dem einfachen Grund nicht erwähnt haben, daß er eine Kirchengeschichte der Angelsachsen schrieb und daher keinen Grund sah, sich mit ihm zu befassen. Und die *Angelsächsische Chronik* kam wohl Alfreds Absicht entgegen, die Eroberungen seiner eigenen sächsischen Vorfahren hervorzuheben; es ist nur verständlich, wenn er keine Lust hatte, die Aufmerksamkeit auf die Taten der gegnerischen Seite, zu der Artus gehört hatte, zu lenken.

Die wenigen überlieferten zeitgenössischen Schriften aus der vermutlichen Artusperiode sind hauptsächlich Beschreibungen von Reisenden und fragmentarische Klosterberichte. Nirgendwo wird Artus erwähnt. Da erstere jedoch hauptsächlich Ereignisse darstellen, in die die Autoren selbst verwickelt waren, und die letzteren sich beinahe ausschließlich mit Kirchenangelegenheiten befassen, kann man daraus keine Schlüsse ziehen.

Das wichtigste Werk bei der Suche nach dem historischen König Artus ist *De excidio et conquestu Britanniae* (Über die Vernichtung und die Wehklage Britanniens), das Mitte des 6. Jahrhunderts von Gildas verfaßt wurde. Gildas, angeblich Sohn eines britannischen Adligen, scheint seine Schule in Wales besucht zu haben, die von St. Illtud gegründet wurde. Laut William of Malmesbury wurde Gildas schließlich Mönch und verbrachte einige Zeit im Kloster von Glastonbury. Da Gildas wahrscheinlich ein Zeitgenosse des Artus war oder kurz nach ihm gelebt hat, scheint der Umstand, daß er Artus in seinem Werk nicht einmal erwähnt, einem endgültigen Urteil gleichzukommen. Doch wie bei Beda und der *Angelsächsischen Chronik* mag es sehr wohl andere Erklärungen dafür geben.

Gildas Werk wollte nie ein vollständiges und umfassendes Geschichtsbuch sein. Tatsächlich ist es eher eine Streitschrift, die Kritik an seinen Landsleuten und den Streitigkeiten übt, die den Sachsen die Übernahme der Herrschaft ermöglichten. Er erwähnt kaum jemanden namentlich, der vor seiner Zeit gelebt hat, außer Ambrosius, den er offenbar verehrt hat. Gildas bestätigt den Sieg der Britannier in der Schlacht von Badon, die auch in den *Welsh Annals* und in der *Historia Britonum* erwähnt wird, obwohl er nicht sagt, daß Artus hier triumphiert hat, da er überhaupt keinen Namen eines Anführers erwähnt. Das könnte bedeuten, daß der Name des britannischen Anführers bei der wichtigsten Schlacht des Zeitalters unbekannt war.

Nachdem wir kurz die ältesten Quellen zur Zeit des Artus betrachtet haben, wollen wir uns jetzt wieder den Autoren des 12. Jahrhunderts zuwenden. Wie nützlich sind die Arbeiten von William of Malmesbury bei der Suche nach Artus?

William wird von modernen Wissenschaftlern als weit verläßlicher angesehen als Geoffrey. Obwohl William sehr wenig von Artus berichtet, liefert er uns ein gutes Bild vom Artusmythos zu der Zeit, in der Geoffrey seine *Historia* schrieb. So erfahren wir etwa, daß damals zahlreiche Artuserzählungen im Umlauf waren. Anders als Geoffrey sieht William in ihnen eher Fabeln, leugnet jedoch Artus nicht als historische Persönlichkeit.

Williams Werk verrät, daß damals über Artus nur sehr wenig bekannt war. Doch er liefert uns einen Anfang. Er berichtet beispielsweise, daß Artus Ambrosius Aurelianus beim Kampf gegen die Angeln unterstützt hat. Obwohl Ambrosius in Gildas *De exidio* als der Anführer der Britannier erwähnt wird, der zwischen 460 und 470 eine erfolgreiche Gegenoffensive gegen die sächsischen Eindringlinge führte, ist doch kaum etwas Verläßliches über Ambrosius bekannt, auch nicht, wie oder wann er starb.

William berichtet, daß Artus bei der Belagerung von Berg Badon gesiegt habe. Da Gildas die Schlacht von Badon als Höhepunkt des Feldzugs von Ambrosius beschreibt, könnte man denken, William wolle andeuten, daß Artus der Nachfolger des Ambrosius gewesen sei. Ob die beiden jemals zusammen gekämpft haben, bleibt unklar. Es steht jedoch außer Frage, daß man Artus für einen christlichen König gehalten hat, denn William erwähnt, daß Artus bei der Schlacht von Badon ein Bild der Jungfrau Maria bei sich trug.

Andererseits hat William an vielem, was er von

Artus gehört hat, seine Zweifel. Er macht sich etwa darüber lustig, daß Artus in der Schlacht von Badon eigenhändig 900 Feinde erschlagen haben soll. Offenbar war Artus im frühen 12. Jahrhundert ein Mythos geworden, und die Jagd nach Artusrelikten florierte. William erwähnt etwa, daß jemand behaupte, er habe das Grab von Artus' Neffen einige Jahre zuvor entdeckt, aber er sagt auch, das Grab von Artus selbst weiterhin seiner Entdeckung harre.

Es bleibt nicht viel. Nur, daß man Artus im frühen 12. Jahrhundert für einen christlichen König hielt, der ungefähr 600 Jahre zuvor gelebt hat. Alles weitere gilt William als Legende. Er empfiehlt Vorsicht walten zu lassen, denn nach seinen Worten ›ist dies der Artus, über den sich die Britannier heute so viel Unsinn erzählen‹. Trotzdem glaubt er ganz offensichtlich, daß es genügend Beweise für die historische Existenz Artus' gibt, denn er fügt hinzu, daß Artus seiner Meinung nach bei einer zuverlässigen Geschichtsschreibung berücksichtigt werden müsse, und zwar als einer, ›der sein geschwächtes Land lange Zeit gestützt habe‹. Doch woher hatte William seine Informationen?

Eine der Quellen, die William gut verwendet haben könnte, ist die *Historia Britonum*. Das Manuskript wird heute in der British Library mit der Katalogbezeichnung ›Harley 3859‹ aufbewahrt. Es ist eine Abschrift aus dem frühen 12. Jahrhundert. Schreibstil und ältere überlieferte Teile des Werks deuten auf ein sehr viel früheres Entstehungsdatum hin: irgendwann um 830. Die *Historia Britonum* wird allgemein für das

Werk eines Mönchs namens Nennius aus Bangor in Nordwales gehalten. Darin heißt es: »Ich habe alles, was ich finden konnte, aufgehäuft: die Annalen der Römer, die Chroniken der Heiligen Väter, die Manuskripte der Iren und der Sachsen und die Erzählungen unserer eigenen weisen Männer.«

Was Nennius aus ihnen herausfilterte, folgt keiner Ordnung, ist jedoch ein löblicher Versuch des Autors, Geschichte zu rekonstruieren. Zu Ambrosius sagt Nennius überhaupt nichts, doch von Artus erzählt er uns folgendes:

Zu dieser Zeit nahm die Zahl der Sachsen in Britannien zu [...] Dann kämpfte Artus mit den Königen der Britannier gegen sie; er selbst war der Heerführer in den Schlachten. Die erste Schlacht wurde an der Mündung des Flusses Glein geschlagen. Die zweite, dritte, vierte und fünfte an einem anderen Fluß namens Dubglas im Bezirk Linnuis. Die sechste Schlacht am Fluß, der Bassas genannt wird. Die siebte Schlacht fand im kaledonischen Wald Cat Coit Celidon statt. Die achte Schlacht in Fort Guinnion, bei der Artus das Bild der Jungfrau Maria auf seinen Schultern trug, und an diesem Tag wandten sich die Ungläubigen zur Flucht, und durch die Kraft der Heiligen Jungfrau Maria, seiner Mutter, wurden sie vernichtend geschlagen. Die neunte Schlacht wurde in der City of the Legion geschlagen. Die zehnte Schlacht trug er am Flußufer namens Tribruit aus. Die elfte Schlacht lieferte er ihnen am Berg, der Agned genannt wird. Die zwölfte Schlacht war am Berg Badon, wo an einem einzigen Tag 960 Männer durch einen Angriff Artus' fielen, und niemand anderes als er allein bezwang sie. Und in allen Schlachten war er der Sieger.

Offenbar hat William of Malmesbury seine Informationen von Nennius, denn seine Beschreibung der Schlacht von Badon entspricht der in der *Historia Britonum* inklusive dem Bild mit der Jungfrau Maria (obwohl es bei einer anderen Schlacht genannt wird). Daß dagegen Artus allein mehr als 900 Männer getötet habe, konnte William nicht glauben. Vielleicht war diese Angabe metaphorisch gemeint und sollte bedeuten, daß kein anderer britannischer Anführer ihn im Kampf unterstützt hat; ein möglicher Hinweis darauf, daß Artus im Stich gelassen wurde oder daß seine Streitkräfte größte Schwierigkeiten überwinden mußten.

Doch wie verläßlich ist Nennius? Es gibt andere Stellen in der *Historia Britonum*, die historisch falsch sind, was den Anspruch auf Zuverlässigkeit nicht gerade untermauert. Einiges weist darauf hin, daß nicht nur William, sondern auch Geoffrey von Monmouth Nennius als Quelle benutzt hat. Brutus der Trojaner und vieles andere kommen bereits bei Nennius vor und werden oft fast wörtlich übernommen. Sein Werk leitet Nennius mit den Worten ein: »Ich bitte den Leser, mir zu verzeihen, daß ich es wage, nach so vielen anderen so viel zu schreiben, wie ein plappernder Vogel oder ein unwissender Richter. Ich ordne mich jedem unter, der besser mit dieser Fähigkeit ausgestattet ist als ich.«

Nach eigener Aussage besaß Nennius keine besondere Bildung – ein Geständnis, das einen zu der Annahme verleiten könnte, daß die *Historia Britonum* lediglich zusammenfaßt, was dem Verfasser vorgelegen hat.

Offenbar war Nennius nicht nur die Quelle von William, sondern auch die von Geoffrey of Monmouth. Doch wo hat Geoffrey die anderen Artusepisoden her? Möglicherweise hat er sie den *Welsh Annals* entnommen. Im selben Manuskript der British Library, in dem uns die *Historia Britonum* überliefert ist, wurden im frühen 12. Jahrhundert auch die *Welsh Annals* abgeschrieben. Sie wurden offenbar ursprünglich für die Könige von Südwales zusammengestellt, denn obwohl sie eine Reihe von Stammbäumen von britannischen Anführern enthalten, schließen sie mit einem sehr viel genaueren Stammbaum der südwalisischen Könige des 9. Jahrhunderts. Zudem bemühen sie sich, eine Chronik der Ereignisse in Britannien zu liefern, was dem walisischen Interesse entspricht.

Obwohl die *Annals* von Ereignissen berichten, die bis in die Mitte des 5. Jahrhunderts zurückreichen, verweisen Stil und Schreibweise des ersten Teils auf eine Entstehungszeit um 800. Da der letzte Eintrag von 950 stammt, dürften sie danach abgeschlossen worden sein.

Leider stellen die *Annals* wenig mehr als eine unvollständige Aufzählung von Daten dar, verbunden mit kurzen Hinweisen auf wichtige Ereignisse. Sie wurden in Latein verfaßt und beschreiben eine Zeitspanne von 533 Jahren, benutzten aber nicht das christliche Kalendersystem. Die *Welsh Annals* können jedoch aufgrund eines Eintrags im neunten Jahr datiert werden, wo es heißt: »Ostern wurde von Papst Leo, dem Bischof von Rom, auf den Tag des Herrn verlegt.« Man weiß aus anderen Quellen, daß dies 455 geschah; wenn also das neunte Jahr gleichbedeutend mit 455 ist, muß das erste Jahr 447 sein. Wenn man diese Methode durch den Vergleich mit anderen Daten überprüft, die man aus verläßlichen Quellen kennt, sind die *Annals* fast korrekt. Die Eintragungen zu Artus, die in den Jahren 72 und 93 zu finden sind, konnten danach auf die Jahre 518 und 539 bezogen werden. Der erste Eintrag des Jahres 518 bezieht sich auf die Schlacht von Badon und lautet:

Die Schlacht von Badon, bei der Artus das Kreuz unseres Herrn Jesus Christus drei Tage und drei Nächte auf den Schultern trug und die Britannier siegten.

Interessanterweise heißt es hier nicht, daß Artus allein gekämpft hat, und wir finden ein anderes heiliges Zeichen auf seinen Schultern: ein Kreuz und nicht das Bild der Jungfrau Maria. Man nimmt heute an, daß es eine frühe Verwechslung der walisischen

Wörter für Schultern, *ysgwydd* (englisch ausgesprochen ›scuith‹), und *ysgwyd* (›scuit‹) mit der Bedeutung Schild gegeben hat. Entscheidend aber ist, daß die *Annals* von einem Kreuz und nicht von einem Bild der Jungfrau berichten, womit ersichtlich wird, daß der Verfasser der *Welsh Annals* sich nicht derselben Quelle bedient hat, wie Nennius.

Der zweite und einzige andere Hinweis auf Artus in den *Welsh Annals* ist der Eintrag für das Jahr 539:

> Der Streit von Camlann, in dem Artus und Medraut fielen, und eine Seuche kam über Britannien und Irland.

Da Nennius Camlann nicht erwähnt (wahrscheinlich weil er sich nur mit Artus' Siegen befaßt), könnte es sehr gut sein, daß Geoffrey seine Informationen über die Schlacht den *Annals* entnommen hat.

Bevor wir alle wichtigen Angaben der *Welsh Annals* und der *Historia Britonum* zusammenstellen, müssen wir Geoffreys Behauptung genauer untersuchen, er besitze ein ›altes Buch‹, aus dem er die Wahrheit über König Artus erfahren habe. Es gibt sichere Belege dafür, daß die Artussage bis ins Mittelalter überliefert wurde. Doch welcher anderen historischen Quelle kann sich Geoffrey neben den *Annals* und Nennius bedient haben?

Neben Geoffrey und William of Malmesbury gab es noch zwei zeitgenössische Historiker, die Artus ebenfalls in eine Art geschichtlichen Kontext stellen. Weniger verläßlich als William, aber doch verläßlicher als Geoffrey: Caradoc von Llancarfan und Heinrich von Huntingdon. Keiner aber ist eine besonders zuverlässige Quelle für weitere Informationen über den historischen Artus.

Heinrich bezieht sich hauptsächlich auf Nennius und die *Angelsächsische Chronik*. In seiner *Historia Anglorum*, die um 1135 geschrieben wurde, erwähnt er Nennius' Liste von Artus' zwölf Schlachten und datiert sie nach den Eintragungen der *Angelsächsischen Chronik* zwischen 527 und 530. Diese Datierung beruht wohl darauf, daß die *Chronik* berichtet, die Angriffe der Sachsen hätten nach 527 eine Zeitlang aufgehört.

Caradoc erwähnt Artus in seinem *Leben von Gildas*. Doch auch diesem Hinweis auf Artus kann man nicht trauen, da ein früheres und zuverlässigeres Werk nichts von Artus berichtet.

Die Bedeutung von Heinrich und Caradoc liegt in diesem Zusammenhang ganz woanders: Im Nachwort der *Historia* warnt Geoffrey beide zusammen mit William, König Artus in Ruhe zu lassen, denn nur er (Geoffrey) habe das ›alte Buch in der britischen Sprache‹. Schöne Worte, doch bedauerlicherweise hat er das Buch, wenn es denn überhaupt existiert hat, niemals gezeigt. Ohne dieses Buch bleibt uns nur die *Historia Britonum* von Nennius als ältestes Dokument, das uns Einzelheiten über König Artus liefert.

Nennius hat sich Artus offenbar nicht ausgedacht. Nach seinem Schreibstil zu urteilen sowie seiner offenen Bemerkung, er habe kein Talent, hat er offenbar tatsächlich weder die Begabung noch die Absicht dazu gehabt. Widersprüche, wie zum Beispiel unterschiedliche Versionen vom Tod derselben Person, begründet er damit, daß er dem Leser keine Informationen, die er gesammelt hat, vorenthalten will – wahrscheinlich damit der Leser selbst zwischen den widersprüchlichen Angaben entscheiden kann. Außer dem oben angeführten Absatz macht Nennius keine weiteren Angaben zum Leben des Artus. Hätte er sich Artus ausgedacht, hätte er uns sicherlich mehr Einzelheiten geliefert. Aus diesem Grund erscheint uns Nennius als ehrlicher Gewährsmann, der alles Material, das er entdeckt hat, nur zusammengetragen hat.

Dasselbe gilt für die Schlachten: Nennius ist sich nicht sicher, wo sie stattgefunden haben. Hätte er sich den Helden ausgedacht, warum sollte er dann nicht auch die Örtlichkeiten seiner Schlachten ersonnen haben? Solche Lücken, so glauben wir, verweisen auf eine Liste in einem alten britannischen Kriegsgedicht, die Nennius zur Verfügung stand. (Viele solcher Gedichte sind überliefert, wie zum Beispiel das *Goddodin* und das *Canu Llywarch Hen*, auf das wir später näher eingehen.)

Von den Schlachten auf der Liste kann nur die Schlacht von Badon historisch nachgewiesen werden; einige können ungefähr lokalisiert werden. Der Fluß Glein, an dessen Mündung die erste Schlacht geschlagen wurde, ist wahrscheinlich der Glen in Südlincolnshire; Linnuis, wo die nächsten vier Schlachten ausgetragen wurden, könnte Lindsey sein, ebenfalls in Lincolnshire; und die City of the Legion ist wahrscheinlich Caerleon (die direkte Übersetzung des walisischen Namens), obwohl Chester in den *Welsh Annals* ›Caer Legion‹ genannt wird. Neben der Schlacht von Badon, die im Süden von England stattgefunden haben muß (wie wir bald belegen werden), kann nur noch die Schlacht im kaledonischen Wald mit einiger Sicherheit lokalisiert werden. Da ›Caledonia‹ der römische Name für Schottland ist, muß Cat Coit Celidon irgendwo hoch im Norden gelegen haben.

Nennius scheint Williams Behauptung zu stützen, daß Artus Ambrosius im Kampf gegen die Angeln unterstützt hat. Wenn Artus in Lincolnshire gekämpft hat, wo die ersten fünf Schlachten wahrscheinlich geschlagen wurden, hätte er sich tatsächlich in einem Gebiet aufgehalten, das im späten 5. Jahrhundert von den Angeln besetzt war. Vielleicht wurde Artus bis zu Ambrosius' Tod in andere Landesteile geschickt, während die Hauptstreitkräfte sich im Süden mit den Sachsen auseinandersetzten.

Nennius nennt auch den Rang von Artus: Er war Heerführer (›dux bellorum‹) der Britannier, was bedeutet, daß Artus selbst gar kein König war. Dies wird noch durch den Hinweis verstärkt, Artus habe ›mit den britischen Königen‹ gekämpft. An anderer Stelle in der *Historia Britonum* (siehe unten), wo Nennius den Hund des Artus erwähnt, nennt er Artus einfach ›den Krieger Artus‹. Solche Bezeichnungen nähren Spekulationen, er sei ein ausländischer Söldner gewesen, was seine Anwesenheit an ganz verschiedenen Orten erklären würde: Er habe stets für den gekämpft, der ihn gerade bezahlte. Doch könnte er auch der Oberbefehlshaber von Ambrosius' Streitkräften gewesen sein.

Es gibt zwei Sagen im Anhang von *Mirabilia* (Wunder) in der *Historia Britonum*. Die eine handelt von einem Stein, der einen Pfotenabdruck von Artus' Hund Cabal trägt und auf einem Steinhaufen in der Gegend von Buelt (Builth) in Wales liegt. Nach Nennius kehrt der Stein, wenn man ihn fortnimmt, durch Zauberkraft wieder an diese Stelle zurück. Die andere beschreibt ein Grab, das ständig seine Größe verändert. Es liegt bei Ergyng (Ercing), im heutigen Herefordshire, und soll die Leiche von Artus' Sohn Amr beherbergen. Diese Passagen beweisen, daß die Artussagen zur Zeit von Nennius, im frühen 9. Jahrhundert, bereits einen festen Platz hatten.

Was also können wir bei aller Vorsicht der *Historia Britonum* über jene Artussagen entnehmen, die um 830 in Umlauf waren?

1. Im 9. Jahrhundert lebte Artus bereits in der Volkserzählung.
2. Man hielt Artus für einen christlichen Krieger, der gegen die eindringenden Sachsen und vielleicht gegen ihre Alliierten, die Angeln im Osten oder die Pikten im Norden, gekämpft hatte.
3. Man nahm an, daß Artus eine erfolgreiche Gegenoffensive geführt habe, die von Ambrosius Aurelianus irgendwann zwischen

dem späten 5. und dem frühen 6. Jahrhundert begonnen worden war.
4. Die Schlacht von Badon, die offenbar drei Tage gedauert hat, galt als wichtigster Sieg Artus'.
5. Man scheint Artus keineswegs für einen König gehalten zu haben, sondern eher für einen Anführer in der Schlacht oder einen Oberbefehlshaber.

Dies ist alles, was wir über die Artussagen im 9. Jahrhundert wissen. Obwohl sie sehr viel älter sind als die mittelalterliche Version Geoffreys of Monmouth, wurden die Manuskripte noch immer drei Jahrhunderte nach den Ereignissen verfaßt, die sie beschreiben. Wann genau aber war diese Zeit? Die Schlacht von Badon ist der einzige sichere Hinweis auf die Artuszeit – ein historisches Ereignis, das sogar von Gildas bestätigt wird, der immerhin zu einer Zeit schrieb, als die Erinnerung daran noch lebendig war. Da dies das einzige historisch belegbare Ereignis ist, das mit Artus in Zusammenhang steht, müssen wir herausfinden, wann genau die Schlacht von Badon stattgefunden hat.

4

WANN HAT ARTUS GELEBT?

Nach den *Welsh Annals* fand die Schlacht von Badon um 518 statt. Doch man muß die Eintragungen, die sich auf Artus beziehen, mit Vorsicht genießen, denn unter einer ganzen Reihe von Auszügen aus den *Irish Annals* stellen sie nur zwei von den spärlichen britischen Eintragungen aus dem 1. Jahrhundert dar. Wie wir sehen werden, wurde der Eintrag, als man ihn einige Jahrhunderte nach den Ereignissen einfügte, im falschen Jahr vorgenommen.

Da Gildas mindesten 350 Jahre vor der Entstehung der *Annals* schrieb und mit Sicherheit noch von der Schlacht wußte, ist er wahrscheinlich die verläßlichste Quelle. Doch leider liefert uns Gildas keine Daten, dafür einen sehr wichtigen Hinweis, auch wenn dabei eine gewisse Detektivarbeit nötig ist. Gildas berichtet, daß die Britannier im späten 5. Jahrhundert eine Zeitlang erfolgreich gegen die eindringenden Angelsachsen gekämpft haben:

Dies ging so fort bis zum Jahr der Belagerung von Berg Badon, praktisch die letzte Niederlage der Schufte [Angelsachsen] und sicherlich nicht die geringste. Und dies ist das 44. Jahr, soviel ich weiß, und ein Monat war bis dahin bereits vergangen, und es war auch das Jahr meiner Geburt.

Was sagt Gildas eigentlich in diesem etwas verwirrenden Absatz? Manche Forscher deuten Gildas' Worte so, daß die Schlacht 43 Jahre früher stattgefunden habe; der Autor sei also jetzt 44 Jahre alt gewesen, und die Schlacht habe irgendwann während seines ersten Lebensjahres stattgefunden. *De excidio* müsse um 540 geschrieben worden sein, da das Werk vor dem Tod von Maglocunus verfaßt worden sei. Dieser König starb bei einer Seuche, die Britannien um das Ende des Jahrzehnts heimsuchte. Die *Welsh Annals* datieren den Tod von Maglocunus auf das Jahr 549, und da unabhängige irische Berichte eine Seuche in Britannien zu dieser Zeit belegen, ist dies wahrscheinlich richtig. Nach Gildas' Bemerkungen über Maglocunus muß seine Kritik kurz vor dem Tod des Königs geschrieben worden sein. Nach der ersten Interpretation, die *De excidio* um 545 ansiedelt, muß die Schlacht von Badon irgendwann um das Jahr 500 stattgefunden haben. Es gibt jedoch noch eine zweite, überzeugendere Interpretation.

Gildas behauptet, daß die Schlacht in irgendeinem 44. Jahr stattgefunden hat, was eine seltsame Ausdrucksweise ist, wenn er tatsächlich meinte, die

Schlacht sei 44 Jahre vor seiner Niederschrift geschlagen worden. Wahrscheinlicher ist, daß uns Gildas sagen will, daß die Schlacht im 44. Jahr eines bestimmten Zeitalters stattfand, welches außerdem noch sein Geburtsjahr war. Wenn das so ist, welches Zeitalter könnte Gildas meinen? Die Antwort wird uns im 8. Jahrhundert von Beda geliefert. Beda war Gildas' *De excidio* auf jeden Fall bekannt, denn in einem Abschnitt seiner *Kirchengeschichte* schreibt er:

> Neben anderen unaussprechlich schrecklichen Taten, die ihr eigener Geschichtsschreiber Gildas bedauernd berichtet, kam noch diese hinzu: daß sie den Sachsen niemals den Glauben predigten.

Beda zitiert Gildas sogar gelegentlich wörtlich. Ähnlich wie Gildas erzählt er von:

> [...] der Belagerung am Berg Badon, als die [die Britannier] nicht wenige der Eindringlinge niedermetzelten, 44 Jahre nach ihrer Ankunft in England.

Diese Eindringlinge, erklärt Beda, waren die Angelsachsen. Obwohl deutlich ist, daß Beda in diesem Absatz Gildas zitiert, muß er eine zusätzliche Quelle bemüht haben, da er das Zeitalter als das der Angelsachsen identifiziert, was Gildas nicht tut. Daher müssen wir zunächst die Ankunft der Angelsachsen bestimmen.

Im Jahr 364 war das Römische Reich geteilt worden. Die westliche Hälfte wurde weiterhin von Rom, die östliche von Konstantinopel in der heutigen Türkei regiert. Im 5. Jahrhundert endete die Herrschaft des Weströmischen Reichs. Vorausgegangen waren Wanderungen der Hunnen in Zentralasien nach Westen. Ihr Einbruch in Europa (um 370) führte zur sogenannten Völkerwanderung, in dessen Verlauf die Westgoten nach Italien drängten, das sie 401 unter ihrem König Alarich erreichten; 408 belagerten sie Rom. Um diesen Angriffen standzuhalten, mußten die Römer Truppen aus Britannien abziehen. Als dort der militärische Druck nachließ, kam es bald zu Unruhen. Im Norden begannen die Pikten von Schottland immer waghalsigere Angriffe auf den Hadrianswall. 410 bat die Verwaltung um Verstärkung aus Rom. Doch der Kaiser hatte andere Sorgen, denn im selben Jahr wurde die Metropole von Alarichs Westgoten geplündert. Das Weströmische Reich zerbrach (476), und die römische Armee zog sich aus Britannien zurück.

Britannien war dreieinhalb Jahrhunderte lang Teil des Römischen Reiches gewesen, und seine Regierung war vor allem von der militärischen Unterstützung abhängig. Dies hatte Britannien eine Stabilität gegeben, die länger andauerte als jemals zuvor. Nun war sie auf einmal vorbei, und Anarchie bedrohte das Land. Jeder in Freiheit geborene Britannier war seit langem ein römischer Bürger, und nur wenige freuten sich über den Abzug der römischen Legionen.

Der Hauptgrund dafür, daß so wenig über diese Periode britischer Geschichte bekannt ist, liegt darin, daß der Rückzug Roms Britannien aus dem Blickfeld der spätantiken Autoren gerückt hat. Es ist daher ziemlich unklar, was genau während des 5. Jahrhunderts in Britannien geschah. Offenbar hat der Norden unter wiederholten Angriffen der Pikten gelitten, während der Westen von den Iren überfallen wurde. Doch das Hauptproblem für den Großteil der Briten war der Kampf der lokalen Häuptlinge um die Herrschaft. Und in dieses zersplitterte Land fielen nun auch noch die Angelsachsen ein.

Der Druck, der vom Einfall der Hunnen ausging – sie wurden erst 451 auf den Katalaunischen Feldern (çhâlons-sur-Marne) geschlagen – wirkte auch auf die Küstenvölker Dänemarks und Norddeutschlands. Einige überquerten die See, um sich in Ostbritannien niederzulassen. Diese Menschen gehörten ganz verschiedenen Stämmen an: Jüten, Angeln und Sachsen, später allgemein unter dem Namen ›Angelsachsen‹ zusammengefaßt.

Es scheint, als habe einer der britannischen Häuptlinge, anstatt diese unwillkommenen Eindringlinge zu vertreiben, sie als Söldner angeworben. Die Bezahlung schloß auch Land ein, auf dem sie sich niederlassen konnten. Ein großer Teil Britanniens kam damit unter seine Herrschaft. Die Identität dieses Mannes sowie sein genauer Rang bleiben ein Geheimnis. Gildas gibt ihm die Schuld am Fall Britanniens, doch er erwähnt ihn nicht namentlich, sondern nennt ihn nur den ›stolzen Tyrannen‹. Bei Beda heißt

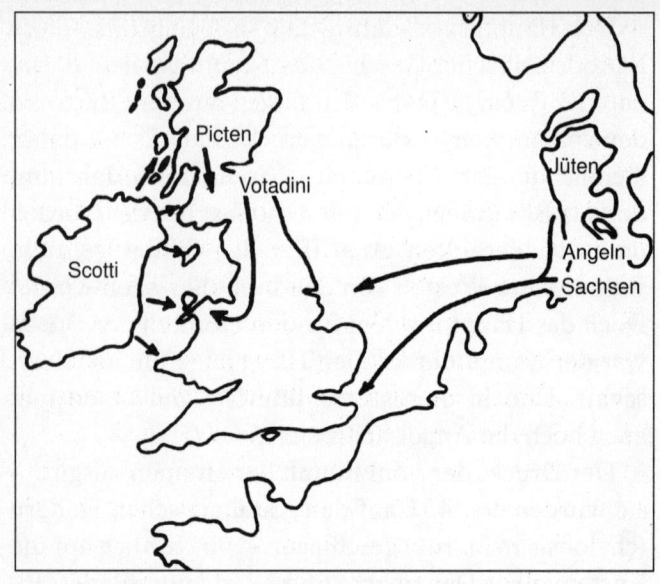

Völkerwanderung im 5. Jahrhundert

er Vertigernus, bei Nennius und der *Angelsächsischen Chronik* Vortigern, welchen Namen auch die meisten Forscher übernommen haben. Doch war dies wahrscheinlich nicht sein Name, sondern eher irgendein Titel, der sich vom lateinischen Wort *vertifernus*, ›Oberherr‹, ableitet. Es scheint, daß Vortigern eine Zeitlang der absolute Herrscher von Britannien war, der die anderen Häuptlinge unterwarf und die Pikten und die Iren vertrieb.

Gildas macht den ›stolzen Tyrannen‹ für den Fall Britanniens verantwortlich, weil dieser die Angelsachsen, die sich schließlich ganz England unterwarfen, zur Abwehr der Pikten nach Britannien gerufen habe. Sowohl Gildas als auch Beda schildern, wie die ersten Sachsen mit drei Booten die britannische Küste erreichten. Dies ist sicherlich eine vereinfachende Darstellung, denn von archäologischen Funden weiß man, daß diese Menschen sich schon früher in England niedergelassen hatten, und die Briten hatten sicherlich schon vorher um ihre Unterstützung gebeten. Doch wahrscheinlich waren diese drei Boote mit Sachsen die erste wirklich herbeigerufene Auslandsverstärkung, und um Verwirrung zu vermeiden, wird der Ausdruck ›Sächsische Ankunft‹ üblicherweise für dieses bestimmte Ereignis verwendet. Da Beda darin die erste Ankunft der Angelsachsen sieht, ist es ausschlaggebend für die Datierung der Schlacht von Badon, die, wie er sagt, 44 Jahre später stattfand.

Nach Bedas *Kirchengeschichte* geschah die Ankunft folgendermaßen:

> Im Jahre des Herren 449 wurde Markian neben Valentinian zum [römischen] Kaiser gekrönt, der 46. nach Augustus, und er regierte das Reich sieben Jahre lang. Dann erreichte das Volk der Angeln, oder der Sachsen, das von dem oben erwähnten König [Vertigernus] eingeladen worden war, Britannien.

Beda lebte drei Jahrhunderte später. Kann man seiner Datierung auf 449 glauben? Das Bild ist verwirrend, und aus den *Welsh Annals* und von Nennius können verschiedene Daten abgeleitet werden. Diese Verwirrung mag durch eine ursprüngliche Mehrdeutigkeit entstanden sein, die das Datum einer bestimmten britischen Bitte um Hilfe betrifft, die bei Gildas erwähnt wird. Seiner Meinung nach wendeten sich die Dinge einige Jahre, nachdem die Römer Britannien verlassen hatten, derart zum Schlechteren, daß

> die unglücklichen Zurückgebliebenen [die Britannier] erneut einen Brief schickten, diesmal an den römischen Heermeister Agitius, mit den Worten: ›An Agitius, dreimaliger Konsul: die Wehklage der Briten.‹ Dann die Beschwerde: ›Die Barbaren drängen uns bis zum Meer zurück, und die See drängt uns wieder den Barbaren zu; zwischen diesen beiden Todesarten werden wir entweder ertrinken oder dahingemetzelt.‹ Doch sie erhielten keine Hilfe.

Die Anrede in diesem Brief gehört zu den wenigen genau datierbaren Punkten im Bericht des Gildas. Zwar nennt er den römischen Feldherren Agitius, doch kann eigentlich nur Aëtius gemeint sein. Zu diesem Schluß kommt man nicht nur durch die Ähnlichkeit der beiden Namen, sondern vor allem durch den Hinweis auf den ›dreimaligen Konsul‹; Aëtius war der einzige Mann in 300 Jahren, der eine dritte Amtszeit als Konsul erhielt (anders als ein Kaiser). Da seine dritte Amtszeit 446 begann und seine vierte 453, muß die Bitte um Hilfe zwischen diesen Jahren geschehen sein. Wie lange nach dieser Bitte fand die Invasion der Angelsachsen statt?

Die Ereignisse, die auf den Brief an Aëtius folgten, werden von Gildas beschrieben:

> Während die Briten sich nur mühsam wehren konnten, kam eine schreckliche und berüchtigte Hungersnot, die viele von ihnen zwang, sich sofort ihren blutrünstigen Gegnern zu ergeben, nur um ein wenig Nahrung von ihnen zu erhalten. Andere kämpften weiter und verschanzten sich in den Bergen, Höhlen, in der Heide und dem dornigen Dickicht. Ihre Feinde hatten das Land schon mehrere Jahre lang geplündert; nun endlich wurden sie erstmals besiegt [...] [Da die Britannier nun die Angreifer waren,] zogen sich die unverschämten irischen Piraten nach Hause zurück, obwohl sie bald wiederkehren sollten, und zum erstenmal verhielten sich die Pikten am anderen Ende der Insel ruhig, wie auch in Zukunft, obwohl sie gelegentlich auf Plünderungszüge gingen. In dieser Zeit der Waffenruhe konnten die schrecklichen Wunden der verfolgten Menschen heilen.

Dies war wahrscheinlich die Zeit von Vortigern, dessen rücksichtsloses Vorgehen offenbar einen Wandel der Ereignisse zur Folge hatte. Darauf folgte eine Periode des Friedens, in der nach Gildas ›die Insel mit einer Fülle von Waren überflutet wurde, wie es keine Zeit zuvor gesehen hatte‹. Leider hielt dieser Überfluß nicht lange an. Gildas berichtet, daß eine tödliche Seuche brutal über die einfachen Menschen hereinbrach, und in kürzester Zeit starben so viele, nicht durch das Schwert, daß die Lebenden all die Toten nicht begraben konnten.

Durch diese Katastrophe wurde das Land so geschwächt, daß die Pikten und die Iren ihre Angriffe wieder aufnahmen. Die Britannier sahen sich daher gezwungen, um ausländische Unterstützung zu bitten. Sie beriefen einen ›Rat ein, um den besten und vernünftigsten Weg zu finden, den brutalen und wiederholten Angriffen und Plünderungen ein Ende zu machen‹. Gemeinsam mit ihrem Anführer, dem ›stolzen Tyrannen‹ (Vortigern), entschlossen sie sich, Angelsachsen als Söldner anzuwerben.

Diese Ereignisse, die nach Gildas zwischen dem Brief und der Ankunft der Angelsachsen liegen, müssen ein oder zwei Jahrzehnte gedauert haben, in denen die Britannier sich unter Vortigern erhoben, Zeiten des Wohlstandes und eine Seuche erlebt haben. Nach dieser Rechnung hätten die Angelsachsen zwischen 460 und 470 die Insel erreicht. Warum datiert Beda ihre Ankunft dann auf das Jahr 449? Möglicherweise hat Gildas den Brief an Aëtius an der falschen Stelle eingefügt, und Beda hat diesen Fehler bemerkt. Den Hinweis liefert Gildas selbst. Die Seuche, die er erwähnte, kann datiert werden. Eine Epidemie, die in anderen Quellen überliefert ist, brach in den späten 40er Jahren des 5. Jahrhunderts über die ganze römische Welt herein. Da die Bitte an

Aëtius während seiner dritten Amtszeit ausgesprochen wurde, also zwischen 446 und 453, kann es nicht ein oder zwei Jahrzehnte vor der Seuche geschehen sein, wie es bei Gildas heißt. Der Brief an Aëtius muß daher geschrieben worden sein, nachdem die Seuche das Land geschwächt hatte.

Gildas berichtet, daß die Angriffe der Pikten und der Iren damals erneut begannen und daß die Briten gezwungen waren, um ausländische Unterstützung zu bitten. Aller Wahrscheinlichkeit nach besaß Gildas eine Abschrift des Briefes, der sich, wie er sehen konnte, auf die Pikten und die Iren bezog. Er wußte, daß der Brief entweder vor Vortigerns Zeit des Wohlstandes, um 420, geschrieben worden war oder nach der Seuche, um 447, als die Plünderungen wieder begannen. Fälschlicherweise bezog er ihn auf die erste Periode. Tatsächlich aber wurde der Brief an Aëtius geschrieben, kurz bevor man sich für die Anwerbung der Angelsachsen entschied – eine Entscheidung, zu der sich die Briten gezwungen sahen, nachdem der römische Konsul jede Hilfe abgelehnt hatte.

Dies muß auch Beda angenommen haben: Die Briten baten Aëtius um Hilfe, als die Pikten und die Iren um 448 ihre Plünderungszüge wieder aufnahmen. Im folgenden Jahr, nachdem die Hilfe abgelehnt worden war, beschloß ihr Anführer Vortigern, sich von den angelsächsischen Söldnern unterstützen zu lassen. Eine Bestätigung dafür lieferten die Angelsachsen selbst: Die *Angelsächsische Chronik* nennt ebenfalls das Jahr 449 als das ihrer Ankunft. Wenn die

Schlacht von Badon 44 Jahre später stattgefunden hat, dann muß sie 493 geschlagen worden sein.

Damit kennen wir die Zeit, in der Artus gelebt hat: Es ist die Epoche nach dem Zusammenbruch des Weströmischen Reiches, nachdem der germanische Feldherr Odoaker 476 den letzten römischen Kaiser Romulus Augustulus abgesetzt hatte. Um 490 begann in Britannien das frühe Mittelalter; die Angelsachsen besetzten das halbe Land. Paßt das zu dem, was Nennius – der den ältesten Bericht von Artus' Feldzügen überliefert hat – von Artus berichtet?

Viele Forscher glauben nicht, daß Artus wirklich existiert hat, da die mittelalterlichen Artusromane einfach zu fantastisch sind. Doch der Artus des Nennius wird nicht mit Magie und Geheimnissen beschrieben wie in den späteren Erzählungen, sondern mit schlichten historischen Begriffen. Nennius schildert keinen ›romantischen‹ Artus, sondern einen britannischen Anführer, der endlich erfolgreich gegen die Angelsachsen kämpfte. Außerdem scheint er chronologisch und historisch korrekt vorzugehen:

> Damals nahmen die Sachsen an Zahl zu und verbreiteten sich in Britannien. Nach dem Tod von Hengist zog Octha, sein Sohn, aus dem nördlichen Teil Britanniens nach Kent, und von ihm stammen die dortigen Könige. Dann kämpfte Artus in diesen Tagen mit ihnen [...]

Die *Angelsächsische Chronik* berichtet, daß der sächsische Vormarsch in das westliche Britannien um 455 in Kent begann und bis 480 vor allem von Hengist angeführt wurde. Dies entspricht genau dem Bericht des Nennius, wenn er Hengist als den Anführer der Leute von Kent beschreibt, bevor Artus die Sachsen bekämpft. Octha war ebenfalls eine historische Persönlichkeit. Ein sächsisches Manuskript aus dem 9. Jahrhundert, das sich heute als *Cotton Vespasian* in der British Library befindet, zählt die Könige des frühen Mittelalters auf, darunter auch Octha. Er soll, genau wie es Nennius überliefert hat, der Nachfolger seines Vaters gewesen sein. Nennius berichtet weiter, daß Artus nach dem Tod von Hengist gegen die Sachsen gekämpft hat. Die *Angelsächsische Chronik* gibt als Todesdatum das Jahr 488 an, was genau zu den Feldzügen von Artus paßt, wenn er die Schlacht von Badon fünf Jahre später (493) geschlagen hat.

Da Nennius in seiner Datierung mit der *Angelsächsischen Chronik* und der Schlacht von Badon übereinstimmt und da die beiden Krieger, die er in Zusammenhang mit Actus erwähnt, Zeitgenossen zu sein scheinen, gibt es keinen Grund, seine Bemerkung anzuzweifeln, daß Artus der wichtigste britannische Führer dieser Zeit war – nämlich um das letzte Jahrzehnt des 5. Jahrhunderts.

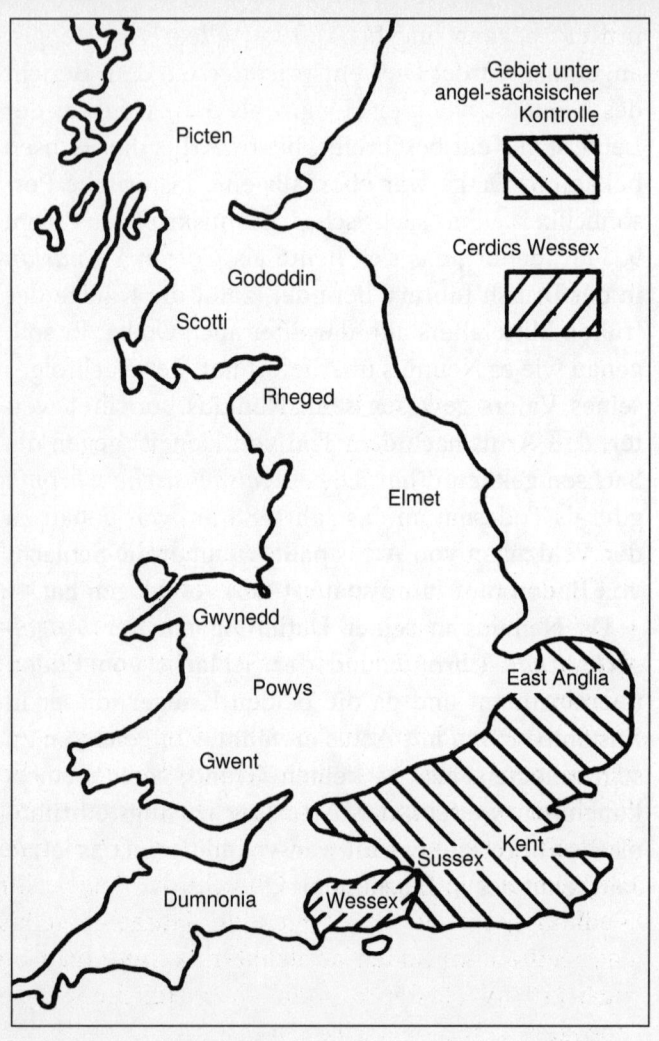

Britannien zur Zeit Badons

5

Auftakt zur Schlacht von Badon

Bevor wir mit der Suche nach dem historischen Artus am Ende des 5. Jahrhunderts beginnen, wollen wir das damalige Britannien knapp beschreiben. Fangen wir mit der Ankunft der Feinde Artus' an: der Angelsachsen.

Offenbar sind zahlreiche Angeln in der zweiten Hälfte des 5. Jahrhunderts in der Nordseebucht The Wash an der englischen Ostküste (Lincolnshire und Norfolk) gelandet. Im Südosten hatten sich bereits die Sachsen niedergelassen. Obwohl die Angeln ihr Siedlungsgebiet in den folgenden Jahrzehnten bis nach Suffolk im Süden ausdehnten, könnte man sie zunächst als Verstärkung für die nördliche Armee Vortigerns angeworben haben.

Auch archäologische Funde (Töpferwaren aus Yorkshire, Lincolnshire und East Anglia) sprechen dafür, daß die Neuankömmlinge um 450 das Land erreichten. Diese Angeln hatten eine etwas andere Kultur als die südlichen Kolonisten, denn sie kamen aus Schleswig, ganz im Norden Deutschlands. Beda nennt dieses Gebiet ihre Heimat – ein Landstrich, der auch später noch nach ihnen benannt war.

Obwohl man die Siedler im Südosten Englands allgemein als Sachsen bezeichnet, waren die allerersten von ihnen Jüten aus Jütland in Dänemark. Beda berichtet, daß Jüten das Königreich Kent gegründet haben und daß die drei Boote keineswegs mit Sachsen bemannt waren. Andererseits können sie auch die ersten Sachsen gewesen sein, die sich in der jütischen Kolonie niederlassen durften. Auf jeden Fall setzte sich der Einfluß der Sachsen von der Elbmündung bei der jütischen Bevölkerung durch.

Jüten, Angeln und Sachsen waren eng verwandt, denn das Gebiet, aus dem sie ursprünglich kamen, war nicht größer als das heutige Wales. Daher kann der Begriff ›Angelsachsen‹ für die gesamte Kultur verwendet werden. Tatsächlich waren die Unterschiede zwischen ihnen gering im Vergleich mit der riesigen kulturellen Kluft zwischen ihnen und den romanisierten Britanniern, von denen viele praktizierende Christen waren. Die heidnischen Neuankömmlinge hatten ihre eigenen religiösen Bräuche, die auf die meisten Britannier wahrscheinlich abstoßend gewirkt haben. Aus römischer Sicht waren die Britannier zivilisiert und die Angelsachsen Barbaren. Bei solchen kulturellen Unterschieden mußten zwangsläufig Probleme auftreten.

Die Schwierigkeiten begannen 455, als sich die

sächsischen Kolonien im Südosten auflehnten. Es gab zweifelsohne viele Gründe für diesen Aufstand; Gildas berichtet, es sei um die Bezahlung der Söldner gegangen. Ohne auf Einzelheiten einzugehen, beschreibt er die schwerwiegenden Folgen: Städte wurden zerstört, ihre britischen Bewohner getötet, versklavt oder vertrieben. Beda schildert die Ereignisse ähnlich, erwähnt jedoch auch die Namen der Anführer: zwei Brüder namens Hengist und Horsa.

Die Angeln im Norden schlossen sich der Revolte an, denn Beda berichtet, daß ›sie sich mit den Pikten verschworen, denen sie bis dahin mit Waffengewalt standgehalten hatten, und ihre Waffen nun gegen ihre Verbündeten richteten‹. Das Ausmaß des Aufstandes ist schwer festzustellen. Doch ist es sicher, daß er die Briten völlig unvorbereitet traf.

Der Aufstand scheint mit der Unterwerfung eines britischen Kontingents im Norden von Kent begonnen zu haben. Die *Angelsächsische Chronik* berichtet, die Sachsen hätten um 455 erstmals gesiegt, und zwar in Aegaeles Threp, wahrscheinlich Aylesford. Dabei sei einer ihrer Anführer, Horsa, gefallen. Nach dem Sieg der Sachsen wurde das Königreich Kent gegründet und Hengist zum König ausgerufen. Die Schlacht wird auch von Nennius erwähnt (der den Ort jedoch Episford nennt); bei ihm erfahren wir, daß nicht nur Horsa, sondern auch Vortigerns Sohn Cateyrn (auf den wir später zurückkommen) gefallen sei.

Über das weitere Schicksal Vortigerns berichtet uns Gildas nichts, außer daß er ihn einmal den ›vom

Schicksal verfolgten Tyrannen‹ nennt. Da auch Beda uns keine Informationen liefert, müssen wir uns mit Nennius begnügen. Leider besteht das Material, das er zusammengetragen hat, auch aus zahlreichen Legenden. Dazu kommt, daß er sich selbst widerspricht, etwa wenn es heißt, Vortigern sei, nachdem Essex, Sussex und Middlesex an die Sachsen gefallen waren, als gebrochener Mann gestorben, ein andermal, er sei ein Opfer der Flammen geworden.

Viele Forscher haben dem Werk Nennius' sowie anderen Überlieferungen entnommen, daß Vortigerns fehlgeschlagene Sachsenpolitik und eine allgemeine Unruhe im Land, das durch eine Seuche geschwächt war, schließlich zu seinem Sturz in einem Bürgerkrieg geführt haben. Wie auch immer, ab 460 wird er nicht mehr erwähnt. So nimmt etwa Nennius an, daß nach Vortigerns Tod ein gewisser Vitalinius geherrscht habe, wahrscheinlich ein Verwandter, da Vortigerns Großvater denselben Namen getragen hat. Wer auch immer die Britannier zu dieser Zeit angeführt hat, sie mußten einen großen Verlust hinnehmen.

Berücksichtigt man die literarischen und archäologischen Zeugnisse, so scheint es, daß sich der sächsische Einfluß zu der Zeit, als sich der Aufstand beruhigte, weiter westlich von Kent ausbreitete, über Sussex nach Hampshire sowie nach Norden über Middlesex nach Essex. Der Einfluß der Angeln dagegen gewann nördlich von The Wash, in Lincolnshire und Humberside, und südwärts im sächsischen Essex an Boden. Bemerkenswerterweise erreichte er sogar

Warwickshire im Westen. Für die angelsächsischen Streitkräfte muß es eine sehr große Anstrengung gewesen sein, ein Gebiet von der Größe halb Englands zu verteidigen, denn kurz nachdem sie gesiegt hatten, zogen sie sich wieder zurück. Dies muß den Britanniern eine Atempause gewährt haben, in der sie ihre Kräfte sammeln konnten, denn um 465 scheinen sie eine Gegenoffensive gestartet zu haben. Gildas:

Nach einiger Zeit, als die grausamen Plünderer nach Hause gezogen waren, gab Gott den Überlebenden Kraft [...] Ihr Anführer war Ambrosius Aurelianus, ein Mann, der vielleicht als einziger Römer den Schock dieses schrecklichen Angriffs überlebt hatte [...] Unter ihm sammelten die Menschen wieder ihre Kräfte und forderten die Sieger zu einer Schlacht heraus. Der Herr war auf ihrer Seite, und die Schlacht begann.

Über die gleiche Zeit schreibt Beda:

Als die Siegerstreitmacht, nachdem sie die Einwohner vernichtet oder vertrieben hatte, nach Hause zurückgekehrt war, schöpften die Britannier langsam wieder Mut und sammelten Kräfte [...] Zu dieser Zeit hatten sie einen Anführer, Ambrosius Aurelius, ein bescheidener Mann, der vielleicht als einziger der römischen Nation zufällig den Sturm überlebt hatte [...] Unter ihm lebten die Britannier wieder auf und boten den Siegern eine Schlacht an, aus der sie mit Gottes Hilfe siegreich hervorgingen.

Wieder einmal benutzt Beda offensichtlich Gildas als Quelle, obwohl er offenbar noch weiteres Material zur Verfügung hat, da er als zweiten Namen des Ambrosius Aurelius und nicht Aurelianus angibt. Leider macht er keine weiteren Angaben über Ambrosius. Außer der Tatsache, daß er der einzige Britannier dieser Zeit ist, den Gildas namentlich nennt, bleibt er wie Artus selbst eine geheimnisumwitterte Gestalt. Ob er nun tatsächlich Vortigern (oder seinen Nachfolger) besiegt oder ihn einfach nur überlebt hat, ist unsicher. Alles, was wir wissen, ist, daß er die Wende des Krieges gegen die Angelsachsen herbeigeführt hat.

Wir haben Grund zu der Annahme, daß dies irgendwann um das Jahr 465 geschah, denn die *Chronik* erwähnt zwischen 465 und 473 keine Schlachten. In dieser Zeit muß es auf beiden Seiten eine Ruhepause gegeben haben, in der Verteidigungswerke errichtet und Truppen organisiert wurden – eine Vorbereitung für den erbitterten Kampf, der dann folgte. Es war eine totale Konfrontation, in der ein Krieger namens Artus eine Hauptrolle gespielt haben muß.

Leider ist alles, was wir über diese Auseinandersetzung von Gildas erfahren, in nur zwei Zeilen enthalten: »Von dieser Zeit an war der Sieg mal bei unseren Landsleuten, mal bei deren Feinden. Dies dauerte bis zur Belagerung von Berg Badon an.«

Auch Beda kann uns nicht weiterhelfen, denn er

bietet nur eine Paraphrase von Gildas: »Von diesem Tag an siegten manchmal die Einheimischen, manchmal ihre Feinde, bis zum Jahr der Belagerung von Berg Badon.«

Daher bleiben uns allein die *Chronik*, die aber nur die angelsächsische Seite der Geschichte liefert, und Nennius.

Anscheinend sind die Sachsen zunächst in die Offensive gegangen, haben ihre Besetzung von Middlesex gefestigt und sind weiter nach Westen gezogen. Nach der *Chronik* kämpfte Hengist 473 gegen die Britannier und machte ›zahlreiche Beute‹, während die Feinde ›wie vor dem Feuer‹ flüchteten. Nach dem archäologischen Befund festigten sie ihre Position in Surrey und drängten durch das Themsetal nach Berkshire. Doch scheinen hier die Britannier die Oberhand gewonnen zu haben; in der folgenden Zeit gab es im Südosten offenbar eine unsichere Pattsituation. Der Krieg verlagerte sich dann auf eine zweite Front im Osten gegen die Angeln.

Hier scheint sich der Kampf für die Britannier entschieden zu haben, und die Angeln im Gebiet von Warwickshire gerieten offenbar schnell unter ihre Herrschaft. Archäologische Funde zeigen eine kontinuierliche britannische Präsenz in dieser Zeit – eine unzerstörte Schicht mit Keramik und Gräbern, ohne Unterbrechungen. In Lindsey und Kesteven beziehungsweise im Norden und im Süden Lincolnshires zeigt der archäologische Befund, daß die britannische Herrschaft bis zum späten 6. Jahrhundert andauerte. Viele der großen Wälle, die die südwestlichen Gegenden um East Anglia beherrschten, wurden damals errichtet, um die Grenze zu bestimmen. Der geradlinig verlaufende Erdwall in der Nähe von Grantham in Lincolnshire, der unter dem Namen King Lud's Bank bekannt ist, könnte von den Britanniern errichtet worden sein, um weitere Invasionen zu verhindern, da er die alte Straße Sewestern Lane sperrte.

Der heftigste Kampf jedoch scheint im Norden getobt zu haben, wo die Angelsachsen gemeinsam mit den Pikten kämpften, wie uns Beda berichtet. Hier weist der archäologische Befund eindeutig darauf hin, daß die frühesten Kolonien erst gegründet werden konnten, nachdem die Britannier das ganze Gebiet zurückerobert hatten. In diesem Zusammenhang wird bei Nennius erstmals Artus erwähnt: als ›Hengist tot war, und Octha, sein Sohn, vom nördlichen Teil Britanniens in das Königreich von Kent zog‹. Damals habe Octha die Sachsen im Norden befehligt, was auf eine funktionierende Allianz zwischen Angeln und Sachsen hindeutet. Vielleicht mußte sich Octha nach seiner Niederlage im Norden zurückziehen, unabhängig vom Tod seines Vaters. Wie auch immer, es scheint um oder kurz vor 488 einen Kampf im Norden gegeben zu haben.

Die wahrscheinlichsten Plätze für Artus' Schlachten aus der Liste des Nennius scheinen mit dem, was man aus den bisher gefundenen Hinweisen schließen kann, übereinzustimmen. Offenbar wurden die ersten Schlachten in East Anglia geschlagen. Dies könnte die Zeit gewesen sein, in der die Briten wieder die Oberhand gewannen und die großen Wälle errichteten. Danach gab es eine Schlacht im hohen Norden (in den Kaledonischen Wäldern), wahrscheinlich gegen die Pikten und die verbündeten Angeln. Dann folgte die achte Schlacht, ein besonders wichtiger Sieg, berücksichtigt man die Beschreibung, daß ›die Heiden an diesem Tag in die Flucht geschlagen und niedergemetzelt‹ wurden. Diese Schlacht von Castellum (Fort) Guinnion könnte fast überall stattgefunden haben, obwohl es die letzte Schlacht im Norden gewesen sein mag, die Octha und die Sachsen zum Rückzug zwang.

Die Kämpfe im Osten und im Norden haben möglicherweise zu der Zeit stattgefunden, über die William of Malmesbury schrieb, daß Artus gegen die Angeln Krieg geführt habe. Auf jeden Fall war dies eine sehr unruhige und konfliktreiche Epoche, in der Ambrosius offenbar von Artus als Anführer der britischen Streitkraft abgelöst wurde.

Ähnlich wie bei Vortigern wissen wir nicht, was wirklich mit Ambrosius geschah. Nach Nennius könnte es eine persönliche Auseinandersetzung gewesen sein, in der sich Artus mit Waffengewalt gegen Ambrosius erhoben hat.

Die Schlacht von Badon selbst wurde irgendwann um das Ende des 5. Jahrhunderts geschlagen und richtete sich laut Gildas gegen die Angelsachsen. Es war eine große Niederlage für die Sachsen, was zu einem Waffenstillstand führte, der länger als ein halbes Jahrhundert andauern sollte. In dieser Zeit, die Gildas selbst erlebt hat, erfuhr Britannien keine Angriffe von außen. Es gibt sogar archäologische Hinweise auf eine Auswanderung von Angelsachsen, die sich wohl wegen ihrer unsicheren Lage in England auf den europäischen Kontinent zurückzogen. So wurde typische englisch-angelsächsische Keramik in Deutschland gefunden, die aus dem frühen bis mittleren 6. Jahrhundert stammt. Das bedeutet, daß hierher Menschen direkt aus Britannien kamen. Gildas berichtet, daß es damals unter den Britanniern ernsthafte Streitigkeiten gab, die seiner Meinung nach schließlich zum Fall Britanniens führten. Beda schreibt zurückhaltender:

> In der Zwischenzeit ließen die Angriffe von außerhalb nach, nicht aber der Bürgerkrieg. Die von den Feinden zerstörten Städte standen leer; und die Einheimischen, die den Feinden entkommen waren, kämpften nun gegeneinander.

Leider hatte Gildas mit seiner Beurteilung der Situation recht. Die Überlegenheit der Britannier über die Angelsachsen war nicht von Dauer. Kurz nach 550 drängten die Sachsen erneut westwärts und siegten in einer Schlacht bei Salisbury. Bald darauf wurde das heutige Buckinghamshire überrannt, und im Jahre 577 waren die Britannier im Südwesten nach einem sächsischen Sieg in der Schlacht von Dyrham vom restlichen Britannien abgeschnitten, bei der Bath, Cirencester und Gloucester aufgegeben werden mußten. Eine Zeitlang scheinen die Britannier in den Sümpfen von Somerset gekämpft zu haben, doch

614 zogen die Sachsen nach Devon und hatten 682 die ganze südwestliche Halbinsel unter Kontrolle – abgesehen von Cornwall, das bis 926 seine Unabhängigkeit bewahren konnte.

Die einheimischen Briten wurden immer mehr aus England verdrängt und schrumpften zu drei restlichen keltischen Zivilisationen zusammen: Wales, Cornwall und der Nordwesten, während andere über den Kanal flohen und sich in der Bretagne ansiedelten. Schließlich kamen auch Cornwall und der Nordwesten an die Angelsachsen, so daß nur noch das heutige Wales als Heimat der einheimischen Britannier blieb. Die Angelsachsen erlangten so viel Macht über das heutige England, daß sie die Ureinwohner ›Waliser‹ nannten – ein Wort, das sich aus dem sächsischen *weala* ableitet und ›Fremder‹ bedeutet. Die Britannier nannten sich dagegen *cymru*, Landsleute. Seit dem 10. Jahrhundert gab es keine Angelsachsen oder einheimische Britannier, sondern zwei getrennte Länder: England und Wales.

Wegen dieser Teilung wurden die Geschichten um König Artus vor allem in Wales bis zur Zeit der mittelalterlichen Ritterromane überliefert. Dies erklärt auch, warum die *Welsh Annals* Artus erwähnen, während die englische *Angelsächsische Chronik* es nicht tut; und warum der walisische Mönch Nennius ihn nennt, nicht aber der englische Mönch Beda.

Wir kehren ans Ende des 5. Jahrhunderts zurück, um die Schlacht von Badon – die wichtigste Schlacht dieser Zeit – zu lokalisieren.

Nach dem archäologischen Befund muß das Königreich Kent um 493 eine schwere Niederlage erlitten haben, da in Essex, Hertfordshire und einem Großteil von Buckinghamshire aus mehreren Jahrzehnten keine sächsischen Gräber gefunden wurden. Das bedeutet, daß sich die Angelsachsen zur Jahrhundertwende nach Middlesex, Surrey und Kent zurückzogen.

Kurz vor 490 jedoch hatte sich der sächsische Einfluß im Süden Englands beträchtlich verstärkt: ein deutlicher Machtzuwachs, der 477 begonnen hatte. Nach der *Angelsächsischen Chronik* erreichte in diesem Jahr eine neue Welle sächsischer Krieger das Land, die an einem Ort namens Cymenesora an Land gingen, wahrscheinlich Selsey Peninsular östlich von Portsmouth. Angeführt von einem Krieger Aelle, überwältigten sie schon bald die Britannier in dieser Gegend und schlugen sie in die Flucht. Für das Jahr 485 erwähnt die Chronik wiederum Aelle und seinen Sieg über die Britannier, diesmal am Fluß Mearcredesburna (wahrscheinlich der Alun). Danach scheint Aelle bis 491 immer mehr an Macht gewonnen zu haben, als er die Festung in Anderida (heute Pevensey) eroberte. Während dieser Schlacht, berichtet die *Chronik*, metzelten seine Männer alle nieder, die Schutz in den Mauern der Festung gesucht hatten – ein Massaker, das die endgültige Niederlage der Briten in diesem Gebiet bedeutete und zur Gründung des sächsischen Königreiches in Sussex (South Saxons, Südsachsen) führte. Aelle hatte damit die östlichsten Punkte seiner Feldzüge erreicht, denn nun teilte er die Grenzen mit Octhas Königreich Kent.

So könnte Viroconium, die Hauptstadt von Powys, das wahre »Camelot«, im 5. Jahrhundert ausgesehen haben.

Der historische Artus: Dan Shadrake von der »Britannia« in authentischer Rüstung aus dem späten 5. Jahrhundert (Derek Rowe Photos Ltd.).

Oben:
Der Archäologe Roger White bespricht die Untersuchung von Travail's Acre mit den Geophysikern.

Links:
Dr. Susan Overden mit dem Protonenmagnetometer.

Oben:
Clare Stephens untersucht Travail's Acre mit dem Widerstandsmesser.

Rechts:
Dr. Clare Adams mit einem Suchgerät.

Oben:
John Gater berichtet Brian Blessed für die Serie *Schofield's Quest* von den Entdeckungen der Geophysiker bei Travail's Acre.

Links:
Die Autoren Graham Phillips (rechts) und Martin Keatman untersuchen die Stelle, unter der das frühmittelalterliche Grab in Travail's Acre entdeckt wurde.

Das »Alte Werk« in Viroconium.

Rekonstruierte römische Palisade bei Lunt, nahe Coventry. Die Verteidigungsanlage von Viroconium muß im 5. Jahrhundert ähnlich ausgesehen haben.

> In illo tempore Saxones invalescebant in multitudine & crescebant in Brittannia. Mortuo aut Hengisto Octha filius eius transiuit de sinistrali parte Brittanniae ad regnum Cantorum & de ipso oriuntur reges Cantorum. Tunc Arthur pugnabat contra illos in illis diebus cum regibus Brittonum, sed ipse dux erat bellorum. Primum bellum fuit in ostium fluminis quod dicitur Glein, secundum & tercium & quartum & quintum super aliud flumen quod dicitur Dubglas & in regione Linnuis. Sextum bellum super flumen quod uocatur Bassas. Septimum fuit bellum in silua Celidonis id est Cat Coit Celidon. Octauum fuit bellum in castello Guinnion, in quo Arthur portauit imaginem sanctae Mariae perpetuae uirginis super humeros suos & pagani uersi sunt in fugam in illo die & cedes magna fuit super illos per uirtutem domini nostri Ihesu Christi & per uirtutem sanctae Mariae uirginis genetricis eius. Nonum bellum gestum est in urbe Legionis. Decimum gessit bellum in litore fluminis quod uocatur Tribruit. Undecimum factum est bellum in monte qui dicitur Agned. Duodecimum fuit bellum in monte Badonis, in quo corruerunt in uno die nongenti sexaginta uiri de uno impetu Arthur.

Die früheste Erwähnung von Artus in Nennius' *Historia Brittonum*, die in der British Library aufbewahrt wird.

Berth Pool, in den vielleicht das echte »Excalibur« als Opfergabe des 6. Jahrhunderts geworfen wurde.

Die Säule von Eliseg in Valle Crucis, Llangollen, Nordwales, auf der eine Inschrift aus dem 9. Jahrhundert von der Abstammung der Herrscher von Powys von dem britischen König Vortigern berichtet.

Was dann geschah, ist nicht bekannt, obwohl Beda berichtet, daß Aelle der erste Hohekönig des von Sachsen eingenommenen Britanniens wurde; eine Position, die die Chronik *bretwalda*, ›großer Herrscher‹, nennt. Daraus kann man schließen, daß er Seniorpartner in der Allianz mit dem Königreich Kent war.

Doch Aelles Königreich bestand nicht lange. Schriftliche und archäologische Quellen belegen die praktische Vernichtung des sächsischen Sussex. Die *Chronik* erwähnt für eineinhalb Jahrhunderte weder Sussex noch seine Könige, und archäologische Grabungen haben keine sächsischen Gräber in dieser Gegend aus dem späten 5. und dem 6. Jahrhundert ans Licht gebracht. Dies und der Rückzug von Octhas Sachsen aus dem Themsetal kann nur mit einer großen britischen Offensive in den 90er Jahren des 5. Jahrhunderts erklärt werden – eine Offensive, die sich ganz mit dem deckt, was Gildas uns von der Schlacht von Badon erzählt: der Machtzuwachs der Sachsen bis 491, Aelle als Kriegsherr der Sachsen und daß schließlich das halbe südöstliche Gebiet in kurzer Zeit nicht mehr erwähnt wird. Eine große, entscheidende Schlacht, irgendwann um 495, würde da hervorragend passen.

Faßt man alle Punkte zusammen, so scheint die Schlacht von Badon gegen eine Allianz von Sussex und Kent geschlagen worden zu sein, was auf die Gegend von Swindon hindeutet, bis wohin die sächsischen Streitkräfte gekommen waren. Wenn dem so ist, dann könnte die Schlacht von Badon bei Liddington Castle geschlagen worden sein, einer bekannten Bergfeste in der Nähe von Swindon, von der man über das Dorf Badbury blickt. Sie gehört zu einer ganzen Reihe ähnlicher Befestigungen, die in dieser Zeit besetzt wurden, und liegt in zentraler Position zwischen den Hauptsiedlungen der Sachsen in den 90er Jahren und der britischen Gegend, die von den Städten Gloucester, Cirencester und Bath kontrolliert wurde. Mehr noch, sie steht an einer Kreuzung von Handelswegen der Zeit, wo die alte Römerstraße Ermine Street nach Süden verläuft und der prähistorische Ridgeway durch Zentralengland führt.

Leider gibt es im Fall Liddington Castle ein Problem. Die Argumentation beruht vor allem auf der Namensähnlichkeit von Badbury und Badon. Es gibt jedoch über ein halbes Dutzend Orte in England, die Badbury heißen. Der Name leitet sich von dem altenglischen *Baddanbyrig* oder *Baddanburg* ab, was so viel heißt wie ›Festung von Badda‹. Da Badda aber ein sächsischer Name ist – wahrscheinlich ein Gott oder ein Held –, folgt daraus, daß diese Orte von den Sachsen benannt wurden. Man kann sich nur schwer vorstellen, wie der Britannier Gildas, der sich noch an Badon erinnern konnte, jenen Namen des Kriegsschauplatzes benutzt, den ihm die Fremden gegeben haben.

Viele Wörter der britischen Sprache, die sich später zum heutigen Walisisch entwickelt hat, enthielten den Laut *th*. Das lateinische Alphabet, mit dem Englisch geschrieben wurde und wird, hatte dafür keine Buchstaben; obwohl heute die Buchstabenkombination *t* und *h* verwendet wird, ist dies doch eine verhältnismäßig neue Entwicklung. Bis zum Mittelalter benutzten die englischen Schreiber eine Variante des Buchstaben *y* für *th*, was zu der heutigen Fehlannahme führte, daß die englischen Vorfahren statt ›th‹ ›ye‹ sagten, und es ›yee‹ aussprachen. Die Wahrheit ist, daß ›the‹ schon immer mit einem *th* ausgesprochen wurde, und nicht mit einem *y*. Im frühen Mittelalter gab es keine Vorschrift, wie man ein *th* zu schreiben hatte; manche lateinischen Schreiber verwendeten die Buchstaben *t* und *h*, während andere den griechischen Buchstaben Theta (ϑ, Θ) benutzten.

Dazu kommt, daß bei bestimmten Ortsnamen und einigen Personennamen *th* verschieden ausgesprochen wurde. Zur Unterscheidung benutzten einige Schreiber manchmal ein doppeltes d; diese Praxis hat sich bis zum heutigen Walisisch gehalten: Die Grafschaft Gwynedd wird wie englisch Gwyn*eth* ausgesprochen, das Dorf Beddgelert wie Be*th*gelert. Um die Sache noch komplizierter zu machen, verwendeten die Schreiber manchmal anstelle eines doppelten d ein einzelnes d, wenn ›th‹ gemeint war. Falls dies auch auf Badon zutrifft, könnte es Ba*th*on ausgesprochen worden sein. Sieht man sich nach modernen Namen um, die ähnlich wie Ba*th*on klingen, dann stoßen wir auf die Stadt Bath.

Die Stadt, die bei den Römern *Aquae Sulis* (›Die Wasser von Sul‹) hieß, wurde von den Sachsen, die sie Ende des 6. Jahrhunderts einnahmen, Badanceaster genannt. Badan heißt ›Bad‹, und Badanceaster bedeutet die ›Stadt der Bäder‹, was sich auf die damals noch existierenden römischen Badanlagen bezog. Der heutige Name ›Bath‹ stammt tatsächlich von der alten sächsischen Bezeichnung. Es scheint also, daß sich der sächsische Name aus dem ursprünglichen britischen Wort für Bad – *baddon* – entwickelt hat, das sich noch im heutigen Walisisch erhalten hat, wo es ›bathon‹ ausgesprochen wird. Kurz: Für die Walisisch sprechenden Britannier war die Schlacht von Badon die Schlacht von Bath. Interessanterweise liegt Bath genau an der Stelle, von der der walisischsprachige Geoffrey of Monmouth berichtet, hier habe Artus seine bedeutendste Schlacht geschlagen.

Doch der überzeugendste Beleg dafür, daß die Schlacht von Badon bei Bath geschlagen wurde, findet sich in der *Historia Britonum*. Nennius nennt den Ort nicht nur in der Liste von Artus' Schlachten, er erwähnt ihn auch an anderer Stelle seines Werkes und gibt uns diesmal zwei entscheidende Hinweise darauf, wo er liegt. In der Liste der ›Wunder‹ berichtet er von einem ›heißen See, wo sich die Bäder von Badon befinden, im Land der Hwicce‹. Diese Bäder müssen die römischen Bäder von Bath sein. Obwohl es andere römische Bäder gegeben haben mag, die damals noch immer zu sehen waren, besaßen sie bestimmt keinen heißen Geothermalsee in ihrer Umgebung. Die römischen Bäder von Bath, die von natürlichen Quellen mit heißem Wasser gespeist wurden, waren in Britannien einzigartig. Außerdem verweist Nennius auf ›das Land der Hwicce‹. Die Hwicce waren ein angelsächsischer Stamm, der in der *Tribal Hidage* beschrieben wird, ein Steuerdokument, das von

König Offa in den 60er Jahren des 8. Jahrhunderts zusammengestellt worden war und die Untertanen des Königs von Mercia aufzählt. Danach war das Königreich der Hwicce in der Gegend von Worcester, in Gloucestershire und in einem Teil des heutigen Avon, darin die Stadt Bath.

Die Schlacht von Badon wurde also fast mit Sicherheit in der Umgebung von Bath ausgetragen. Aber wo? Während sich die *Welsh Annals* nur auf die ›Schlacht von Badon‹ beziehen, sind Nennius und Gildas genauer. Nennius berichtet von der Schlacht ›am Mount Badon‹, Gildas von der ›Belagerung von Mount Badon‹. Gerade letzteres spricht dafür, daß das Ziel der Schlacht die Eroberung einer Bergfestung war, wahrscheinlich eine von jenen, die damals wieder benutzt wurden. Falls Badon eine Bergfestung in der Gegend von Bath gewesen ist, wichtig für die Kontrolle der Stadt, dann kommt wahrscheinlich nur die große dreieckige Festung von Little Solsbury Hill in Frage, die die Stadt im Nordosten überragt. Tatsächlich haben Ausgrabungen gezeigt, daß dieses Fort im späten 5. Jahrhundert von den Briten neu befestigt wurde.

Wenn die Schlacht von Badon hier ausgetragen wurde, hieße das, daß die Britannier vorher in ernsthaften Schwierigkeiten gesteckt hatten: Die Sachsen mußten sich bis auf weniger als 15 Meilen dem Bristolkanal genähert haben und drohten nun, die britische Nation zu spalten. Dies könnte erklären, warum die Schlacht von Badon so wichtig war: Die Zukunft des Landes stand auf dem Spiel.

Es scheint daher, daß es den sächsischen Streitkräften bei Bath nicht gelang, die Bergfestung einzunehmen, und daß die Briten während einer Belagerung durch einen Gegenangriff den Feind vertreiben konnten. Da die sächsische Übermacht gebrochen war, war der Weg frei für einen massiven Angriff im Südosten. Aelle könnte der sächsische Anführer bei Badon gewesen sein, da Beda behauptet, daß er der ›Hohekönig‹ des sächsischen Britannien war. Dagegen unterläßt die *Angelsächsische Chronik* jede Erwähnung von Octha, auch wenn der *Cotton Vespasian* ihn als Sohn von Hengist anführt. Vielleicht hatten die Sachsen, die später die *Chronik* zusammenstellten, beschlossen, den Namen des Mannes zu vergessen, der ihre Armee in die größte Niederlage des Jahrhunderts geführt hatte.

6

Artus von Britannien

Wir haben uns bisher mit den angelsächsischen Königreichen des späten 5. und des frühen 6. Jahrhunderts beschäftigt; doch was ist mit den Britanniern? Wenn wir den Ursprung von Artus herausfinden wollen, müssen wir sehr viel mehr über die Briten und ihre Anführer in der Zeit herausfinden, in der die Schlacht von Badon ausgetragen wurde.

In römischer Zeit trennte der Hadrianswall die unbesiegten Pikten in Schottland von den unterworfenen keltischen Stämmen in England und Wales. Es gab ungefähr 16, jeder angeführt von einem Häuptling oder König. Nach der üblichen römischen Politik wurden diese besetzten Stammeszonen zu römischen Verwaltungsbezirken, den *civitates*, oder zu Provinzen. Als die Römer Anfang des 5. Jahrhunderts abzogen, zerfiel die zentrale Regierungsgewalt, und die regionale Kontrolle übernahmen allmählich wieder die Stammeshäuptlinge. Einer von ihnen, offenbar der erfolgreichste, hieß Vortigern.

Neben Gildas, Beda und den *Welsh Annals* (siehe unten) erwähnt auch die *Angelsächsische Chronik* Vortigern als Anführer der britischen Streitkräfte, der 455 gegen Hengist und Horsa kämpfte. Die einzige andere Erwähnung Vortigerns in einem Manuskript aus dem frühen Mittelalter erscheint in der *Historia Britonum* des Nennius. Hiernach herrschte er, als die sächsischen Brüder Hengist und Horsa mit drei Schiffen landeten. Vortigern erlaubt ihnen, auf der Insel Thanet zu leben, und lädt andere Sachsen ein, wenn sie ihm in seinem Kampf gegen Pikten und Iren helfen, die Britannien verwüsten. Schließlich wird Vortigern von Hengist in einen Hinterhalt gelockt, viele seiner Edlen werden niedergemetzelt; damit beginnt der Krieg zwischen Britanniern und Sachsen.

Nennius liefert einen wichtigen Hinweis auf die Heimat Vortigerns: Der stamme von ›Gloiu ab, der eine große Stadt an den Ufern des Flusses Severn baute, die im Britischen Caer Gloiu genannt wird, im Sächsischen Gleucester‹ – dem heutigen Gloucester. Dies weist auf eine Verbindung mit den Stamm der Cornovii hin, die in einem großen Gebiet in den westlichen Midlands (unter anderem Gloucester) und in Ostwales lebten. Da diese Provinz sich bald nach der römischen Herrschaft zum Königreich von Powys entwickelte, scheint Vortigern eigentlich der König von Powys gewesen zu sein; das Land bot eine hervorragende strategische Position, um die Kontrolle über Britannien auszuüben.

Den wichtigsten Hinweis auf Vortigern liefert eine Inschrift auf der Säule von Eliseg in Clwyd, Nordwales. Diese ist der Rest eines alten Steinkreuzes, das einst im Tal von Llangollen nahe der mittelalterlichen Abtei von Valle Crucis stand. Obwohl die Inschrift heute nicht mehr zu erkennen ist, hat 1696 der walisische Forscher Edward Lhwyd übersetzt, was damals noch zu entziffern war: In der Inschrift gedenkt Concenn, der König von Powys, von dem man weiß, daß er 854 starb, der Taten seines Urgroßvaters und verweist stolz auf seine Abstammung von Vortigern. Danach haben sich die Herrscher von Powys selbst als Nachkommen von Vortigern betrachtet, dem Gründer ihres Königreiches.

Irgendwann um 460 trat ein neuer und vollkommen anderer Typ von Anführer auf den Plan: ein Mann, der das Land umorganisierte und sich mit Erfolg gegen die eindringenden Sachsen wandte. Ihn hat Gildas nicht nur bewundert, sondern auch mit Namen genannt:

> Ihr Anführer war Ambrosius Aurelianus, ein vornehmer Mann [gentleman], der vielleicht allein unter den Römern den Erschütterungen des Sturms standgehalten hatte: Sicherlich waren seine Eltern, die Purpur getragen hatten, darin umgekommen.

Auch Beda nennt Ambrosius, ebenso Nennius, jedoch kein anderes erhaltenes Manuskript aus dem frühen Mittelalter.

Obwohl nur kurz, ist die Stelle bei Gildas doch ganz aufschlußreich. So erfahren wir, daß Ambrosius' Eltern Purpur getragen haben. Da Purpur die königliche Farbe der römischen Kaiser war, muß Ambrosius Mitglied einer sehr hochgestellten römischen Familie gewesen sein. Wir hören ferner, daß seine Eltern während ›des Sturms‹ umkamen, den man als Angriff der Sachsen verstehen kann, auf den sich Gildas vorher bezieht. Außerdem scheint Gildas diesen ›gentleman‹ zu bewundern, der ›allein unter den Römern‹ war – daraus kann man schließen, daß er anders war als Vortigern, der ›Tyrann‹. Nennius nennt Ambrosius den Hauptrivalen Vortigerns und fügt eine Legende an, die ihr erstes Treffen beschreibt.

In dieser Geschichte versucht Vortigern eine uneinnehmbare Festung hoch in den walisischen Bergen im Königreich Gwynedd zu errichten, nachdem er von den Sachsen geschlagen worden war. Doch das Werk wird durch eine Reihe seltsamer Katastrophen unterbrochen. Der König befragt seine Zauberer, die ihm raten, einen Jungen ohne irdischen Vater zu opfern und den Platz mit dessen Blut zu besprengen. Schließlich wird ein Kind gefunden. Doch um sich selbst zu retten, fordert der Junge Vortigern auf, ihm zu sagen, was unter den Fundamenten liegt. Als dieser es nicht kann, enthüllt der Junge, daß sich dort ein Teich mit zwei Drachen befindet, einem roten und einem weißen, die miteinander kämpfen. Die beiden Kreaturen seien die Britannier und die Sachsen, und der Sieg des roten Drachens bedeute, daß die ersteren schließlich gewinnen würden. Die Bewunderung des Königs ist ihm sicher, als sich herausstellt, daß der Junge Ambrosius ist, der Sohn eines römischen Konsuls. Am Ende der Textstelle wird Vortigern überredet, Ambrosius die Herrschaft über den westlichen Teil Britanniens zu überlassen.

Was will uns diese Legende sagen? Erst einmal klärt sie, was Gildas und Beda uns über die königlichen Familienbande von Ambrosius mitteilen, denn wir erfahren, daß er der Sohn eines römischen Konsuls ist; zweitens, daß Ambrosius heimlich aufgezogen und aus irgendeinem Grund vor Vortigern versteckt wurde; und drittens, daß Ambrosius die Herrschaft über den westlichen Teil Britanniens erhielt, vermutlich ausgehend vom Königreich Gwynedd in Nordwales. Dieses Bild eines römischen Anführers, der in dieser Gegend des späten 5. Jahrhunderts herrschte, wird von der Archäologie gestützt. Hier in Gwynedd wurde die romanisierte Lebensform fortgeführt. So tragen etwa Grabsteine lateinische Bezeichnungen wie *magistratus* (Beamter) und *civis* (Bürger). Solche Begriffe wären sinnlos gewesen, wenn hier die römische Verwaltung nicht überlebt hätte.

Nennius nennt Ambrosius auch Gwledig Emrys. *Gwledig* bedeutet Prinz, und *Emrys* ist die walisische Form von Ambrosius. Dieser Name begegnet uns auch bei Dinas Emrys, einer alten Bergfestung in Snowdonia in Nordwales, wo die ›Geschichte von Lludd und Llefelys‹ aus dem *Weißen Buch von Rhydderch* Ambrosius leben läßt. Zwar stammt das erhaltene Exemplar aus dem 14. Jahrhundert, um 1325, doch haben Sprachuntersuchungen ergeben, daß die Geschichte sehr viel älter ist. Die Festung wurde mit Sicherheit um die richtige Zeit herum besetzt und war wahrscheinlich die wichtigste in der Gegend. Von 1954 bis 1956 unternahm hier Dr. H.N. Savory vom National Museum of Wales Ausgrabungen. Es stellte sich heraus, daß die Anlage gegen Ende des 5. Jahrhunderts im Besitz eines reichen und mächtigen britischen Anführers war. Ob es nun Ambrosius war oder nicht – dieser Teil Britanniens, das Königreich von Gwynedd, ist doch sehr wahrscheinlich seine Heimat gewesen.

Was schließlich mit Ambrosius geschah, ist nicht bekannt. Die von ihm begonnenen Gegenangriffe auf die Angeln im Norden wurden von einem namenlosen Nachfolger im Süden fortgeführt. Dies wird, wie wir gesehen haben, von archäologischer und historischer Seite gestützt; danach gab es ganz klar eine Reihe wichtiger britischer Sieger im südlichen Britannien, die mit dem Triumph in Badon um 493 begannen.

Wer immer die Britannier im letzten Jahrzehnt des 5. Jahrhunderts anführte, er war ohne Zweifel ein fähiger Befehlshaber. Die Tatsache, daß die Britannier immer stärker und geschlossener auftraten als je zuvor, wird nicht nur von Gildas, Beda und der *Angelsächsischen Chronik* bestätigt, sondern auch von der Archäologie. So gibt es etwa gewaltige Befestigungsanlagen in Form von Wällen, die zu dieser Zeit aufgeworfen worden sind, so wie die in Lincolnshire und East Anglia, die wir bereits erwähnt haben. Die Lage des Grabens an der Ostseite des Walles beweist, daß die Wälle als Verteidigung gegen Angriffe von Osten her gedacht waren. Ausgrabungen zeigen, daß die Erbauer Keramik im römischen Stil benutzten und römische Nagelschuhe trugen. Mit anderen Worten: Britannier haben sie erbaut, um ein weiteres Vordringen der Angeln zu verhindern. An der sächsischen Front finden sich Erdwälle um das Themsetal, die von den Sachsen erbaut wurden, um eine feste Grenze zu setzen. Die Briten, denen sie standhalten sollten, waren jetzt eine ernsthafte Bedrohung.

Die massiven britischen Wälle verraten große menschliche Reserven, die sächsischen Erdwälle starke britannische Streitkräfte – beides zeigt uns eine geeinte britannische Nation und, wichtiger noch, einen entschlossenen Anführer. Doch die Schriften dieser Zeit nennen seinen Namen nicht – Ambrosius' Nachfolger. War es wirklich der historische König Artus?

Um dieses Problem zu lösen, müssen wir zunächst klären, woher dieser Anführer stammen könnte. In dem Jahrhundert, das auf den Abzug der Römer folgte, hatten sich die meisten alten britannischen Stämme wieder als Königreiche manifestiert; das seinige muß das mächtigste gewesen sein. Aber welches war es?

Viele Königreiche kommen in Frage: Die Cantii in Kent waren von den Sachsen unterworfen, wie auch die Trinovantes von Essex. Weiter nördlich in Suffolk und East Anglia waren die Iceni, einst der

Stamm der Kriegerkönigin Boudicca, von den Angeln besiegt worden, wie bereits die Coritani und die Parisii im Norden und Osten. Daher müssen wir uns den Stammesgebieten zuwenden, die um 485 noch von den Angelsachsen unabhängig waren.

Die Lage im Norden sah wie folgt aus: Die Novantae im Westen des Landes hatten das Königreich Rheged gegründet und die Brigantes, südlich von ihnen, das Königreich Elmet. Diese Gegenden waren wiederholten Angriffen der Pikten und den Plünderungen der Iren ausgesetzt. Keines dieser Gebiete hätte die politische und militärische Basis bilden können, von der aus man den Rest Britanniens vereinen und anführen konnte.

Im Süden hatten die Atrebates von Wiltshire und Berkshire mehrere kleinere Königreiche gebildet, wie auch die Durotriges von Dorset, die Belgae von Somerset und die Regenenses von Hampshire. Da diese Königreiche zu klein und zerstückelt waren, um einen Anführer nachhaltig zu unterstützen, waren nur die größeren und dauerhafteren Königreiche der Midlands, des Südwestens und von Wales von Bedeutung.

Neben einigen kleinen Bergkönigreichen im Süden von Zentralwales, wie Buellt und Brycheiniog, scheint es nur noch fünf andere Königreiche gegeben zu haben. Im westlichen Wales: Gwynedd im Norden, die alte Stammesgegend der Deceangli; Dyfed im Süden, die alte Stammesgegend der Demetae. Im östlichen Wales: der Stamm der Silures im südlichen Königreich von Gwent; und im nördlichen und mittleren Teil der Provinz das riesige Cornovii-Königreich von Powys, das außerdem einen großen Teil der westlichen Midlands besaß. Und schließlich Dumnonia vom Stamm der Dumnonii in Devon und Cornwall.

Da nur wenig über diese Reiche bekannt ist, wollen wir mit dem beginnen, das zur Zeit von Gildas am mächtigsten war. Im *De excidio* wendet sich Gildas an die fünf einflußreichsten Könige. Von einem sagt er:

> Was ist mit Euch, Drachen der Insel, Ihr, der Ihr viele dieser Tyrannen aus ihrem Land vertrieben habt und ihnen sogar das Leben nahmt? Ihr steht an letzter Stelle meiner Liste, doch an erster Stelle des Bösen, stärker als viele sowohl in der Macht als auch in Boshaftigkeit, großzügiger im Geben, ausschweifender in der Sünde, stark in Waffen doch stärker noch in dem, was eine Seele zerstört.

Diesen König, den mächtigsten von allen, nennt er Maglocunus, der in den 40er Jahren des 6. Jahrhunderts an der Pest starb. Wie immer ist außer seiner Erwähnung in den walisischen Genealogien und einigen Kommentaren von Nennius nichts über ihn bekannt. Bei beiden wird er Maelgwn genannt, die walisische Übertragung seines Namens. In der *Historia Britonum* berichtet Nennius, daß ›Maelgwn als großer König über die Britannier regierte, und zwar in der Gegend von Gwynedd‹. Einige wichtige Hinweise, die den Status des Königreichs Gwynedd betreffen, können aus den Anhaltspunkten gewonnen werden, die Gildas uns im oben erwähnten Absatz liefert.

Gildas nennt Maglocunus ›Drache der Insel‹. Auch ohne die Genealogien oder die Hinweise von Nennius führt uns dies zum Königreich von Gwynedd, denn hier verwendeten die Herrscher das Symbol des roten Drachens als ihr Stammesemblem. Es wurde schließlich von ganz Wales übernommen. Ursprünglich war es das Feldzeichen römischer Kaiser. Seine Verwendung im Königreich Gwynedd paßt gut zu dem, was wir über die Kontinuität des römischen Einflusses dort wissen. Tatsächlich bezeichnen frühe walisische Gedichte die Könige von Gwynedd oft als ›Drachen von Britannien‹ oder als ›Hauptdrachen‹.

Geoffrey of Monmouth nennt Artus' Vater ›Pendragon‹, der walisische Ausdruck für ›Hauptdrache‹. Natürlich heißt das nicht automatisch, daß Geoffrey Zugang zu irgendeinem Werk hatte oder eine Überlieferung kannte, die die Artusfamilie mit Gwynedd verband. Es könnte einfach die übliche Anrede für den walisischen König gewesen sein. Doch wenn man dies mit der offensichtlichen Stärke Gwynedds in der Zeit nach Artus und mit Ambrosius' Verbindung zu diesem Königreich sowie der römischen Kontinuität dort in Zusammenhang bringt, so erkennt man zumindest die Bedeutung dieser Gegend für unsere Suche nach der Herkunft von Artus.

Pendragons Vorname Uther ist sicherlich vom walisischen Wort *uthr* (›schrecklich‹) abgeleitet – sein

Name bedeutete dann ›der schreckliche Hauptdrache‹. Wieder einmal scheint es, daß Uther Pendragon wie schon Vortigern, der ›Oberherr‹, nur ein weiterer Beiname oder ein Titel ist. Vielleicht kannte Geoffrey of Monmouth nur den Titel von Artus' Vater, von dem er behauptet, er sei nach dem Tod von Ambrosius König geworden, dann wäre aus dem Titel der Name entstanden. Doch wie wir gesehen haben, vermischt Geoffrey seine historischen Persönlichkeiten immer wieder und schreibt ihnen Verwandtschaften außerhalb von Zeit und Raum zu, wie er es bei Konstans getan hat, den er den Bruder von Ambrosius nennt. Doch wir haben auch nützliche Halbwahrheiten in Geoffreys Werk gefunden, zum Beispiel, daß Konstans der Sohn von Konstantin war.

Obwohl Uther und Ambrosius wohl eher keine Brüder waren (wie Geoffrey sie beschreibt), könnte Uther die Regentschaft von Gwynedd übernommen haben, als Ambrosius der Gesamtherrscher von Britannien wurde. Die wichtigste Frage betrifft jedoch das Verhältnis des Herrschers von Gwynedd zu Artus, ob es nun Uther oder jemand anderes war: War Artus der Nachfolger eines Königs von Gwynedd? Nennius' unklare Äußerungen scheinen dies auszuschließen. Wie bereits gesagt, erzählt er uns, daß Artus ›mit den britischen Königen‹ kämpfte, was bedeuten könnte, daß Artus selbst kein König war. Doch ist eine andere Erklärung für diese Bemerkung nicht von vornherein auszuschließen. Will Nennius uns etwa sagen, daß Artus zwar ein König, aber kein einheimischer Britannier war? Wenn er kein König war, warum sagt Nennius nicht einfach, daß Artus ›die britischen Könige *führte*‹, anstatt zu sagen, ›er kämpfte *mit* den britischen Königen‹, was die Schlußfolgerung zuläßt, daß er mit ihnen gleichstand? Könnte Nennius meinen, daß Artus ein fremder König war?

Diese Hypothese bringt uns wieder zum Königreich Gwynedd. Die Könige, die in dieser Gegend herrschten, scheinen keine Britannier im strengen Sinn des Wortes gewesen zu sein, denn sie kamen aus Manau Guotodin, nördlich des Hadrianwalles im heutigen Schottland. Sie waren insofern britisch, als sie auf der Insel Britannien lebten, doch sie waren keine Britannier im engeren Sinne, denn der Name gilt nur für die Einwohner des heutigen England und von Wales. In Nennius' Absatz über Maelgwn (Maglocunus) heißt es weiter:

> Sein Vorfahr Cunedag kam mit seinen Söhnen, acht an der Zahl, einst aus dem nördlichen Teil, das heißt aus der Gegend, die Manau Guotodin heißt, 146 Jahre bevor Maelgwn regierte und die Schotten in einem großen Gemetzel aus diesen Gebieten vertrieb.

Die walisischen Genealogien am Ende der *Welsh Annals* beziehen sich auch auf diesen Vorfahren des Maglocunus und seine Besetzung von Nordwestwales, obwohl er hier Cunedda genannt wird. Die *Annals* sagen, daß das neu besetzte walisische Königreich sich ›vom Fluß mit dem Namen Dubr Duiu [der

Dee] bis zum Fluß Tebi‹ (der Teifi, der bei Cardigan ins Meer fließt) erstreckte. In den *Annals* jedoch finden wir einen Widerspruch zu Nennius' Datierung. Hier hören wir, daß Cunedda Maglocunus' Urgroßvater war, was bedeutet, daß die Männer nur zwei Generationen trennten – sicherlich eine viel kürzere Zeitspanne, als Nennius uns mit 146 Jahren glauben machen will.

Wir wollen zunächst die Zeit betrachten, in der Nennius Cunedda und seine Männer ankommen läßt, nämlich 146 vor der Herrschaft des Maglocunus. Zwar ist das genaue Datum des Beginns der Herrschaft von Maglocunus unbekannt, doch setzt man ihn allgemein um 520 an. Geht man 146 Jahre zurück, befinden wir uns in den 70er Jahren des 4. Jahrhunderts, als die römischen Legionen noch in Britannien stationiert waren. Für diese Zeit haben archäologische Grabungen bei der Festung von Segontium (Caernarvon), der römischen Hauptgarnison von Nordwestwales, ergeben, daß die letzten Gebäude um 370 errichtet wurden und die Stärke der Besatzung um 385 zurückging, als viele Soldaten abgezogen wurden, um in einem römischen Bürgerkrieg zu kämpfen.

In dieser Zeit könnten Cuneddas Männer eingetroffen sein. Vielleicht hat man ihnen angeboten, sich in der Gegend anzusiedeln, um sie zu bewachen, bis die reguläre Armee verstärkt war. Dies war die allgemeine Politik des späten Reiches: Eine freundlich gesinnte Streitmacht der Barbaren sollte die Gegend vor plündernden Stämmen sichern. Doch es gibt ein überzeugendes Argument gegen die Vorstellung, daß dies damals in Nordwestwales geschah. Nennius berichtet nämlich, daß Cunedda und seine Söhne ›die Schotten in einem großen Gemetzel aus diesen Gebieten vertrieben‹.

Diese Schotten sind die Skoten oder lateinisch Scotti, eine römische Bezeichnung für die Iren, die soviel bedeutet wie ›Räuber‹ oder ›Banditen‹. In der Spätzeit des Reiches siedelten sich die Skoten in großer Zahl im Südwesten von Schottland an und hatten das gesamte Land bis zum 9. Jahrhundert erobert; ihm haben sie auch den Namen gegeben. Daß die Iren sich in Nordwestwales ansiedelten, während Segontium noch immer eine römische Garnison war, ist sehr unwahrscheinlich. Außerdem zeigen archäologische Funde, daß die Garnison weiterhin bestand, allerdings mit kleinerer Besatzung, bis die Legionen 410 ganz abgezogen wurden.

Wenden wir uns nun der zeitlichen Einordnung von Cuneddas Ankunft in den *Welsh Annals* zu. Maglocunus war der Urenkel von Cunedda. Da Cuneddas Sohn (Maglocunus' Großvater) alt genug war, um mit Cunedda zu kämpfen, können wir daraus schließen, daß sein Sohn (Maglocunus' Vater) innerhalb von 30 Jahren nach der Landung in Gwynedd geboren wurde. Wenn wir zudem weitere 30 Jahre bis zur Geburt von Maglocunus hinzuaddieren, plus weitere 30 bis zu seiner Regierung, haben wir ungefähr 90 Jahre, höchstens 100. Dies führt uns bis zum Jahr 430 zurück. Zu dieser Zeit hatte Gwynedd auf jeden Fall unter wiederholten Plünderungen der Iren zu leiden. Vielleicht hatte Vortigern Cunedda um Hilfe gebeten.

Dieses Datum beruht auf der längsten Zeitspanne zwischen Cuneddas Ankunft und dem Beginn von Maglocunus' Herrschaft. Es ist sehr viel wahrscheinlich, daß Maglocunus Vater etwa zehn Jahre nach Cuneddas Ankunft in Gwynedd geboren wurde, und Maglocunus selbst innerhalb von 25 Jahren. Fügt man weitere 25 Jahre bis zum Beginn seiner Herrschaft hinzu, erhält man eine reellere Berechnung von ungefähr 60 Jahren. Danach käme die Zeit um 460 in Frage, als Ambrosius gelebt hat, was viel wahrscheinlicher ist. Nach Gildas und Beda wurde der westliche Teil Britanniens während der ersten Hälfte des 5. Jahrhunderts offenbar immer wieder von Iren überfallen, nachdem die römischen Legionen abgezogen waren. Falls das Königreich von Gwynedd tatsächlich die Machtbasis für Ambrosius gewesen ist – und vieles spricht dafür –, dann muß das eine gewisse Unterstützung bei der Abwehr der Iren gewesen sein.

Nach den *Annals* wurde Maglocunus' Großvater, Enniaun Girt, König von Gwynedd. Das Geschlecht regierte das Königreich also mindestens zwei Generationen vor Maglocunus. Wenn Artus aus Gwynedd, dem mächtigsten britannischen Königreich zu dieser Zeit, stammte, ist es sehr wahrscheinlich, daß er zur Cunedda-Familie gehörte.

Manau Guotodin, von wo Cunedda stammte, war eine Gegend um den Firth of Forth bei Edinburgh, ungefähr so groß wie das heutige Lothian, das den nördlichen Teil des keltischen Königreichs Gododdin bildete. Seine Bewohner waren hauptsächlich piktischer Abstammung, doch gab es einen Stamm mit dem Namen Votadini, der in römischer Zeit den Besatzern sehr positiv gegenübergestanden hatte. Der Grund dafür war wohl der, daß ihr Königreich in einer Gegend lag, die während der römischen Besatzung Britanniens niemals wirklich britisch oder piktisch gewesen war.

Das Wort ›Pikten‹ meinte keinen bestimmten Stamm. Es war eher eine römische Bezeichnung für ›bemalte Männer‹ und wurde für jeden britischen Stamm verwendet, der außerhalb der Grenzen des Reiches lebte. Da die alten britannischen Krieger, die gegen die römische Invasion gekämpft hatten, sich mit Woad, einer blauen Farbe, bemalten, bevor sie in die Schlacht zogen, erhielten die piktischen Stämme des Nordens diesen Namen, da sie den Brauch beibehielten.

Als Britannien im Jahr 43 von Kaiser Claudius erobert wurde, gelang es nicht, das schottische Hochland zu unterwerfen. Die wilden nördlichen Stämme dieser Berggegend plünderten regelmäßig die römischen Städte im Norden Englands und im schottischen Tiefland. Zu Beginn des 2. Jahrhunderts, als die Pikten sogar York besetzten und eine Legion von 5000 Männern überwältigten, kam Kaiser Hadrian nach Britannien und befahl 122 die Errichtung eines großen Verteidigungswalles im Norden Englands. Er wurde zwischen Newcastle und Solway Firth errichtet und war 73 Meilen lang, fast 5 Meter hoch und ungefähr 2,50 Meter stark; er besaß 16 Festungsanlagen, die jede mit ungefähr 1000 Mann besetzt waren.

Doch der Hadrianswall wurde nicht an den Grenzen des Reiches errichtet. Die römische Besatzungszone reichte noch 50 Meilen weiter nördlich. In diesem Teil Schottlands gab es bereits römische Befestigungen, die seit Claudius als Grenzposten des Reiches galten. An dieser Grenzlinie errichtete Hadrians Nachfolger Antoninus Pius einen zweiten Wall, der sich über 36 Meilen zwischen den Mündungen von Clyde und Forth erstreckte. Anders als der steinerne Hadrianswall bestand der Antoninuswall aus Erde und war von einer Palisade gekrönt und durch einen tiefen Graben verstärkt. Um 200 wurde er jedoch aufgegeben; nun bildete der Hadrianswall die Grenze des Römischen Reiches.

Da das Königreich der Votadini zwischen dem Antoninus- und dem Hadrianswall lag, war es seit über einem Jahrhundert Teil des Reiches gewesen. Aus diesem Grund war das Verhältnis zwischen den Votadini und dem Reich während der nächsten zweieinhalb Jahrhunderte gut. Die Römer boten ihnen Schutz gegen die feindlichen Pikten, während die Votadini die Pufferzone überwachten. Das galt auch für die beiden anderen Stämme im heutigen Südschottland, die Selgovae und die Damnonii. Doch im frühen 5. Jahrhunderts siedelten sich die Skoten, noch bevor die Römer Britannien verlassen hatten, im Südwesten von Schottland an, überwältigten die Damnonii und bedrohten die Selgovae.

Daher hatten die probritischen Votadini kurz nach dem Abzug der Legionen an drei Fronten Schwierigkeiten: Die Angeln überfielen die Küste, die Pikten unternahmen Plünderungszüge von Norden her, und die Skoten drängten von Westen heran. Die Votadini müssen sehr mutige Menschen gewesen sein, denn sie konnten sich bis zum frühen 7. Jahrhundert gegen diese vereinten Kräfte behaupten.

Es dürfte nicht schwierig für Ambrosius gewesen sein, die Votadini dazu zu bewegen, sich in Nordwestwales anzusiedeln. Für ihre militärische Hilfe gegen die Iren sollten die Votadini neues Land erhalten, auf dem sie sich niederlassen konnten. Tatsächlich hatten sie viel mit der kaiserlichen Fraktion von Gwynedd gemein: Niemand hatte mehr Grund, die Rückkehr der Legionen zu wünschen, als die Menschen von Gododdin, die von drei Fronten her bedrängt wurden.

Daß Cunedda und die Krieger der Votadini sich im späten 5. Jahrhundert in Nordwestwales angesiedelt haben, kann man anhand ihrer Töpferwaren nachweisen. Typisches Geschirr der Votadini wurde in Gwynedd gefunden, das aus der zweiten Hälfte des 5. Jahrhunderts stammt; dies bestätigt nicht nur einen Abzug aus Gododdin, sondern datiert ihre Ankunft in die Zeit von Ambrosius. Außerdem findet man das Affix ›Cun‹ oder die walisische Form ›Cyn‹ der Cunedda-Familie auf Grabsteinen und in den Genealogien von Gwynedd, etwa in Maglocunus und im Namen seines Cousins Cuneglasus, den auch Gildas erwähnt. Zudem zeigen die Genealogien, daß Cuneddas Vorfahren Namen trugen, die teils piktischen, teils römischen Ursprungs waren.

Die Auswanderung der Votadini unter der Führung von Cunedda, wie sie von Nennius und in den *Welsh Annals* beschrieben wird, war daher sicherlich ein historisches Ereignis. Eine wichtige Frage aber bleibt die der Abstammung des Artus. War sein Vater einer der Votadini, vielleicht Cunedda selbst oder einer seiner Söhne? Vieles deutet in diese Richtung. Wir fassen zusammen:

1. Gwynedd war zur Zeit von Gildas ohne Zweifel das mächtigste Königreich. Man kann daher annehmen, daß dies ein Vermächtnis der Artuszeit war.
2. Das Königreich, aus dem Ambrosius stammte, war mit großer Wahrscheinlichkeit Gwynedd, und da Artus eher der Nachfolger von Ambrosius als sein Kontrahent war, folgt daraus, daß Artus aus dem gleichen Königreich stammte.
3. Der Name von Artus' Vater in Geoffreys *Historia* ist Uther Pendragon, was ›schrecklicher Hauptdrache‹ bedeutet – ein Titel, den der König von Gwynedd im späten 5. Jahrhundert trug.
4. Die Votadini scheinen zur Zeit des Ambrosius nach Gwynedd gekommen zu sein, vielleicht weil er die Vortigern-Familie gestürzt hatte. Wenn Artus' Vater König von Gwynedd war, muß er ein Votadini gewesen sein.

5. Nennius weist darauf hin, daß Artus kein britannischer König war, vielleicht noch nicht einmal britischer Nationalität. Doch er nimmt den gleichen Rang wie die britannischen Könige ein. Eine solche Beschreibung würde auf einen König der Votadini passen, die zwar keine Britannier, doch Vertrauensleute im Kampf gegen den gemeinsamen Feind.
6. Nach der fehlgeschlagenen Politik Vortigerns und dem Zusammenbruch Westroms konnte nur ein neutraler Anführer eine vereinte Gefolgschaft garantieren. Ein Votadini besaß ideale Voraussetzungen, wenn man bedenkt, daß sich die britischen Anführer mißtrauten.
7. Wenn Artus ein Votadini war, war er sicherlich ein idealer Anführer der britischen Armeen. Er stammte aus einem tapferen Kriegergeschlecht, das eigene Erfahrungen im Kampf mit den Angelsachsen, den Skoten und den Pikten besaß.

Den endgültigen Beweis liefert Gildas; doch zunächst wollen wir den wohl ältesten Bezug auf Artus untersuchen, ein altes keltisches Gedicht mit dem Titel *Gododdin*, woraus man schließen kann, daß es aus dem Königreich der Votadini stammt.

Dieses epische Gedicht wird einem Barden der Votadini namens Aneirin zugesprochen und befaßt sich mit dem Schicksal einer Gruppe von Kriegern aus dem Königreich von Gododdin, die sich aufmachen, um gegen die Angelsachsen in Yorkshire zu kämpfen. An einer Stelle beschreibt der Dichter den Mut eines bestimmten Helden, Gwawrddur, der zwar tapfer gekämpft habe, aber ›kein Artus‹ gewesen sei. Warum sollte dieser isolierte piktische Stamm aus Schottland einen britischen Krieger namens Artus als Inbegriff militärischer Leistung nennen? Man kann sich keinen votadinischen Dichter vorstellen, der die Tapferkeit seines Stammes lobt und zugleich einräumt, daß einer ihrer größten Helden nicht mit einem der Britannier zu vergleichen sei. Die Formulierung ergibt nur dann einen Sinn, wenn Artus selbst ein Votadini war.

Auch wenn es nicht überrascht, in vielen walisischen Gedichten Hinweise auf König Artus zu finden, so ist es doch seltsam, wenn Artus beinahe beiläufig von einem piktischen Stamm kurz vor seinem Untergang erwähnt wird. Zudem scheint das *Gododdin* viel älter zu sein als die Artusgedichte aus Wales.

Das *Gododdin* beschreibt Vorgänge aus der Zeit um das Ende des 6. Jahrhunderts, als die Votadini tapfer, aber erfolglos gegen die Angelsachsen kämpften. Daß Artus in diesem Gedicht erwähnt wird, hat viele Forscher zu der Schlußfolgerung veranlaßt, daß er aus diesem Königreich weit im Norden stammte. Doch es könnte genausogut bedeuten, daß Artus in Gwynedd im Nordwesten von Wales zu Hause war, ebenfalls ein Königreich der Votadini.

Das Gedicht ist in zwei Abschriften aus der Mitte des 13. Jahrhunderts überliefert und befindet sich heute in der Public Library in Cardiff. Nach seinem Schreibstil scheint es aus dem 9. Jahrhundert zu stammen. Dies würde bedeuten, daß es wahrscheinlich mündlich überliefert wurde, bis es im 9. Jahrhundert niedergeschrieben wurde. Übereinstimmend nimmt man jedoch an, daß das *Gododdin* kurz nach Ende des 6. Jahrhunderts verfaßt wurde, denn die Art der Kriegführung, die es beschreibt, paßt in diese Zeit. Die Erwähnung von Artus gehört offensichtlich zur Originalfassung. Das geht jedenfalls aus dem Reimschema hervor: Der Name reimt sich mit dem Ende der vorigen Zeile.

gochone brein du ar uur
caer ceni bei ef Arthur

Die deutsche Übersetzung lautet:

Er fütterte schwarze Raben auf dem Wall
der Feste, obwohl er kein Artus war.

Mit anderen Worten, er fütterte die Raben mit den Leichen der erschlagenen Feinde.

Bedenkt man, daß der Schreiber die Machtübernahme durch die Angelsachsen beklagt, dann könnte die Erwähnung von Artus bedeuten, daß man sich nach den Glanzzeiten des Stammes zurücksehnt, als man unter der Führung Artus' erfolgreich gegen die Angelsachsen kämpfte.

Außerdem erwähnt das *Gododdin* eine Verbindung zwischen Gododdin und Gwynedd, denn es heißt, daß einer der Anführer, Gorthyn, mit einer großen Gruppe Soldaten von Gwynedd nach Gododdin gekommen sei. Warum hätte er das zu einer Zeit großer Zwistigkeiten tun sollen, außer wenn enge Beziehungen zwischen den beiden Dynastien geherrscht haben?

Wahrscheinlich stammte Artus also aus dem Königreich Gwynedd. Hiermit kehren wir zu Gildas zurück. Um 545 nennt er den König von Gwynedd, Maglocunus, den mächtigsten britischen Herrscher. Nach Gildas kam Maglocunus an die Macht, indem er seinen Onkel in der Schlacht besiegte. In seinem *De excidio* übt Gildas Kritik an Maglocunus:

In den ersten Jahren Eurer Jugend vernichtetet Ihr den König, Euren Onkel, und seine tapferen Truppen mit Feuer, Speer und Schwert.

Da Maglocunus im mittleren Alter stand, als Gildas dies über den Jüngling schrieb, muß dieser seinen Onkel Anfang des 6. Jahrhunderts, etwa um 520, gestürzt haben. Das würde bedeuten, daß sein Onkel fast mit Sicherheit aus derselben Generation stammte wie die Britannier, die bei Badon gekämpft haben. Da Maglocunus danach der mächtigste König war, könnte sein Onkel ihr Anführer in dieser Schlacht gewesen sein. War Maglocunus' Onkel also der historische Artus? Leider nennt Gildas keinen Namen. Alles, was wir sagen können, ist, daß er ein großer Anführer gewesen sein muß, den Gildas bewundert hat.

Immerhin hat dieser Onkel einiges mit dem legendären Artus gemein. Denn auch in den mittelalterlichen Ritterromanen heißt es, daß Artus stirbt, als sein Neffe die Macht ergreifen will. Obwohl dort der Name von Artus' Neffen Mordred lautet, könnte die Sage auf dem historischen Maglocunus basieren.

Ein anderer mächtiger Anführer war laut Gildas Cuneglasus, der ein eigenes, jedoch namentlich nicht überliefertes Königreich regierte, und zwar zur selben Zeit, als Maglocunus über Gwynedd herrschte. Cuneglasus wird in einer Genealogie der *Welsh Annals* als Cousin von Maglocunus aufgeführt – mit anderen Worten: Maglocunus' Onkel war Cuneglasus' Vater. Die Tatsache, daß Cuneglasus selbst ein mächtiger Herrscher war, scheint zu bestätigen, daß sein Vater von Maglocunus gestürzt wurde. Es könnte sein, daß der Onkel von Maglocunus ein Königreich regiert hat, daß nach seinem Tod geteilt wurde; sein Sohn Cuneglasus hätte dann über das eine geherrscht, sein Neffe Maglocunus über das andere.

Nach Gildas – der zuverlässigste zeitgenössische Zeuge – ist dieser geheimnisvolle Onkel der beste Kandidat für Britanniens mächtigsten Herrscher der Artuszeit.

Aber wer war er? In den *Welsh Annals* heißt der Onkel von Maglocunus und Vater von Cuneglasus Owain Ddantgwyn. Es gibt kaum Zweifel daran, daß dies sein wirklicher Name war, da vier verschiedene Genealogien aus dem frühen Mittelalter ihn ebenfalls erwähnen. Bedeutet das, daß der mächtigste Anführer zur Zeit von Badon gar nicht Artus hieß?

7

AUF DEN SPUREN DES BÄRENKÖNIGS

Was wissen wir über Owain Ddantgwyn – den offenbar mächtigsten britannischen König, als die Schlacht von Badon geschlagen wurde. Leider nicht mehr als das, was uns in Gildas' *De excidio* überliefert wird. Von Owains Sohn Cuneglasus heißt es dort:

> Warum habt Ihr Euch seit Eurer Jugend im Morast Eurer früheren Bosheit gewälzt, Ihr Bär, Reiter und Lenker des Streitwagens der Bärenfestung, Verächter Gottes und Unterdrücker seines Volkes, Cuneglasus?

Gleich zweimal fällt das Wort ›Bär‹: Gildas spricht Cuneglasus mit ›Ihr Bär‹ an, dann nennt er ihn Wagenlenker ›der Bärenfestung‹. Soll das heißen, daß Cuneglasus nun Macht über das hat, was einst die ›Bärenfestung‹ war, und sich selbst den Titel ›der

Bär‹ gab. Da wir wissen, daß Cuneglasus' Vorgänger sein Vater Owain Ddantgwyn war, könnte auch er unter dem Namen ›Bär‹ bekannt gewesen sein. Außerdem heißt es bei Gildas, daß Cuneglasus einen bestimmten militärischen Vorteil geerbt habe, denn Gildas fragt ihn etwas später, warum er gegen seine Landsleute Krieg führt ›mit Waffen, die nur Ihr habt‹.

Daraus ergibt sich, daß Owain Ddantgwyn einen militärischen Vorteil besaß, daß er eine strategisch wichtige Festung hatte und unter dem Titel ›der Bär‹ bekannt war. Die beiden ersten Punkte passen zu dem britannischen Befehlshaber von Badon; die dritte Aussage jedoch beinhaltet noch mehr, nämlich daß Owain Ddantgwyn tatsächlich der historische Artus (englisch Arthur) war. In der britischen Sprache dieser Zeit wie auch im heutigen Walisisch bedeutet die erste Silbe des Namens Arthur – *Arth* – ›Bär‹. Könnte der Name Arthur also wie Vortigern und Uther ein Titel gewesen sein?

Es scheint bei den Kelten dieser Zeit üblich gewesen zu sein, daß sich Krieger nach einem Tier benannten, um ihre besonderen Fähigkeiten zu charakterisieren. Dafür gibt es viele Beispiele aus Irland, Gallien und Britannien. Gildas selbst nennt eine Reihe von britischen Königen und bringt sie mit Tieren in Verbindung. Außer Maglocunus, den er Drache nennt, gibt es Aurelius Caninus, den Hund, dessen Vater offenbar Löwe hieß (da Gildas ihn auch das Löwenkind nennt) und Vortipor, Leopard. Außerdem führt das Gedicht *Gododdin* Krieger mit ihrem

Kampfnamen an, wie Hund und Wolf. Einer heißt sogar Bär.

Einige Gelehrte haben vermutet, daß Arthur/Artus vom römischen Namen Artorius abgeleitet sei, so wie aus Ambrosius Emrys, aus Vortigern Gwrtheyrn oder aus Maglocunus Maelgwn in der späteren walisischen Sprache wurde. Diese Auffassung wurde populär, als 1973 das Gedicht *Artorius* von John Heath-Stubbs veröffentlicht wurde, gefolgt von John Gloags *Artorius Rex* von 1977. Obwohl man weiß, daß ein römischer Offizier namens Lucius Artorius Castus im späten 2. Jahrhundert in Britannien diente, ebenso ein gewisser Artorius Justus im 3. Jahrhundert, beweist das nicht, daß Arthur/Artus von Artorius abgeleitet wurde. Tatsächlich kann man Artorius oder einen ähnlichen Namen nicht mit einem Krieger der Artuszeit in Verbindung bringen.

Der Name Artus erscheint bis zum Ende des 6. Jahrhunderts in keinem Dokument. Um diese Zeit führen nicht weniger als sechs britische Genealogien den Namen auf, was darauf hinweist, daß die königlichen Familien damals ihre Söhne nach einem berühmten Krieger benannten. Daß der Name nicht früher auftaucht, wird wohl daran liegen, daß der Name erst kurz zuvor aufgekommen war. König Artus könnte die erste Person mit diesem Namen gewesen sein, was der Theorie, daß er eigentlich ein Titel war, noch mehr Gewicht verleiht. Dies scheint auch mit Vortigern geschehen zu sein, denn viele Prinzen erhielten in den Jahrhunderten danach diesen Namen.

Arth hätte sich leicht zu Arthur entwickeln können. Im nachrömischen Britannien wurden vor allem zwei Sprachen gesprochen: Latein und Brythonisch, das sich später zum Walisischen entwickelte. (Von den anderen Sprachen der Britischen Inseln war Englisch eine spätere Entwicklung der Sprache der Angelsachsen, während das Gälisch der Skoten, die sich langsam über Schottland ausbreiteten, die Sprache der Iren war.) Grabsteine und andere Inschriften aus dem 5. Jahrhundert belegen, daß viele Königreiche ganz zum Bythonischen zurückkehrten, während in Gwynedd weiterhin Latein gesprochen wurde. Wenn der Stammestitel ›Bär‹ war, hätte man dort nicht nur das brythonische Arth, sondern auch das lateinische Wort für Bär, *ursus*, verwendet: Arthusus, das später zu Arthur verkürzt wurde, wie Antonius zu Anton oder Marcus zu Marc gekürzt wurde. Wenn Arthur also ein Kriegsname war, wäre es nicht das erste Mal, daß ein Anführer mit seinem Titel in die Geschichte eingegangen ist. Der römische Kaiser Caius Julius Caesar Germanicus zum Beispiel ist besser als Caligula bekannt, was soviel wie Soldatenstiefelchen bedeutet – ein Spitzname, den er als Kind erhielt, weil er sich gern als Soldat kleidete. Ein weiteres Beispiel ist der mongolische Kriegsherr Temüdzin, besser unter dem Titel Dschingis-Khan (Weltherrscher) bekannt.

Offenbar ist Owain Ddantgwyn der beste Kandidat für den historischen Artus: ein Krieger, der zur Zeit von Badon der mächtigste König gewesen zu sein scheint und den Kriegsnamen ›Bär‹ trug – in der damaligen britannischen Volkssprache Arth, woraus sich der Name ›Arthur‹ entwickelte hat.

Darüber hinaus berichtet Gildas, daß Cuneglasus auf der ›Bärenfestung‹ regierte, offenbar dem Sitz seines Vaters Owain. Wenn wir herausfinden, wo dies war, sollten wir nach archäologischen Belegen für Artus suchen können. Wenn die ›Bärenfestung‹ der Sitz Owains war und Cuneglasus sie zur Zeit Gildas' befehligte, dann müssen wir jedoch zunächst herausfinden, über welches Königreich Cuneglasus geherrscht hat.

Wir haben bereits gesehen, daß Gwynedd, Dumnonia, Dyfed, Gwent und Powys zu den mächtigsten britischen Königreichen des 6. Jahrhunderts gehörten. Gildas erwähnt die fünf bedeutendsten Könige, die diese Königreiche regiert haben müssen. Wenn Cuneglasus einer von ihnen war, welches war dann sein Königreich? Leider sagt Gildas nichts dazu. Wir müssen daher die anderen vier Könige genauer betrachten, um zu erkennen, welche der fünf großen Reiche nicht in Frage kommen.

Neben Maglocunus, der, wie wir wissen, aus Gwynedd in Nordwales stammte, gibt es drei andere. Zunächst Konstantin, der, wie Gildas berichtet, aus Damnoniae kommt. Das könnte sich auf die Region des Damnonii-Stammes im Südwesten von Schottland beziehen, doch war sie zur Zeit Gildas' von den Iren erobert worden. Es ist wahrscheinlicher, daß er Dumnonia meint, das Königreich der Dumnonii in Devon und Cornwall. Der nächste ist Vortipori, den er den Herrscher von Demetarum nennt. Dies be-

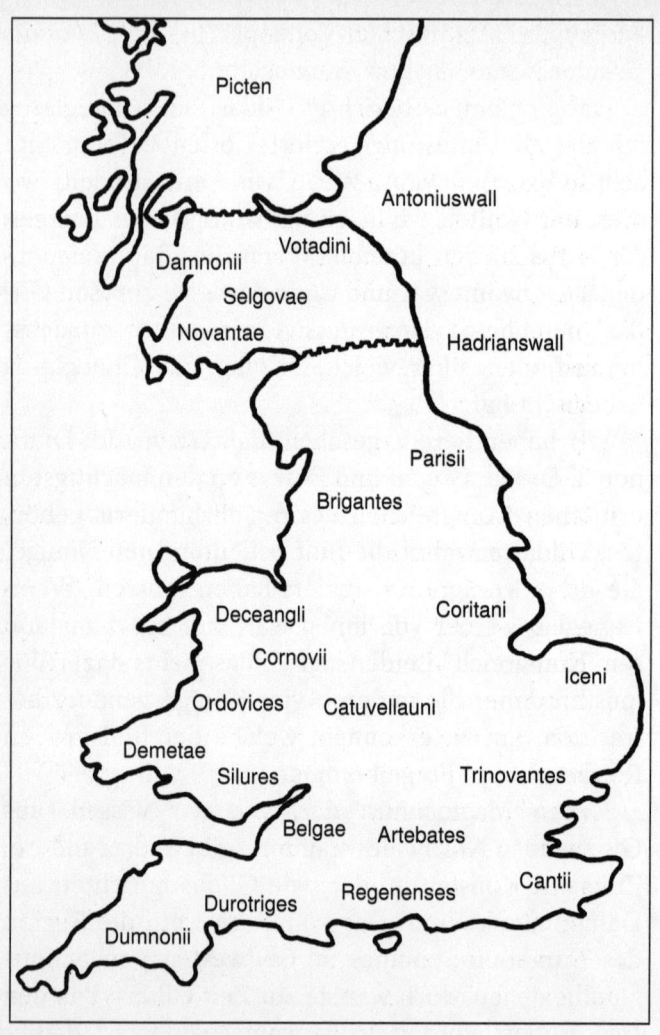

Stämme im römischen Teil Britanniens

zieht sich mit großer Wahrscheinlichkeit auf das Königreich des Demetae-Stammes Dyfed und wird außerdem durch die Inschrift eines Gedenksteines in Südwestwales gestützt, der seinen Namen trägt. Der letzte König heißt Aurelius Caninus. Leider überliefert uns Gildas, wie bei Cuneglasus, nicht, über welches Reich er herrschte. Alles, was wir seinem Namen entnehmen können, ist, daß dieser Mann vielleicht ein Nachkomme des Ambrosius Aurelianus gewesen ist. Es bleiben also noch Gwent und Powys.

Wie wir gesehen haben, könnte Owains Königreich nach seinem Tod sehr wohl geteilt worden sein – Maglocunus regierte in Gwynedd und Cuneglasus im anderen Teil. Diese zweite Hälfte kann nicht Gwent gewesen sein, da Gwent und Gwynedd durch eine Reihe kleinerer Gebirgskönigreiche in Zentralwales getrennt waren, etwa durch Buellt und Brycheiniog, wie im vorigen Kapitel erwähnt. Daher bleibt uns nur Powys, das direkt östlich an Gwynedd grenzt. (Von archäologischer Seite wird diese Annahme unterstützt: K.R. Dark, der Herausgeber des *Journal of Theoretical Archaeology*, verbindet Cuneglasus in *Civitas to Kingdom*, 1994, ebenfalls mit Powys.)

Die ›Bärenfestung‹ – Owains Hauptstadt – lag also in Powys; ein Königreich, das die Fläche der West Midlands und von Zentralwales einnahm. Dies würde historisch zusammenpassen. Wie wir gesehen haben, war Powys ursprünglich der Sitz von Vortigern in strategisch zentraler Lage. Wir waren zu dem Schluß gekommen, daß Ambrosius die Vortigern-

Verwaltung in Powys mit Hilfe der Votadini Cuneddas ausgewechselt hat. Dies kann nur bedeuten, daß Powys unter seine direkte Herrschaft fiel. Nach seinem Tod muß die Cunedda-Familie dort weiter regiert haben, wie sie es auch in Gwynedd tat. Der archäologische Befund spricht dafür, daß die Cunedda-Familie das Königreich Powys Ende des 5. Jahrhunderts angegliedert hat (siehe folgendes Kapitel). Wenn Cuneddas Enkel Owain Ddantgwyn wirklich zur Zeit von Badon der britische Anführer war, hätte er seine Festung mit Sicherheit im Königreich Powys errichtet, im Herzen von Britannien, und weniger im eher abgelegenen Königreich Gwynedd.

Obwohl es schwierig ist, genau festzustellen, wann das Königreich Powys gegründet wurde, muß es doch kurz nach dem Abzug der Römer gewesen sein. In dieser Zeit scheinen viele der alten Stammesgebiete den Versuch unternommen zu haben, sich als unabhängige Fürstentümer zu etablieren. Doch schon bald zwang eine Bedrohung an drei Fronten die britischen Stammeshäuptlinge zum Zusammenschluß. Es bildete sich der Rat der Anführer, auf den sich Gildas bezieht.

Das Eindringen der Germanen im Osten, der Pikten im Norden und der Iren im Westen schwächte die Stämme an der Grenze und der Küste. Die zentrale Lage des Cornovii-Stammes mußte es ihm daher ermöglicht haben, lange vor den anderen ein autonomes Königreich zu gründen, ein Reich, das aus strategischen Gründen die Kontrolle über einen Großteil des Landes übernehmen konnte. Höchstwahrscheinlich waren die Nachbarstämme lieber Vasallen der Cornovii als Besiegte ausländischer Invasoren. Als Gegenleistung für den Schutz durch das zentrale Königreich könnten die britischen Stammeshäuptlinge dem König der Cornovii als ihrem ›Oberherrn‹ die Treue geschworen haben: Vortigern.

Es ist unbekannt, wann das Königreich erstmals Powys genannt wurde, obwohl walisische Namen für die nachrömischen Reiche offenbar bis ins späte 6. Jahrhundert nicht üblich waren. Gildas zum Beispiel erwähnt nur ihre Stammesnamen. Doch Powys kommt wahrscheinlich vom lateinischen Wort *pagus*, Gau. Hauptstadt war wohl die alte römische Stadt Viroconium.

Während der römischen Besetzung war das Land in Provinzen, *civitates*, aufgeteilt. Sie entsprachen den früheren Stammesgebieten und wurden von einem Verwaltungszentrum regiert. Die Cornovii Mittelenglands und Westwales unterstanden der Verwaltung von Viroconium Corncviorum. Die Stadt in der heutigen Grafschaft Shropshire war die viertgrößte im römischen Britannien, das wichtigste Handelszentrum der Midlands.

Auf einer fruchtbaren Ebene über dem Fluß Severn gelegen, war es ursprünglich ein Militärlager, wo die römische Eroberung von Wales koordiniert wurde. Um das Jahr 78 ging das Kommando über den westlichen Teil der Insel an Chester, und Viroconium blühte zur Stadt auf. Obwohl alle anderen Provinzstädte die gleichen Annehmlichkeiten boten, wie etwa gepflasterte Straßen, Wasserversorgung und

Kanalisation, war die Stadt der Cornovii kunstvoller erbaut und reicher als die meisten. Hier gab es Gerichtshöfe, Marktplätze und andere öffentliche Einrichtungen. Und bald war sie die Hauptstadt Mittelbritanniens. Anders als bei den anderen großen römischen Städten – London, Lincoln und York – ist davon nicht viel übriggeblieben, nur ein paar zerfallene Mauern auf den stillen Weiden beim kleinen Dorf Wroxeter südöstlich von Shrewsbury.

Das offene Gelände bot gute Bedingungen für Ausgrabungen, die seit dem letzten Jahrhundert durchgeführt werden. Es gibt ein kleines Museum, obwohl die meisten Funde im Rowley's House Museum in Shrewsbury untergebracht sind.

Die Ruinen von Viroconium am Schnittpunkt der alten Römerstraße Watling Street und der modernen B 4380 sind die Reste einer großen Badeanlage, die um 150 errichtet wurde – eines der am besten erhaltenen Beispiele seiner Art in Britannien. Die alte Steinmauer, die den Platz beherrscht und in der Gegend ›Old Work‹ genannt wird, war einst die Südseite einer langschiffigen Basilika, eines altrömischen öffentlichen Gebäudes, das als Sporthalle der Badeanlage diente. Es ist erstaunlich, daß so viel erhalten geblieben ist, denn über Generationen haben die Menschen hier das Baumaterial der alten Stadt für ihre eigenen Häuser und vor allem für die Pfarrkirche St. Andrews verwendet.

Die Baureste stammen aus der römischen Zeit. Wie aber sah die Stadt im frühen 5. Jahrhundert aus? Liefert die Archäologie Hinweise darauf, daß Viroconium die Hauptstadt von Vortigerns Britannien wurde?

Viroconium erlangte im frühen 5. Jahrhundert neue strategische Bedeutung, als die Städte der Küstenprovinzen unter Einfällen und Plünderungen zu leiden hatten. London etwa, die römische Hauptstadt Britanniens, war über die Themse ein leichtes Opfer für die germanischen Eindringlinge. Wahrscheinlich hat Vortigern aus diesem Grund Hengist und Horsa auf der Insel Thanet beauftragt, die Themsegegend zu sichern. York wurde immer wieder von Pikten überfallen, Lincoln von Angeln aus The Wash. Obwohl andere große Städte wie Cirencester, Exeter oder Bath vor derartigen Angriffen sicher waren, boten sie nicht den Vorteil von Viroconiums zentraler Lage im Herzen Britanniens.

Vortigerns Verwaltung mußte die Armeen an drei Fronten koordinieren, und dieser Platz war dafür ideal. Hier trifft die römische Watling Street, seinerzeit wahrscheinlich die wichtigste in Britannien, auf den Severn, einen der bedeutendsten Wasserwege der Insel. Stromaufwärts dringt der Severn tief in das Herz von Wales, während er sich flußabwärts durch die westlichen Midlands zieht und durch den Bristol-Kanal ins Meer fließt. Außerdem verband das römische Straßennetz Viroconium mit anderen wichtigen Befestigungsanlagen der Gegend, wie Lavrobrinta (Forden Gaer) im Westen, Bravonium (Leintwardine) im Süden und Deva (Chester) im Norden.

Viroconium hatte nicht nur große strategische Bedeutung, sondern war auch von sehr fruchtbarem

Ackerland umgeben. Archäologische Grabungen um die Stadt und im Severntal haben eine höchst ertragreiche Landwirtschaft für die römisch-britische Zeit nachgewiesen. Welche Stadt Vortigern auch immer als Basis seiner Macht gewählt haben mochte, sie mußte sich im Falle eines Bruchs mit den verbündeten Stämmen selbst versorgen können.

In den letzten Jahren haben Grabungen ergeben, daß Viroconium im frühen Mittelalter eine hochzivilisierte Stadt war, nachdem sie in spätrömischer Zeit an Bedeutung verloren hatte: Die Gebäude zerfielen. Die Basilika beispielsweise stürzte Mitte des 4. Jahrhunderts ein. In wenigen Jahrzehnten, noch vor dem Abzug der Römer, war die Stadt verlassen.

Bis vor einigen Jahren war dies alles, was von Viroconium bekannt war. Doch Ende der 60er Jahre begannen hier weiträumige Grabungen. Sie dauerten länger als ein Jahrzehnt und ermöglichten neue und unglaubliche Entdeckungen. Unter der Leitung von Philip Barker kamen zahlreiche Funde aus der Zeit nach dem Zerfall der Badeanlage ans Licht. Sie ergaben, daß das Gebiet in den letzten Jahren der römischen Besetzung geräumt und völlig neu aufgebaut wurde. Eine neue Stadt war auf den Ruinen von Viroconium entstanden.

Pfostenlöcher und andere deutliche Zeichen im Unterbau der Stadt verraten, daß die neuen Gebäude aus Holz und nicht aus Stein und Mörtel errichtet wurden, wie die früheren römischen Gebäude. Genauere Untersuchungen ergaben, daß diese Gebäude sehr hohen Ansprüchen genügten. Es waren große und kunstvoll im klassischen Stil errichtete Bauwerke mit Kolonnaden und Fassaden, viele mindestens zwei Stockwerke hoch. Offenbar war Viroconium in den letzten Tagen der römischen Besatzung die wichtigste Stadt Britanniens und könnte sehr wohl die Hauptstadt Vortigerns nach dem Abzug der Römer gewesen sein.

War die Stadt jedoch noch immer die Hauptstadt von Powys, als Owain Ddantgwyn und die Cunedda-Familie im späten 5. Jahrhundert regierte? Die Antwort ist fast sicher Ja. Bei den Ausgrabungen von 1967 wurde ein Grabstein vor dem Schutzwall der Stadt gefunden. Er stammt aus der Zeit um 480 und trägt die Inschrift: *Cunorix macus Maquicoline* (König Cuno, Sohn von Maquicoline). Das Affix ›Cun‹ verweist auf die Zugehörigkeit zur Cunedda-Familie, wie es später auch bei *Cune*glasus und Maglo*cun*us zu beobachten ist. Da Cuno König war, könnte man annehmen, daß die Cunedda-Dynastie Viroconium als Hauptstadt nutzte – kurz vor Owains Zeit.

Die archäologischen Funde beweisen den großen Wohlstand in der Zeit nach Badon. Die Stadt wurde völlig neu aufgebaut, was sonst nicht üblich war. Es entstanden aber nicht nur neue Gebäude und Straßen, sondern die gesamte Infrastruktur der Stadt wurde wieder instand gesetzt, so auch die Kanalisation und die Wasserzufuhr, wozu ein ausgefeiltes System von Aquädukten errichtet wurde; römische Straßen wurden freigelegt und neu gepflastert. Aus der alten römischen Stadt, für kurze Zeit aufgegeben, wurde ein dynamisches Handels- und Industriezentrum. Das Herz dieses neuen Viroconium scheint ein großes Flügelgebäude an der Stelle der alten Basilika gewesen zu sein. Der klassische Bau mit einem Komplex von Nachbargebäuden scheint der Palast eines sehr wichtigen Stammesfürsten gewesen zu sein.

Eine genaue Datierung der Wiedererrichtung ist heute noch nicht möglich, doch vieles weist auf die Zeit zwischen 500 und 550. Wer aber hatte damals so viel Macht und Einfluß, um ein solches gewaltiges Unternehmen durchzuführen?

Wir wissen von Gildas, Beda und der *Angelsächsischen Chronik*, daß die Briten nach Badon eine Zeit des Reichtums erlebten. Das wird von der Archäologie bestätigt. Die Grabungen im Viroconium haben darüber hinaus ergeben, daß die Stadt damals die aufwendigste in Britannien war. Daher kann sie sehr wohl der Sitz eines Mannes gewesen sein, der die Britannier in Badon zum Sieg geführt hatte – und er oder sein direkter Nachfolger dürfte sie auch wieder aufgebaut haben. Wir wissen bereits, daß Owain Ddantgwyn und danach sein Sohn Cuneglasus zwischen 500 und 550 in der Stadt regiert haben. Wer von beiden Viroconium wieder aufgebaut hat, ist nicht mit Sicherheit zu sagen. Doch die Grabungen legen nahe, daß Owain Ddantgwyn der britische Anführer in Badon war – der historische König Artus.

In den Jahren des Zerfalls und der Zerrissenheit Anfang des 6. Jahrhunderts muß Viroconium auf die einfachen Leute großen Eindruck gemacht haben: ein Ehrfurcht gebietender Ort des Reichtums, der Macht und des Mysteriums. Auch wenn der Name ›Camelot‹ offenbar von Chrétien de Troyes erfunden wurde, könnte die mittelalterliche Vorstellung, daß König Artus in einer herrlichen Stadt residiert habe, auf alten Überlieferungen aus Viroconium beruhen.

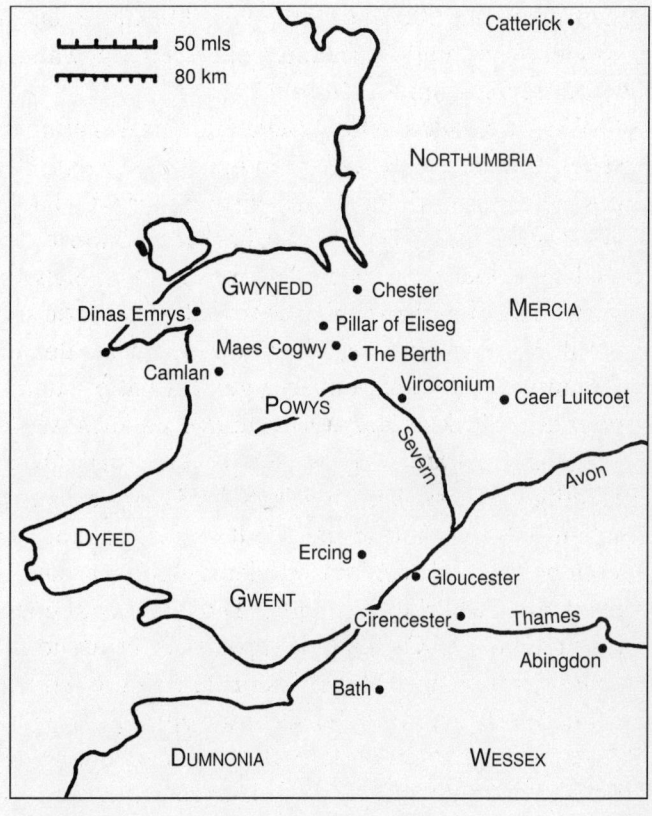

West-Britannien Mitte des 7. Jahrhunderts

8

Die Insel Avalon

Auf der Suche nach dem historischen Artus beschäftigt uns als letztes das Geheimnis seiner Grabstätte. Nach der Sage wurde König Artus auf der Insel Avalon begraben. Doch wenn ein Ort auf den Britischen Inseln im frühen Mittelalter tatsächlich einmal einen solchen Namen getragen haben sollte, so ist er längst vergessen. Auch gibt es keinen zeitgenössischen Hinweis, mit dem wir die letzte Ruhestätte von Owain Ddantgwyn lokalisieren können. Wieder ist historische Detektivarbeit nötig.

In den *Welsh Annals* erfahren wir, daß im 93. Jahr ›der Streit von Camlann stattfand, bei dem Artus und Medraut fielen‹. Weiter wird nichts berichtet – weder Ort noch Grund, noch ob Artus und Medraut auf verschiedenen Seiten kämpften. Leider erwähnt kein anderes Manuskript aus dieser Zeit die Schlacht von Camlann. Bevor wir versuchen, den Ort zu lokalisieren und Näheres über das Verhältnis zwischen Artus und Medraut herauszufinden, müssen wir zunächst ein Datum für die Schlacht finden.

Das 93. Jahr in den *Annals*, irgendwann um 539, ist mit Sicherheit zu spät für den historischen König Artus. Da Artus kämpfte, als Hengist starb (488), hätte er um 539 weit über 70 sein müssen. Obwohl es nicht ganz unmöglich ist, daß Artus in einer Schlacht um 539 fiel, scheint es doch unwahrscheinlich. Außerdem haben wir gesehen, daß die *Annals* auch bei der Schlacht von Badon ungenau sind.

Wenn Artus tatsächlich Owain Ddantgwyn war, würde ein Todesdatum um das Jahr 520 besser passen, als sein Sohn Cuneglasus und sein Neffe Maglocunus an die Macht kamen. Da die *Annals* die Schlacht von Badon um 518 ansetzen, ist es möglich, daß der Schreiber das ungefähre Datum einer der Artusschlachten kannte. Vielleicht wußte er auch, daß Badon und Camlann zwei Jahrzehnte trennten, legte Badon jedoch fälschlicherweise in die Zeit von Camlann.

Medraut wird, wie auch die Schlacht von Camlann, in keinem anderen Manuskript des frühen Mittelalters erwähnt. Weder Gildas noch Beda, noch Nennius nennen ihn. Nennius berichtet überhaupt nichts über den Tod Artus'. Seine Liste von Artus' Schlachten führt nur seine Siege auf, und die Schlacht von Camlann war offenbar eine schreckliche Niederlage; Nennius' Quelle war ein Kriegsgedicht, das die erfolgreichen Schlachten Artus' pries.

Erst Geoffrey of Monmouth liefert als erster Einzelheiten über Medraut und die Schlacht von Camlann. Bei Geoffrey ist Mordred (wie er ihn nennt) der Neffe von Artus; er zettelt einen Aufstand an, während Artus außer Landes weilt. Artus kehrt zurück, um Mordred zu stellen. Er kann den Aufstand niederschlagen, wird aber in der Schlacht tödlich verwundet. Obwohl Geoffrey den Namen Mordred statt Medraut verwendet, bezieht er sich doch eindeutig auf den Mann, der in den *Annals* beschrieben wird. Die walisische Literatur nennt den Gegner Artus' bei Camlann wie in den *Annals*: Medraut. Doch der Medraut der walisischen Erzählungen unterscheidet sich von Geoffreys Mordred. Zwar sind er und Artus Rivalen, aber sie werden allgemein als zwei im Zwist liegende Gleichrangige oder als zwei Stammesfürsten, die um die Herrschaft kämpfen, beschrieben.

Die historische Schlacht von Camlann kann gut die Folge irgendeines Streits zwischen den Britanniern sein. Gildas berichtet, daß der Krieg mit den Angelsachsen seit der Schlacht von Badon bis zur Zeit seiner Niederschrift (um 545) aufgehört habe, obwohl das Land durch innere Zwistigkeiten erschüttert wurde.

Der archäologische Befund, die *Angelsächsische Chronik* und auch Beda belegen, daß die Britannier um die Mitte des 6. Jahrhunderts von inneren Streitigkeiten so geschwächt waren, daß es den Sachsen erneut gelang vorzudringen.

Gildas berichtet, daß Maglocunus an die Macht kam, indem er seinen Onkel, den König, im Kampf besiegte. Da dies Owain Ddantgwyn, der historische Artus, zu sein scheint, ist es durchaus möglich, daß die Geschichte, nach der Mordred seinen Onkel Artus tödlich verwundet hat, von diesem historischen Ereignis herrührt. Auch kann Medraut, von dem in den *Welsh Annals* die Rede ist, durchaus an der Seite Artus' gefallen sein. Vielleicht hat Geoffrey of Monmouth viel später erfahren, daß Artus von einem Neffen gestürzt wurde, und irrtümlich geschlossen, daß Medraut dieser Neffe war. Der Ort, an dem höchstwahrscheinlich die Schlacht von Camlann geschlagen wurde, spricht allerdings eher dafür, daß hier Owain Ddantgwyn und Maglocunus miteinander gekämpft haben.

Geoffrey läßt die Schlacht in Cornwall stattfinden. Doch wir haben gesehen, daß er dem Bruder seines Gönners, dem Grafen von Cornwall, schmeicheln wollte. Nach historischen Zeugnissen, die auf einen inneren Konflikt zwischen Powys und Gwynedd um 520 schließen lassen, scheint es wahrscheinlicher, daß der Kampfplatz irgendwo zwischen diesen Königreichen lag. Anders als bei Badon gibt es noch immer einen Ort in Britannien mit dem Namen Camlann (auch wenn er Camlan geschrieben wird): ein ödes und bescheidenes Tal in der Region Merioneth im Mittelwesten von Wales. Es liegt ungefähr auf der Grenze der Königreiche von Powys und Gwynedd im 6. Jahrhundert. Also müßte die Schlacht zwischen Owain und Maglocunus, wie sie Gildas berichtet, dort stattgefunden haben.

Nach den mittelalterlichen Ritterromanen wird Artus nach der Schlacht auf der Insel Avalon bestattet. Wo wurde Owain Ddantgwyn hingebracht? Die

Antwort hierauf kann bei seinen Nachkommen gefunden werden.

Aus dem 6. Jahrhundert gelangte Britannien in eine Zeit, die historisch belegt ist. Die *Welsh Annals* sind nicht länger von irischen Annalen abhängig. Die Aufzeichnungen, die später die *Angelsächsische Chronik* bilden, wurden zusammengestellt. Und die allmähliche Bekehrung der Angelsachsen zum Christentum führte Ende des 6. Jahrhunderts zur Gründung von Klöstern und zur Verbreitung der Schrift. Daher ist es leichter, den Untergang von Powys nachzuvollziehen als seinen Aufstieg.

Mitte des 6. Jahrhunderts forderte Gildas die britischen Könige auf, ihre inneren Zwistigkeiten beizulegen, da er fürchtete, sie würden alles an den wirklichen Feind, die Angelsachsen, verlieren. Nach wenigen Jahren wurden seine Befürchtungen bestätigt. Nach der *Angelsächsischen Chronik* zogen 552 die Sachsen nach Norden und besiegten die Briten in der Nähe von Salisbury; 556 kämpften sie 40 Meilen nördlich bei Barbury, nahe Swindon. Die *Chronik* erwähnt keinen Sieg der Sachsen bei Barbury. Es scheint, daß ihr Feldzug für einige Zeit zum Stillstand kam. Etwa 15 Jahre später wurden die Briten aus dem Osten bedroht.

Nach der *Angelsächsischen Chronik* überfiel 571 der sächsische König Cuthwulf (von den Eslingas aus dem südwestlichen Cambridgeshire) die Briten der Midlands in Bedfordshire. Kurz darauf marschierte er auf Abingdon. Obwohl seine Armeen siegreich waren, scheint Cuthwulf selbst getötet worden zu sein. Sein Nachfolger, Cuthwine, bildete offenbar eine Allianz mit Ceawlin von Wessex im Süden. Die Allianz marschierte gen Westen und besiegte die Briten 577 bei der Schlacht von Dyrham, 7 Meilen nördlich von Bath. Da die Städte Gloucester, Cirencester und Bath nun unter sächsischer Herrschaft standen, hatten die Sachsen das erreicht, was ihnen bei Badon über 80 Jahre zuvor nicht gelungen war, und trennten damit Dumnonia vom Rest des keltischen Britanniens. Das Herz von Powys wurde direkt von der sächsischen Allianz bedroht.

Der König von Powys, der für den Verlust von Gloucester verantwortlich war, ist unbekannt; wahrscheinlich war es Cuneglasus' Nachfolger Brochfael Ysgithrog. Doch kein Bericht von Brochfaels Feldzug ist überliefert, obwohl sein Sohn Cynan Garwyn das Vordringen der Sachsen im Süden offenbar verhindert hat. Das *Book of Taliesin* enthält ein Gedicht, *Trawsganu Cynan Garwyn*, von dem man annimmt, daß es von dem Barden Taliesin selbst zu dieser Zeit verfaßt wurde; es preist die Tapferkeit von Cynan im Kampf gegen die Engländer.

Nach der Pattsituation im Süden verlagerte sich der Kriegsschauplatz nach Norden, wo zwei Königreiche der Angeln aus dem Nordosten ihre Streitkräfte vereinigten und gegen die Briten bei der Schlacht von Catraeth (Catterick in Yorkshire) im Jahr 598 kämpften. Dort besiegten König Aethelfrid von Bernicia (im heutigen Northumberland) und König Aelle aus Deira (im heutigen Yorkshire) die Briten. Dies ist das Thema des *Gododdin*, in dem die Votadini mit

Kampf um die Midlands: 480–670. Anführer der Britanier und Angeln

	POWYS	MERCIA	NORTHUMBRIA
480			
490	Owain Ddantgwyn (488–520)		
500			
510			
520	Cuneglasus (520–550)		
530			
540			
550	Brochfael Ysgichrog (550–580)		
560			
570			
580	Cynan Garwyn (580–598)		
590			
600	Selyf (598–613)		Aethelfrid (604–617)
610	Cyndrwyn (613–630)		Edwin (617–633)
620			
630	Cynddylan (630–656)	Penda (633–655)	Oswald (635–644)
640			Oswy (644–670)
650		Peada (655–658)	
660		Wulfhere (658–675)	
670			

den Kriegern aus Gwynedd kämpften. Da das *Gododdin* den Krieger Cynan erwähnt, könnte dies bedeuten, daß Powys ebenfalls an der Schlacht von Catraeth beteiligt war, da Cynan Garwyn offenbar zu dieser Zeit König von Powys war.

Im *Gododdin* ist die Schlacht von Catraeth sowohl eine vernichtende Niederlage für die Britannier als auch das Ende des britischen Königreichs Rheged im Norden von England, das rund 30 Jahre früher gegründet worden war. Bevor sie sich den Norden sicherten, waren die Angelsachsen in eine letzte Schlacht verwickelt. 603, so Beda, marschierte der irische König Aedan (der im südwestlichen Schottland regierte) gegen die Angelsachsen, verlor aber. Im folgenden Jahr zog Aethelfrid gegen Aelle selbst und besetzte die Hauptstadt Deira in York. Hier gründete er das große Königreich der Angeln Northumbria.

Nach einem Jahrzehnt der Festigung griff Aethelfrid um das Jahr 613 (nach den *Welsh Annals*) Nordwales an und besiegte eine vereinigte Armee von Gwynedd und Powys bei Chester, wobei Cynans Sohn Cyndrwyn Selyf getötet wurde. Northumbria trieb damit einen Keil zwischen die britischen Streitkräfte des Nordens und Zentralbritanniens.

Nach wenigen Jahren begannen die Angeln wieder, untereinander zu kämpfen. Aelles Sohn im Exil, Edwin, zog mit der Armee von König Redwald von East Anglia gegen Aethelfrid und besiegte ihn. Die *Annals* berichten vom Tod Aethelfrids um das Jahr 617, woraufhin Edwin König von Northumbria wurde und Aethelfrids Söhne nach Irland ins Exil gingen. Edwin scheint die Expansionspolitik seiner Vorfahren fortgeführt zu haben und fiel in den 20er Jahren des 7. Jahrhunderts in Gwynedd ein. Doch die internen Streitigkeiten des Feindes scheinen den Briten eine Atempause gewährt zu haben. Nachdem sie 629 auf einer Insel besiegt worden waren, die die *Annals* Glannauc nennen (wahrscheinlich vor der Küste von Anglesey), schlug Cadwallon, der König von Gwynedd, zurück.

Cadwallon besiegte 633 in einer Allianz mit dem Angelprinzen Penda (der sein Königreich Mercia im südlichen Northumbria Edwins Einfluß entziehen konnte) Edwin, der in der Schlacht starb. Doch jede Hoffnung auf ein Erstarken der britischen Kräfte wurde zwei Jahre später zerstört, als Aethelfrids Sohn Oswald aus dem irischen Exil zurückkehrte und Cadwallon mit (so Beda) einer sehr viel kleineren Armee besiegte. Gwynedd scheint daraufhin von Northumbria überrollt worden zu sein, da die *Irish Annals* den Brand von Bangor im Jahr 634 erwähnen, während Gododdin im Norden vier Jahre später erobert wurde.

Nachdem die Macht von Gwynedd gebrochen war, besiegte eine Allianz aus Mercia und Powys im Jahr 644 schließlich Oswald an einem Ort, der in den *Welsh Annals* Maes Cogwy (bei Oswestry) genannt wird. Nach wenigen Jahren war Powys die letzte Bastion britischer Macht. Die *Welsh Annals* berichten von den ›Hammerschlägen von Dyfed‹ 645 und dem ›Gemetzel von Gwent‹ 649, wahrscheinlich von den Iren beziehungsweise von den Westsachsen.

Penda in Mercia und Aethelhere in East Anglia, die letzten Verbündeten von Powys, wurden von Oswalds Bruder Oswy bei einer Schlacht besiegt, die Beda um das Jahr 655 in der Nähe des Flusses Vinwed ansetzt – wahrscheinlich in der Gegend von Leeds. Nachdem er Penda und Aethelhere besiegt hatte, setzte Oswy Pendas Sohn Peada und Aethelheres Bruder Anna als Marionettenkönige in Mercia und East Anglia ein. Powys stand nun allein gegen Oswy.

Die letzten Tage von Powys werden in einer Sammlung früher walisischer Gedichte, den *Canu Llywarch Hen* (dem ›Lied von Llywarch dem Alten‹) beschrieben. Heute sind uns die Gedichte, die aus der Mitte des 9. Jahrhunderts stammen, im *Roten Buch von Hergest* in der Bodleian Library in Oxford überliefert. (Die Datierung gründet sich nicht nur auf sprachlichen Eigentümlichkeiten, sondern auch darauf, daß der Zyklus dem *Juvencus Englynion* ähnelt, drei Versen aus einem Sagengedicht des 9. Jahrhunderts, das in der Cambridge University aufbewahrt wird.) Obwohl das *Lied von Llywarch dem Alten* um 850 niedergeschrieben worden zu sein scheint, deuten Namen, Orte und Ereignisse aus der Mitte des 7. Jahrhunderts darauf hin, daß es wahrscheinlich Teil eines Epos war, das dieser Zeit viel näher lag – um 660.

Das *Lied von Llywarch dem Alten* handelt von der Herrscherfamilie von Powys und dem vergeblichen

Kampf ihres Königs Cynddylan gegen die eindringenden Angelsachsen (Cynddylan war der Sohn von Cyndrwyn Selyf). Die erste von Cynddylans Schlachten, die in den Gedichten beschrieben wird, ist die Schlacht von Maes Cogwy. Die *Welsh Annals* nennen diese Schlacht ebenfalls, in der Penda Oswald 644 besiegte. Im *Lied von Llywarch dem Alten* heißt es:

> Ich sah das Feld von Maes Cogwy Armeen,
> und die Schreie der bedrängten Männer
> Cynddylan brachte ihnen Hilfe

Diese Beschreibung von Cynddylans engen Verbindungen zu Penda findet sich auch bei Beda, wenn er die Königin von Mercia Cynwise nennt und Pendas Tochter Cyneberga; denn das Cyn-Affix der Namen bedeutet, daß die Königsfamilien von Cynddylan und Penda untereinander geheiratet haben.

Das *Lied von Llywarch dem Alten* bezieht sich auch auf den eventuell letzten Sieg von Cynddylan bei Caer Luitcoet (Wall, nahe Lichfield). Diese Schlacht muß nach Pendas Tod um 655 geschlagen worden sein, da beschrieben wird, daß die angelsächsische Armee von christlichen Priestern begleitet wurde. Laut Beda starb Penda als Heide, während Peada sich unter Oswys Führung zum Christentum bekehrte.

Im Zusammenhang mit dieser Schlacht liefert uns der Dichter des *Lied von Llywarch dem Alten* eine höchst aufschlußreiche Zeile, in der er die Könige von Powys als Nachkommen von König Artus bezeichnet. Canddylan und seine Familie werden als ›Erben des großen Artus‹ beschrieben.

Die Datierung auf 850 bedeutet, daß das *Lied von Llywarch dem Alten*, anders als das *Gododdin* und die *Historia Britonum*, vielleicht den ältesten Bezug auf Artus besitzt. Es ist schließlich das älteste Zeugnis, das Artus in einem geografischen Kontext bringt – das Königreich von Powys –, und zwar Jahrhunderte bevor Geoffrey of Monmouth und die Verfasser der Ritterromane ihn im Süden oder Südwesten ansiedelten. *Das Lied von Llywarch dem Alten* erzählt, wie Cynddylan getötet und sein Königreich geplündert wird. In einer Elegie über Cynddylans Tod beschreibt der Dichter Cynddylans Schwester Heledd, die über die geplünderte Hauptstadt blickt: die Weiße Stadt. Dies ist sicherlich Viroconium, denn der Dichter beschreibt, wie Heledd von Dinlle Wrecon herunterblickt, dem Berg Wrekin, der die Stadtruinen überragt. Tatsächlich haben die letzten archäologischen Grabungen bestätigt, daß Viroconium Mitte des 7. Jahrhunderts verlassen wurde – genau die Zeit, die der Dichter beschreibt.

Diese letzte Niederlage von Cynddylan und die Plünderung von Powys geschah um 658 und ist vermutlich das Ereignis, das die *Welsh Annals* für dieses Jahr beschreiben: ›Oswy kam und plünderte.‹ Die Briten von Shropshire wurden 661 von den Angelsachsen besiegt, da die Menschen des Gebietes von Wroxeter um Viroconium in einem Steuerdokument aus Mercia, einem der angelsächsischen Königreiche, als *Wrocensaetna* erwähnt werden. Eine Furt über den Severn in der Nähe von Melverley, 15 Meilen westlich von Viroconium, wird als ›Wulfheres Ford‹ erwähnt und trägt den Namen eines Königs von Mercia, der 658 Peada ablöste.

Cynddylan muß wenige Jahre nach seinem alten Verbündeten Aethelhere von East Anglia begraben worden sein, der um 655 im Kampf gegen Oswy starb. Die Grabstätte der Könige von East Anglia wurde in Sutton Hoo in der Nähe von Ipswich gefunden. Tatsächlich ist Aethelhere wahrscheinlich der berühmte ›Mann von Sutton Hoo‹, dessen Grabstätte 1939 entdeckt wurde. Hier kam einer der reichsten Funde Europas zutage: die Reste eines angelsächsischen Schiffes mit Schmuck, Waffen und anderen Grabbeigaben, die heute restauriert im Britischen Museum in London ausgestellt sind. Nichts Vergleichbares wurde bisher in Großbritannien entdeckt, doch das *Lied von Llywarch dem Alten* könnte noch den Schlüssel zu einem solchen Ort bewahren.

Das Lied von Llywarch dem Alten nennt nicht nur die Könige von Powys ›Erben des großen Artus‹, sondern erwähnt auch die Grabstätten von Cynddylan und der Herrschaftsdynastie von Powys. Daher könnte sein größtes Geheimnis der Ort der Grabstätte von Owain Ddyntgwyn, von König Artus selbst, sein.

In einem der Monologe, dem *Canu Heldd* – das Lied von Heledd –, wird der Tod Cynddylans in seiner letzten Schlacht von seiner Schwester Heledd beklagt. Sie beschreibt, wie der Leichnam nach *Eglwyseu Bassa*, den ›Kirchen von Bassa‹ gebracht wird. Aus dem Gedicht wird deutlich, daß *Eglwyseu Bassa* schon lange eine heilige Grabstätte gewesen ist; es werden auch ›der Grabhügel von Gorwynnion‹ und andere ›grüne Gräber‹ genannt. Tatsächlich sagt einer aus Cynddylans Familie namens Llywarch (nach dem der Zyklus benannt ist) in einer zweiten Elegie über Cynddylans Tod, daß er ›den Tod von Cynddylan beklagen wird‹, bis auch er ›unter dem Hügel ruht‹.

Obwohl sich die Ereignisse, die in dem Gedicht beschrieben werden, mehr als 100 Jahre nach dem Tod von Owain Ddantgwyn zugetragen haben, liefert uns der Hinweis auf die Kirchen von Bassa einen Schlüssel für die unbekannte Grabstätte der Herrscherfamilie von Powys. Die Kirchen von Bassa lagen mit großer Wahrscheinlichkeit in der Umgebung des Dorfes mit dem heutigen Namen Baschurch, ungefähr 9 Meilen nordwestlich von Shrewsbury. Am Rande des Dorfes liegt im Marschland Berth, ein Hügel, der in uralten Zeiten befestigt war. Einst war er von Wasser umgeben, durch das zwei Dämme führten. Der eine verband den Hügel mit dem Festland, der andere führte 150 Meter nach Nordost zu einer zweiten, niedrigeren Insel, heute eine ovale Einfriedung. Von dem großen See ist heute nur Berth Pool südlich des Hügels übriggeblieben. Da das Dorf Baschurch im frühen Mittelalter offenbar nicht existiert hat, ist Berth damals wohl der einzige besiedelte Platz der näheren Umgebung gewesen; daher dürften die Kirchen von Bassa hier gestanden haben.

Wenn dies aber die Grablege der Könige von Powys war, wird auch Owain Ddantgwyn hier bestattet sein. Die letzte Ruhestätte eines Mannes wie Artus könnte kaum passender sein: einsam und unheimlich – eine vergessene Insel. War dies Avalon?

Am Berth wurde nicht viel ausgegraben. 1962/63 fand hier Peter Gelling von der Universität Birmingham Scherben aus dem 6. Jahrhundert – wahrscheinlich aus der Zeit, in der Owain lebte. 1906 hat ein Torfstecher am Entwässerungskanal des Berth Pool einen Bronzekessel entdeckt. Er war etwa 45 Zentimeter hoch und 30 Zentimeter im Durchmesser. Das Britische Museum hat ihn auf das 1. Jahrhundert datiert. Moderne Untersuchungen datieren ihn jedoch sehr viel später, auf das 6. oder das 7. Jahrhundert. Das würde bestätigen, daß Berth während der fraglichen Zeit bewohnt war.

Wozu Berth gedient hat, konnte bisher archäologisch nicht geklärt werden. Der Name verweist eher auf den religiösen Bereich. Das Wort stammt aus dem Walisischen und hat etwas mit ›heilig‹ zu tun; bis vor kurzem nannte man die ovale Einfriedung noch immer die Heilige Einfriedung. Heute kann man nicht mehr die religiöse Bedeutung von Berth im frühen Mittelalter ermessen, denn die moderne Archäologie beschränkt sich auf die Arbeit von Peter Gelling. Doch nach dem *Transcript of the Shropshire Archaeological & Historical Society* (Band XLIX, 1937/38) weist die Pluralform ›Kirchen‹ auf eine ›keltische

Ansammlung kleiner Kirchen‹ hin, die man sonst öfter in Irland findet. Vielleicht befand sich auf dem Berth einmal eine klösterliche oder religiöse Gemeinde, was die Annahme unterstützt, daß Berth die Grablege der Könige von Powys war.

Die Archäologin Lilly Chitty berichtete 1925 von einer Legende, nach der Berth eine alte Grabstätte sei: Ein Dorfschullehrer habe ihr erzählt, daß ein Prinz nach einer großen Schlacht hier begraben liegen soll. Auch andere Krieger seien hier bestattet worden.

Das Lied von Llywarch dem Alten deutet an, daß Cynddylan und seine Vorfahren irgendwo hier bestattet wurden. Aber wo? Der Berth nimmt eine Fläche von vielen Morgen ein.

1992 veröffentlichten Martin Keatman und ich in *Artus. Die Wahrheit über den legendären König der Kelten* (Heyne 19/386) unsere Theorie, daß Owain Ddantgwyn der historische König Artus ist. Darauf folgte eine heftige Kontroverse, vor allem um Berth als Grablege der Könige von Powys. Noch vor kurzem nahmen nur wenige Forscher *Das Lied von Llywarch dem Alten* ernst. Man hielt es für ein walisisches Märchen, das keine genaue historische Beschreibung der Plünderung von Powys in der Mitte des 7. Jahrhunderts enthalten könne. Nur wenige würdigten die vielen Übereinstimmungen des Gedichtes mit anderen historischen Quellen und der modernen Archäologie.

Die erste Schlacht von Cynddylan, die das Gedicht beschreibt, ist die von Maes Cogwy. Sie wird in den

Welsh Annals für das Jahr 644 angesetzt. Das Gedicht enthält auch den letzten Sieg von Cynddylan bei Caer Luitcoet, der auch in der *Angelsächsischen Chronik* erwähnt wird. Auch die Niederlage Cynddylans und die Plünderung von Powys durch Oswy, die im Gedicht beschrieben werden, sind in den *Welsh Annals* (658) und im *Tribal Hidage* aus Mercia verzeichnet. Die wichtigste Information des Gedichtes war jedoch bis vor kurzem noch gar nicht bekannt: daß nämlich Viroconium zu dieser Zeit verlassen wurde.

Das Lied von Llywarch dem Alten berichtet, daß Cynddylan der Erbe von Artus war, und unsere Forschungen haben ergeben, daß Cynddylans Vorfahre Owain Ddantgwyn der historische Artus war. Unter anderem haben die Wissenschaftler die Authentizität des *Liedes von Llywarch dem Alten* bestritten, weil es beschreibt, wie Cynddylan mit seinem Schild bestattet wurde; ihrer Meinung nach waren die Britannier von Powys Mitte des 7. Jahrhunderts bereits Christen und hätten ihre Könige nicht auf diese heidnische Weise zu Grabe getragen. Doch viele heidnischen Bräuche haben sich in frühchristlicher Zeit, ja sogar bis heute erhalten, etwa die bemalten Ostereier oder der Weihnachtsbaum, der beim Mittwinterfest ins Haus gestellt wurde. Nur wenige Menschen würden es heute für ein Sakrileg halten, diese harmlosen vorchristlichen Bräuche weiterzuführen; noch weniger vor 1300 Jahren. Cynddylan konnte sehr wohl auch als Christ mit seinem Schild begraben worden sein. Er schien jedenfalls keine Probleme damit zu haben, eine Allianz mit dem heidnischen König Penda zu bilden.

Die Wahrheit über Berth kann nur mit einer archäologischen Grabung herausgefunden werden. Leider kam dies nicht in Frage. Auch wenn wir einen bekannten Archäologen davon überzeugt hätten, daß Berth die Grablege der Könige von Powys war, hätte es für eine Ausgrabung in Shropshire keine Gelder gegeben. Es sah so aus, als sollten wir nie erfahren, was sich unter dem Berth befindet – bis ich 1994 eines Tages die Serie ›Time Team‹ auf Channel 4 sah.

Ein Fernsehteam begleitete eine Gruppe von Historikern, Archäologen und anderen Experten, die verschiedene historische Plätze besuchten, um gewisse historische Rätsel aufzuklären. Die Untersuchungen mündeten normalerweise in eine Grabung, wobei der Platz oft von einem Wissenschaftlerteam mit dem Namen ›Geophysical Surveys of Bradford‹ bestimmt wurde.

Die Geophysik ist eine hochtechnisierte und revolutionäre Wissenschaft, die in der Archäologie zu sensationellen Ergebnissen geführt hat. Um es einfach auszudrücken: Die Geophysik ermöglicht es den Archäologen, ohne zu graben, herauszufinden, was unter der Erde liegt. Allerdings braucht man dazu eine spezielle Ausrüstung. In einer Folge von ›Time Team‹ machten die Geophysiker die Fundamente einer angelsächsischen Kirche auf ihrem Computerbildschirm sichtbar – seit Jahrhunderten hatten sie unter dem Weideland verborgen gelegen. Natürlich konnte diese Technologie auch aufdecken, was sich unter dem Berth befindet. Es stellte sich jedoch bald heraus, daß die Kosten dieses hochtechnisierten Teams unsere finanziellen Mittel bei weitem überstieg.

Doch Ende 1995 bot sich die Möglichkeit, die Geophysik auf dem Berth auszuprobieren. Martin und ich wurden von Francesca Price angerufen, einer Reporterin von der bekannten ITV-Fernsehserie ›Schofield's Quest‹. Da sich die Sendung mit ungelösten Rätseln beschäftigt, schien unsere Suche nach der Grabstätte von Artus ein ideales Thema zu sein. Zusammen mit Francesca trafen wir uns mit Mike Stokes, Kustos am Rowley's House Museum in Shrewsbury, und mit Roger White, dem Archäologen von Shropshire, zuständig für die Gegend von Baschurch. Sie bestätigten, daß den Berth ein historisches Geheimnis umgebe, und waren froh, daß nun Geophysiker das Gebiet untersuchen sollten. Nachdem der Bauer, dem das Land gehörte, seine Erlaubnis gegeben hatte, stand einer Untersuchung mit neuesten elektronischen Geräten nichts mehr im Wege.

Die große Frage war: Wo sollte man beginnen? Auch wenn es im *Lied von Llywarch dem Alten* heißt, daß Berth die Grablege der Könige von Powys war, erfahren wir doch nicht die genaue Stelle. Der Hügel von Gorwynion, wo Llywarch eines Tages seine letzte Ruhe zu finden hofft, könnte überall sein, ebenso die anderen ›grünen Gräber‹. Doch der Dichter gibt uns bei der Beschreibung von Cynddylans

Begräbnis eine Reihe von Anhaltspunkten. Nach Cynddylans Tod betrachtet seine Schwester Heledd die Grabstätte, während sie über seinen Tod klagt:

> Die Kirchen von Bassa sind heute nacht seine Ruhestätte [...]
> Ich werde trauern, bis ich mein Eichengrab betrete ...
> Ich werde trauern, bis ich meine stille Eiche betrete ...
> Ich werde trauern, bis ich die feste Erde betrete ...
> Ich werde trauern, bis ich die kreisenden Stangen betrete ...
> Ich werde Klagen, bis ich die Oberfläche des Feldes betrete ...
> Ich werde klagen, bis ich Travail's Acre betrete ...

Die Kirchen von Bassa, ›seine Ruhestätte‹, wurden bereits als der Berth identifiziert. Heledd erzählt, wie sie um ihren Bruder trauern will, bis auch sie in ihr ›Eichengrab‹, ihre ›stille Eiche‹ in der ›festen Erde‹ gelegt wird. Dies bezieht sich vermutlich auf ein Begräbnis in einem ausgehöhlten Eichenstamm, wie es in nachrömischer Zeit üblich war. Heledd hofft, eines Tages mit ihrem Bruder begraben zu werden, und wir erfahren, wo dies ist: innerhalb eines Kreises von Stangen, die ein Feld mit dem Namen Travail's Acre umgeben. Im 7. Jahrhundert, als Cynddylan begraben wurde, bestand der Berth aus zwei Inseln in einem See, die durch einen Kiesdamm verbunden waren: Berth Hill und die kleinere ovale Einfriedung, die von einem Erdwall umgeben war; dieser wiederum war – nach allem, was man aus dem frühen Mittelalter weiß – von einer Holzpalisade gekrönt. Sind die kreisenden Stangen also Palisadenpfähle? Innerhalb der Einfriedung befindet sich ein Feld, das ungefähr einen ›acre‹ (Morgen) groß ist. Könnte dies Travail's Acre sein?

Da es keine Stelle in der Umgebung von Berth gibt, die der Beschreibung so genau entspricht, waren wir sicher, daß die ovale Einfriedung die Grabstätte von Cynddylan sein mußte. Wenn Cynddylans Grab hier noch ungestört lag, müßten es die Geophysiker orten können.

Das Team – John Gater, Dr. Susan Ovenden, Dr. Clare Adam und Clare Stephens – brachte drei Geräte zum Einsatz: ein Protonenmagnetometer, das jede magnetische Abweichung im Boden mißt und metallene Objekte ortet, einen Widerstandsmesser, der Strom durch den Erdboden schickt und jede Veränderung des elektrischen Widerstandes mißt, schließlich das modernste Gerät, das Ground Sensing Radar, das ein dreidimensionales Abbild von dem liefert, was tief unter der Erde liegt.

Die Prozedur dauerte einen ganzen Tag. Das Fernsehen filmte, und Schauspieler Brian Blessed moderierte und interviewte Martin, mich und Roger White. Während ich den Geophysikern zusah, die im Regen arbeiteten, fragte ich mich, ob wir nicht doch Gespenstern nachjagten. Niemand schien etwas Besonderes zu entdecken. Doch beim Mittagessen im Verpflegungsbus herrschte aufgeregte Stimmung. Offenbar hatten die Wissenschaftler etwas von großem Interesse gefunden. Leider wollten sie nichts sagen, bis sie am Nachmittag das Radarbild gesehen und alle Daten in den Computer eingegeben hatten. Am späten Nachmittag hörte der Regen auf, die Sonne kam heraus, und die Geophysiker waren bereit, unsere Fragen zu beantworten. Der Bauer, seine Frau und ihre zwei Söhne waren gekommen und hörten mit uns zu, als Brian Blessed den Leiter des Teams, John Gater, interviewte.

Der Geophysiker erklärte, sie hätten Hinweise dafür gefunden, daß zwei Holzgebäude und ein größeres Steingebäude auf diesem Platz gestanden hätten, die aus dem frühen Mittelalter stammen könnten. War es aber eine Grabstätte? Obwohl die Erde alle Knochen aufgelöst hatte, konnte genau in der Mitte der Einfriedung eine etwa 2 Meter tiefe kreisrunde Grube entdeckt werden, vielleicht eine Grabanlage, wie man sie aus nachrömischer Zeit kennt. Noch bemerkenswerter war, daß man in der Mitte der Grube ein rhombusförmiges Stück Metall entdeckt hatte, vermutlich der mittlere Buckel eines antiken Schildes. Die Zuhörer hielten die Luft an: Es konnte tatsächlich das Grab eines bedeutenden Stammesfürsten aus dem 6. oder dem 7. Jahrhundert sein.

War dies das Grab von Cynddylan? Das Gedicht hatte nicht nur die genaue Lage von Cynddylans Grab angegeben, sondern auch behauptet, daß Cynddylan mit seinem Schild begraben worden sei.

Das Gedicht hatte also wieder recht behalten. Es war korrekt bei den Angaben zu Schlachten, historischen Persönlichkeiten, zur Aufgabe von Viroconium und nun offenbar auch zur Grabstätte von Cynddylan. Warum sollten seine Angaben über die Gräber von Cynddylans Vorfahren nicht zutreffen, die ebenfalls hier liegen sollen? Die Folgen für die Suche nach Artus waren bemerkenswert: Owain Ddantgwyn, der historische Artus, war Cynddylans direkter Vorfahre. Es war nun noch wahrscheinlicher als je zuvor, daß auch er im Berth bestattet wurde. Die Untersuchung der Geophysiker hatte ergeben, daß es offenbar nur ein Grab in Travail's Acre gab. Vielleicht fand Cynddylan als letzter König, der hier begraben wurde, bevor die Gegend an die Angelsachsen fiel, in einem Teil seine letzte Ruhe, der vormals wichtigen religiösen Zeremonien vorbehalten war. Die anderen Gräber könnten daher auf der größeren Insel zu finden sein, auf Berth Hill.

Alle historischen und archäologischen Zeugnisse verweisen auf Owain Ddantgwyn als den mächtigsten britischen König in jener Zeit, in der Artus der mächtigste König in Britannien gewesen sein soll. Von Gildas, der sich noch an diese Zeit erinnern konnte, erfahren wir, daß Owain Ddantgwyn den Namen ›Bär‹ trug, das britische Arth, aus dem sich der englische Name Arthur entwickelt hat. Schließlich berichtet *Das Lied von Llywarch dem Alten*, das früheste bekannte Manuskript, das einen geografischen Zusammenhang liefert, daß Artus König von Powys war. Da nach der historischen Sachlage

Owain Ddantgwyn zur Zeit von Badon König von Powys war, kann der historische Artus, wenn das Gedicht recht hatte, kein anderer als Owain Ddantgwyn sein. Indem die geografische Untersuchung des Berth die Authentizität des *Liedes von Llywarch dem Alten* bestätigt hat, wurde damit geradezu der wissenschaftliche Beweis für die Existenz des historischen Artus geliefert.

Da nun eine wichtige Grabstätte aus dem frühen Mittelalter im Berth nachgewiesen ist, wird eine vollständige archäologische Ausgrabung folgen, wobei vielleicht die irdischen Überreste der geheimnisvollsten Figur der britischen Geschichte ans Licht kommen: König Artus.

Teil II

Die Suche nach dem Heiligen Gral

9

DIE GRALSDICHTUNGEN

Nachdem wir einen historischen Überblick über das frühe Mittelalter gewonnen haben sowie über Lebenszeit und -ort von Artus, wenden wir uns nun dem Hochmittelalter zu und der Entstehung der Gralsdichtungen. Wir haben gesehen, wie Geoffrey of Monmouth und andere Autoren des 11. und des 12. Jahrhundert das Leben von Artus aus dunkel erinnerten Ereignissen literarisch neu geschaffen haben. Wurden die zeitgenössischen Gralsromane auf ähnliche Weise zusammengestellt?

Die ursprünglichen Gralsdichtungen bestanden aus acht Geschichten, die zwischen 1190 und 1220 geschrieben wurden. Auch wenn die Suche nach dem Gral in vielen späteren Artusromanen wieder auftaucht und schließlich im späten 15. Jahrhundert in der berühmtesten Version von Thomas Malory gipfelt, müssen wir die Untersuchung der frühesten Versionen beginnen. Der ersten Geschichte, Chrétiens de Troyes *Le Conte del Graal*, um 1190 geschrieben, folgten nach etwa zehn Jahren zwei sogenannte Fortsetzungen seiner unvollendeten Geschichte, die von anonymen Autoren verfaßt wurden. Robert de Borons Roman von der Geschichte des Gral ist um 1200 entstanden; ebenso ein französischer Roman eines unbekannten Verfassers: *Didcot Parzival*. Das deutsche Epos *Parzival* des Dichters Wolfram von Eschenbach wurde 1205 geschrieben. Eine überarbeitete Version von *Didcot Parzival* mit dem Titel *Perlesvaus* sowie zwei Gralsgeschichten aus dem Lancelot-Gral-Zyklus waren die letzten Versionen und erschienen um 1220.

Chrétiens *Le Conte del Graal*

Le Conte del Graal, der letzte von Chrétiens fünf Artusromanen, die zwischen 1170 und 1190 entstanden, blieb durch seinen Tod unvollendet. In seiner Einleitung schreibt Chrétien, daß er die Geschichte von seinem Schirmherren Graf Philipp von Flandern in Form eines Buches erhalten habe, bevor dieser sich einem Kreuzzug anschloß.

Der Held wird als ›Parzival von Wales‹ eingeführt. Er ist ein munterer junger Mann, der von seiner verwitweten Mutter in einem Wald von Snowdonia aufgezogen wurde. Er reist an den Artushof und läßt sich zum Ritter ausbilden, doch wegen seiner Naivität lehrt ihn sein Meister Gornemant, stets den Mund zu halten und keine Fragen zu stellen. Nach der Ausbildung macht sich Parzival auf den Heimweg, um seine Mutter zu besuchen. Doch auf der Reise trifft er zwei Fischer, die ihn zu einer geheimnisvollen Burg führen. Dort wird er zu einem Bankett zu Ehren des Burgherren, des Fischerkönigs, eingeladen. Dabei wird er Zeuge einer seltsamen Prozession, bei der er den Gral erblickt:

> Während sie sich über dies und das unterhielten, trat ein Knappe aus einem Zimmer. Er trug eine weiße Lanze in der Mitte des Schaftes [...] Alles Anwesenden umfaßten die Lanze und die weiße Spitze, von der ein roter Blutstropfen über die Hand des Knappen rann [...] [Parzival] sah dieses Wunder, doch er fragte nicht, was dies zu bedeuten habe [...] er fürchtete, für unhöflich gehalten zu werden.

Kurz darauf

> kam eine Dame mit den Knappen herein und hielt zwischen ihren Händen einen Graal [Schreibweise Chrétiens]. Sie war wunderschön, anmutig und herrlich geschmückt, und als sie mit dem Graal in den Händen eintrat, erstrahlte ein solch helles Licht, daß alle Kerzen ihre Leuchtkraft verloren, wie die Sterne, wenn der Mond oder die Sonne aufgehen.

Später wird der Gral genauer beschrieben:

[Er war aus] reinem Gold und mit vielen kostbaren Steinen besetzt – die schönsten und kostbarsten, die im Meer oder in der Erde existieren.

Obwohl Parzival voller Verwunderung über die Geschehnisse ist, erinnert er sich daran, was sein Meister ihn gelehrt hat, und fragt seinen Gastgeber nicht nach dem Gral. Dann verläßt er die Burg, kann sie später aber nicht wiederfinden. Schließlich trifft er einen Eremiten, der Parzival die Bedeutung des Gesehenen auf der Burg erklärt. Er sagt auch, daß es töricht von Parzival war, nicht nach dem Gral gefragt zu haben:

> Groß war Eure Torheit, nicht danach zu fragen, wem der Graal diente. Der Fischerkönig ist mein Bruder; und seine und meine Schwester ist deine Mutter. Und glaube mir, daß der Fischerkönig der Sohn des Königs ist, der bestimmte, daß der Graal ihm diente. Doch glaube nicht, daß er daraus einen Hecht oder ein Neunauge oder einen Lachs hervorholt. Der heilige Mann lebt und erfrischt sein Leben nur mit einer einzigen Hostie. So heilig ist der Graal, und so vergeistigt ist er selbst, daß er nichts anderes braucht als die Hostie aus dem Graal. Fünfzehn Jahre lang lebt er nun schon so, ohne das Zimmer zu verlassen, in dem der Graal aufbewahrt wurde.

Parzival ist, ohne es zu wissen, der Enkel des Fischerkönigs und wird deshalb den Gral erben. Doch dazu muß er die richtigen Fragen stellen. Das unvollendete Werk verwirrt uns: Was genau ist der Gral? Chrétien beschreibt ihn nicht weiter, außer er sei aus Gold und mit kostbaren Steinen geschmückt. Viele Fragen bleiben offen, die zwei unbekannte Autoren zehn Jahre nach Chrétiens Tod zu beantworten versuchen.

Die erste Fortsetzung

Die erste Fortsetzung wurde um 1190 von einem unbekannten Autor in Altfranzösisch verfaßt. Darin übernimmt Gawain die Rolle des Helden, der in der Burg den Gral sieht. Dabei erfahren wir weitere Einzelheiten über die Reliquie, die in mancher Hinsicht noch mehr verwirren:

> Dann sah Gawain, wie der herrliche Gral zur Tür hereinkam, der den Rittern diente und vor jeden ein Brot legte. Er übte auch das Amt des Dieners aus, schenkte Wein ein und füllte große Becher aus feinem Gold und deckte den Tisch damit. Sobald er das getan hatte, stellte er das Essen in großen silbernen Schüsseln auf jeden Tisch. Gawain beobachtete alles und wunderte sich darüber, wie reich der Gral sie alle bewirtete. Er wunderte sich besonders darüber, daß kein anderer Diener anwesend war […]

Wir wissen immer noch nicht, was der Gral sein soll, außer daß er im Zimmer herumzuschweben scheint und Essen austeilt. Immerhin erfahren wir seine Geschichte:

> Es stimmt, daß Joseph ihn herstellen ließ: Joseph von Arimathia, der den Herrn Zeit seines Lebens so sehr liebte, daß er am Tag, als jener gekreuzigt wurde zur Erlösung der Sünder, mit dem Gral nach Golgatha kam, wo Gott gekreuzigt wurde [...] Er stellte ihn sogleich unter seine Füße, die naß von Blut waren, das an jedem Fuß herunterlief, und sammelte soviel wie möglich in diesen Gral aus feinem Gold.

Seltsamerweise taucht in dieser Geschichte ein zweiter Gegenstand auf, der auch als Gral bezeichnet wird. Diesmal wird uns genau erklärt, was es ist. Als Joseph schließlich Palästina verläßt, wird er von einem Freund namens Nikodemus begleitet, der den zweiten Gral bei sich trägt:

> Nikodemus hatte einen Kopf nach dem Vorbild des Herrn geschnitzt, wie er ihn am Kreuz gesehen hatte. Doch ich bin sicher, daß der Herrgott seine Hände dabei gelenkt hat, wie man sagt; denn nie hat jemand so etwas gesehen, noch konnte es von Menschenhand vollbracht werden. Die meisten von euch, die in Lucca waren, kennen ihn und haben diesen Gral gesehen [...]

Nachdem sie diesen geschnitzten Kopf – den zweiten Gral – in Lucca gelassen haben, machen sich Joseph und seine Begleiter auf eine lange Reise.

> Joseph und seine Begleiter hißten die Segel und bestiegen sogleich das Boot und beendeten ihre Reise nicht eher, bis sie das Land erreichten, das Gott Joseph versprochen hatte. Der Name des Landes war das Weiße Land.

Dieses Land, so erfahren wir, liegt irgendwo in Britannien. Als Joseph stirbt, bestimmt er, daß der ursprüngliche Gral – mit dem er das Blut von Jesus aufgesammelt hatte – im Besitz seiner direkten Nachkommen bleiben soll.

> Am Ende seines Lebens betete er darum, daß seine Nachkommen durch den Gral erleuchtet würden. Und so geschah es; es ist die reine Wahrheit. Denn nach seinem Tod besaß ihn kein Mann auf der Welt, gleich welchen Alters, wenn er nicht von Joseph abstammte. In Wahrheit war der Fischerkönig ein Nachkomme von ihm sowie alle seine Erben und, wie man sagt, auch Guellans Guenelaus und sein Sohn Parzival.

Die erste Fortsetzung hält den Fischerkönig und Parzival für direkte Nachkommen des Joseph von Arimathia, während der Gral (oder zumindest einer von beiden) einst das Blut Christi enthielt. Keines dieser

Motive wurde von Chrétien eingeführt. Daher könnte der Autor eine weitere Quelle zu Rate gezogen haben, vielleicht sogar dasselbe Buch, das Chrétien von seinem Schirmherren erhielt. Oder war es eine reine Erfindung?

Robert de Borons
Geschichte des Heiligen Gral

Boron ist ein französisches Dorf in der Nähe von Montbéliard an der Schweizer Grenze, wo der Autor unter der Schirmherrschaft des Kreuzritters Gautier de Montbéliard schrieb. Da Gautier im Jahr 1199 nach Italien reiste, um an einem Kreuzzug teilzunehmen, auf dem er aber starb, dürfte Roberts Versroman in dieser Zeit entstanden sein (in seiner Widmung erwähnt er die Abreise Gautiers). Anders als die Verfasser der zwei Fortsetzungen behauptet Robert, für seine Gralsgeschichte eine ganze andere Quelle als Chrétien benutzt zu haben, nämlich ein Buch, in das bedeutende christliche Kleriker ›ihre Geschichte und die großen Geheimnisse geschrieben haben, die man den Gral nennt‹.

Zum erstenmal erfahren wir genauere Einzelheiten über Aussehen und Ursprung der Reliquie, die Robert ›den Heiligen Gral‹ nennt. Joseph, ein geheimer Anhänger Jesu, verbündet sich nach der Kreuzigung mit einem anderen Bekehrten namens Nikodemus, einem römischen Offizier, der bei Jesus' Tod dabei ist. Gemeinsam gehen sie zu Pilatus, den sie bitten, den Leichnam von Jesus ordentlich bestatten zu dürfen. Sie erhalten die Erlaubnis und den Kelch, der beim letzten Abendmahl verwendet wurde – den Heiligen Gral.

Mit dem Gefäß fängt Joseph einige Blutstropfen von Jesus auf, bevor er und Nikodemus ihn in das Grab legen. Als die Juden am dritten Tag nach der Kreuzigung entdecken, daß der Leichnam fehlt, beschuldigen sie Joseph des Diebstahls, werfen ihn ins Gefängnis und konfiszieren den heiligen Kelch. Dort erscheint Joseph der auferstandene Jesus in strahlendem Licht, gibt ihm den Gral zurück und überträgt ihm die Verantwortung für die Reliquie. Jesus unterrichtet Joseph, wie die Messe gelesen werden soll und daß das Gefäß von nun an der ›Kelch‹ genannt werden soll. Seltsamerweise nennt ihn Robert weiterhin Gral.

Joseph wird nach Zerstörung des Tempels und der Plünderung Jerusalems durch die Römer im Jahr 70 n. Chr. befreit und flieht mit seinem Schwager Bron nach Britannien. Bron hat einen Sohn namens Alain, und dessen Sohn ist Parzival. Jeder dieser drei Männer wird nacheinander Fischerkönig genannt – als geheimer Titel für den, der den Gral besitzt und beschützt. Robert liefert uns nicht nur eine vollständige Geschichte des Grals und beschreibt, was er ist, sondern erklärt auch die Herkunft des Wortes: Es stamme vom altfranzösischen *agree*, was soviel bedeute wie erfreuen oder befriedigen, denn der Kelch spende geistige Erfrischung.

Seine zeitliche Einordnung ist jedoch verwirrend.

Wenn Parzival der Enkel von Bron ist, dem Zeitgenossen von Joseph im Palästina des 1. Jahrhunderts, wie kann er dann in der Artuszeit des 5. Jahrhunderts leben, in der Robert Parzival ansiedelt? Die Antwort gibt der nächste Romanautor, der unbekannte Dichter des *Didcot Parzival*, welcher Bron unsterblich werden läßt. Zur Zeit des Parzival ist Bron wegen der Verjüngungskräfte des Grals bereits Jahrhunderte alt.

Didcot Parzival

Der Prosaroman *Didcot Parzival* ist um 1200 entstanden. Er liegt in zwei Handschriften vor, die ältere befindet sich in der Nationalbibliothek in Paris. (Das Wort ›Didcot‹ hat nichts mit dem Autor zu tun, sondern ist der Name eines ehemaligen Besitzers dieses Manuskriptes: Firmin Didcot.)

Das Manuskript beginnt mit einer Prosaversion des Werkes von Robert de Boron, weswegen man es zunächst für die Prosaabschrift eines verlorenen Gedichtes von Robert de Boron gehalten hat. Doch nach Untersuchungen des Stils scheint es nun klar, daß der *Didcot Parzival* aus einer ganz anderen literarischen Quelle stammt. In der Einleitung behauptet der Autor sogar, er habe eine authentischere Quelle als seine Vorgänger entdeckt, unter ihnen auch Chrétien de Troyes, der Urheber der Gralsromane:

Doch davon spricht dieser Chrétien de Troyes nicht, noch die anderen, die von ihm abgeschrieben haben, um ihre Reime wohlklingend zu machen. Aber wir erzählen nur so viel, wie in der Geschichte vorkommt und wie Merlin von Blayse, seinem Meister, schreiben ließ [...] Und er sah und kannte die Abenteuer, die Parzival jeden Tag erlebte, und ließ sie von Blayse niederschreiben, damit edle Männer, die sie hören wollten, darüber sprechen konnten. Nun erfahret, was wir in den Schriften finden, die Blayse uns gibt, genau wie Merlin es ihn niederschreiben und berichten ließ.

Die Geschichte soll also ursprünglich von einem gewissen Blayse aufgeschrieben worden sein. Sie beginnt damit, daß Merlin Artus den Ursprung der Tafelrunde erklärt:

Sie wurde gemacht wie der Tisch, an dem unser Herr an dem Donnerstag saß, als er sagte, daß Judas ihn verraten würde. Und der Tisch wurde auch nach jenem des Joseph gebaut, welcher für den Gral vorbereitet wurde, als Joseph die Guten von den Bösen schied. Nun sollst du wissen, daß es zwei Könige in Britannien gab, die Priester und Kaiser von Rom waren. Und du sollst auch wissen, daß es in Britannien einen dritten König geben wird, der Priester und Kaiser ist [...] Doch bevor du so edel und so kühn sein wirst, ist es nötig, daß die Tafelrunde wieder durch dich erhoben wird [...]

Es geschah vormals, daß der Gral Joseph übergeben wurde, als er im Gefängnis saß, wo er ihn durch unseren Herrn selbst erhielt. Und als dieser Joseph aus dem Gefängnis kam, zog er in eine Wildnis, und viele der Menschen aus Judäa mit ihm [...]

Also machte unser Herr in Wahrheit den ersten Tisch, und Joseph machte den zweiten, und ich, in der Zeit von Uther Pendragon, deinem Vater, ließ den dritten machen, der immer noch erhaben sein wird [...] Wisse also, daß der Gral in die Hände von Joseph gegeben wurde und Joseph ihn bei seinem Tod an seinen Schwager vererbte, der den Namen Bron trug. Und dieser Bron hatte zwölf Söhne, und einer von ihnen hieß Alain li Gros. Und der Fischerkönig bestimmte ihn zum Beschützer seiner Brüder. Dieser Alain kam aus Judäa in dieses Land, wie unser Herr ihm befohlen hatte [...]

Merlin berichtet weiter, daß Bron, der Fischerkönig, seit der Zeit Jesu lebe, nun krank sei und immer krank bleiben werde, ohne zu sterben, bis ein edler Ritter der Tafelrunde zu seiner Burg reise und frage:

Was hat der Gral gespendet und was spendet er – dann wird der Fischerkönig sogleich geheilt sein. Und dann wird er ihm die geheimen

Worte unseres Herrn sagen und vom Leben zum Tode wechseln, und dieser Ritter wird das Blut Jesu bewachen [...]

Parzival ist als Enkel Brons für diese Suche auserwählt, um den Fischerkönig zu heilen. Doch niemand weiß, wo Brons Burg liegt – auch Parzival nicht. Nach vielen Abenteuern entdeckt Parzival schließlich die Burg und wird von seinem Großvater willkommen geheißen. Wie in den vorangegangenen Romanen folgt auch hier ein Bankett.

Gerade als sie sich setzten und der erste Gang serviert wurde, sahen sie eine kostbar gekleidete Dame aus einem Zimmer kommen, die ein Handtuch um ihren Hals und in ihren Händen zwei kleine Silberteller trug. Und hinter ihr kam ein Jüngling mit einer Lanze, und drei Blutstropfen fielen von ihrer Spitze; und sie betraten vor Parzival ein Zimmer. Und danach kam ein Jüngling, und er trug zwischen seinen Händen den Kelch, den der Herr Joseph im Gefängnis überreicht hatte, und er trug ihn sehr hoch über seinem Kopf. Und als der König dies sah, verbeugte er sich, bevor er sein *mea culpa* sprach, und all die anderen des Hauses machten es ihm nach. Als Parzival dies sah, wunderte er sich sehr, und er hätte gern etwas darüber gefragt, hätte er nicht befürchtet, seinen Gastgeber zu verärgern.

Parzival stellt keine Frage über den Gral. Er ist müde von der Reise und schläft ein. Als er aufwacht, ist die Burg leer. Als er die Burg verläßt, trifft er eine Dame, die ihm erklärt:

> Du bist im Haus des Fischerkönigs, deinem Großvater, gewesen und hast den Kelch gesehen, in dem das Blut unseres Herrn ist – welcher der Gral genannt wird –, und du hast ihn dreimal an dir vorbeigehen sehen, doch du hast niemals danach gefragt [...]

Wie bei Chrétien kann Parzival die Gralsburg nicht wiederfinden, bis er sich als würdiger Ritter erwiesen hat. Hier hat er jedoch schließlich Erfolg. Parzival erbt nicht nur den Gral, sondern erfährt auch ›die geheimen Worte, die Joseph lehrte‹, vermutlich dieselben geheimen Worte Jesu, die von Merlin im einleitenden Absatz erwähnt werden.

Wenige Jahre später entstand der erste deutsche Gralsroman: der *Parzival* von Wolfram von Eschenbach.

Wolframs *Parzival*

Die Artusgeschichte wurde um 1200 in Deutschland von zwei Versepen aufgegriffen: *Erec* und *Iwein*, beide von Hartmann von Aue. Etwa ein Jahr später, um 1205, schrieb der einflußreiche deutsche Dichter Wolfram von Eschenbach seinen epischen Gralsroman *Parzival*, der später in Wagners Oper *Parsifal* Unsterblichkeit erlangte. Er ist im wesentlichen eine Bearbeitung von Chrétiens *Le Conte del Graal*, obwohl Wolfram viele weitere Einzelheiten einfügt, die nicht aus Chrétiens unvollendetem Werk stammen. Im *Parzival* ist der Gral weder Tablett noch Kelch, noch ein Kopf, sondern ein magischer Stein mit dem Namen *lapsit excillis* (vom lateinischen lapis exilis = kleiner Stein). Nach Wolfram hat Gott mit diesem Stein die Engel verbannt, die ihn in seinem Kampf mit Luzifer nicht unterstützten.

Im *Parzival* ist der Stein im Besitz eines Adelsgeschlechts, das ihn beschützen soll. Als Gegenleistung erhalten sie auf magische Weise herrlichste Speisen und Getränke. Außerdem besitzt der Stein Heilungskräfte und erhält das Leben seiner Hüter. Der Gral liegt in einer uneinnehmbaren Burg und wird von Rittern bewacht, die als Kinder auserwählt werden, indem ihre Namen auf dem Stein erscheinen.

Der Gralskönig ist Anfortas, der an einer geheimnisvollen Wunde dahinsiecht. Doch wegen des Grals kann er nicht sterben. Seine einzige Hoffnung auf Befreiung von den Schmerzen seines lebendigen Todes ist, einen Mann zu finden, der seinen Platz einnimmt. Da erscheint eine Botschaft auf dem Stein: Des Königs Erbe, der Sohn seiner Schwester Herzeloyde, komme bald auf die Burg. Doch nur wenn dieser die richtigen Fragen stelle, wird er sich seiner Nachfolge als würdig erweisen.

Anfortas' Neffe und Erbe ist niemand anderer als Parzival (die deutsche Schreibweise von Perceval), auch wenn er in Unkenntnis seiner Abstammung aufgewachsen ist. Als er auf die Burg kommt, wird er Zeuge derselben Prozession wie Parzival bei Chrétien, obwohl der Gral nun ein Stein ist. Nachdem Parzival es versäumt, die richtigen Fragen zu stellen, geht er weg und verbringt den Rest der Geschichte damit, als einer von Artus' Rittern Weisheit zu erlangen. Schließlich kehrt er zur Gralsburg zurück und erweist sich als würdiger Nachfolger.

Außer der äußeren Erscheinung des Grals gibt es noch einige andere Unterschiede zwischen Wolframs Werk und denen seiner Vorgänger. So heißt der Hüter des Grals beispielsweise Anfortas und nicht Bron, und die Krieger, die die Burg bewachen, sind keine Artusfiguren, sondern Tempelritter. Woher stammt diese Geschichte? Glücklicherweise nennt uns Wolfram seine Quelle. In seinem Epilog sagt er über Chrétiens *Le Conte del Graal*, daß dessen Verfasser eine andere Quelle nicht berücksichtigt habe. Seine eigene Darstellung fuße auf einem arabischen Manuskript, das sein Freund Kyot in Toledo, Spanien, entdeckt habe.

Wenn das stimmt, dann würde die Gralssage aus dem arabischen Kulturkreis stammen. Kreuzritter könnten sie übernommen und nach Europa gebracht haben. Das ist auf den Kreuzzügen häufig vorgekommen: Die Ritter griffen eine arabische Erzählung auf und veränderten sie, indem sie die handelnden Personen austauschten: Anstelle der arabischen Protagonisten traten Helden des europäischen Mittelalters. Doch mit seiner Behauptung steht Wolfram allein unter den mittelalterlichen Gralsautoren.

Perlesvaus

Auch *Perlesvaus* ist eine altfranzösische Gralsgeschichte. Ihr Titel bedeutet ›der enterbte Parzival‹. Der unbekannte Autor behauptet, daß er die Geschichte aus einem lateinischen Werk in einem ›heiligen Haus auf der Insel Avalon in den Abenteuersümpfen‹ übersetzt habe. Wo dies sein soll, erwähnt er nicht. Ansonsten ähnelt die Erzählung dem *Didcot Parzival*; sie geht vermutlich auf dieselbe Quelle zurück.

Erzählt wird, wie Gawain einen Einsiedler trifft, der viel jünger scheint, als er tatsächlich ist, weil er ›lange in der Kapelle des Grals gedient hat, wo der Gral aufbewahrt wird‹. Geführt von dem Eremiten, findet Gawain die Gralsburg und wird vom Fischerkönig als Ehrengast zu einem Fest geladen. Um den Gral zu sehen, muß sich Gawain jedoch als würdig erweisen, indem er vom heidnischen König Gurgaran ein Schwert erlangt, mit dem einst Johannes der Täufer enthauptet wurde. Auf Gurgarans Burg erfährt er, daß er das Schwert nur erhält, wenn er Gurgarans Sohn von einem Riesen befreit. Schließlich wird der Riese getötet, während er durch eine Partie Schach abgelenkt wird. Und Gawain kehrt mit dem abgeschlagenen Kopf des Riesen zu Gurgaran zurück. Dann bringt er das Schwert zur Gralsburg und legt es zu einer Reihe anderer heiliger Reliquien in die Gralskapelle. Dann erblickt Gawain den Gral:

Da traten zwei Damen aus einer Kapelle. Eine hielt den allerheiligsten Gral in ihren Händen, die andere die Lanze, aus der von der Spitze Blut hineintropfte [...] Ein so süßer und heiliger Duft umgab die Reliquien, daß sie zu essen vergaßen. Herr Gawain blickte zum Gral, und es schien ihm, als sei in seinem Inneren noch ein Kelch, obwohl dort keiner war.

Beim zweiten Erscheinen des Grals hat Gawain eine andere Vision:

Dann traten zwei Damen aus der Kapelle und traten wieder vor Gawain, und er schien drei Engel zu sehen, wo er vorher nur zwei gesehen hatte, und in der Mittel des Grals die Umrisse eines Kindes.

Der Gral wird zum drittenmal gebracht, und wieder hat Gawain eine Vision:

Dann traten die Damen wieder vor den Tisch, und es schien Gawain, es seien drei [...] Er blickte auf, und dort erschien in der Luft ein Mann an ein Kreuz genagelt, und ein Speer stak in seiner Seite.

Gawain versäumt es, die richtigen Fragen zu stellen, womit seine Gralssuche fehlgeschlagen ist. Parzival übernimmt die Herausforderung. Er muß sich würdig erweisen, indem er die Götzendiener eines goldenen

Ochsen erschlägt. Schließlich betritt Parzival mit magischer Hilfe seines Onkels Pelles die Burg und sieht den Gral in der Kapelle, wo er mit dem Schwert, das Gawain gewonnen hat, einer Glocke Salomons und ›anderen Reliquien in großer Menge‹ aufbewahrt wird.

In der Kapelle vernimmt Parzival eine Stimme, die ihm sagt, daß die Reliquien unter den Mönchen der Klöster und Kirchen der Umgebung verteilt werden müssen und daß:

> der Heilige Gral hier nicht mehr erscheinen wird, doch in kurzer Zeit werdet Ihr wissen, wo er ist.

Schließlich segelt Parzival zu einer geheimnisvollen Insel und überläßt Joseph, dem Sohn von König Pelles, die Herrschaft über die Burg an seiner Statt. Wir erfahren nicht, wo die Gralsburg ist, nur daß sie irgendwo in Wales steht, da zwei walisische Ritter viele Jahre später ihre Ruinen entdecken.

Der *Lanzelot-Gral-Zyklus*

Der um 1220 entstandene große Gesamtzyklus um Lanzelot (Lancelot) ist auch unter den Namen ›Vulgate‹ und ›Grand Saint Graal‹ bekannt. Er enthält zwei Gralsromane unbekannter Verfasser: *Lancelot du lac ou Lancelot propre* kurz *Lancelot* und *Queste del saint Graal*.

Im *Lancelot* wird berichtet, wie fünf Artusritter bei ihrer Gralssuche versagen, während in der *Queste* Parzival schließlich Erfolg hat. Vieles stammt aus Dichtungen, die wir bereits kennen. Es gibt jedoch zwei zusätzliche Motive von Interesse. Einmal liegt hier die Gralsburg in der Nähe von Le Velle Marche – ›das alte Grenzland‹. Zum andern gibt es offenbar zwei Grale, wie in der ersten Fortsetzung. In der Einleitung zu *Lancelot* heißt es:

Am Abend vor Karfreitag [...] lag Artus in seiner Hütte in einer der wildesten Regionen von Weißbritannien und zweifelte an der Dreieinigkeit. Da erschien ihm Christus und gab ihm ein kleines Buch, nicht größer als seine Handfläche, das all seine Zweifel beenden sollte. Er, Christus, hatte es selbst geschrieben, und nur der, der durch die Beichte und das Fasten gereinigt war, konnte es lesen. Am folgenden Morgen öffnete er das Buch, es begann mit den Worten: Dies ist das Buch deiner Herkunft. Hier beginnt das Buch des Heiligen Grals.

Der Gral wird hier als Buch aufgefaßt – ein Buch, das Jesus selbst verfaßt hat. Später wird er allerdings anders beschrieben:

Er ähnelte einem Kelch [...] Gawain betrachtete das Gefäß und achtete ihn hoch in seinem Herzen, auch wenn er nicht wußte, was er wert war; denn er war nicht aus Holz oder aus irgendeinem Metall; noch war er aus einem Stein oder aus Horn oder aus Knochen [...] Dann betrachtete er die Jungfrau und wunderte sich noch mehr über ihre Schönheit als über die Wunder des Gefäßes.

Im *Lancelot-Gral-Zyklus* stoßen wir auf den letzten wichtigen Gralsroman. Ein oder zwei andere erschienen vor Ende der 30er Jahre des 13. Jahrhunderts, wie etwa die Romane der französischen Dichter Gerbert und Maessier. Doch sie haben der Geschichte keine neuen Stoffe oder Themen hinzugefügt. Obwohl andere Gralsromane folgten – die berühmteste Version ist Thomas Malorys *Le Morte Darthur*, waren es im Grunde Neufassungen der ersten acht Dichtungen. Keiner der späteren Autoren konnte überzeugend behaupten, irgendein bislang unbekanntes, älteres Dokument benutzt zu haben, wie es die frühen Verfasser getan haben. Doch auch diese frühesten Überlieferungen können nicht die ursprüngliche Gralssage wiedergeben, da sie alle von kontinentaleuropäischen Autoren verfaßt wurden (vor allem in Frankreich), obwohl sie stets in Britannien spielen und von britischen Helden handeln. Das spricht dafür, daß der Stoff ursprünglich aus einer britischen Überlieferung stammt. Mit anderen Worten: Es gab wahrscheinlich mindestens einen – heute verlorenen – Gralsroman, auf dem sie alle späteren Gralsdichtungen aufbauten. Woher also stammt die Gralssage wirklich?

10

KETZEREI IM WEISSEN LAND

Ende des 12. Jahrhunderts war die Gralssage weit verbreitet; die Verfasser der Ritterromane benutzten unterschiedliche Quellen aus ganz Europa – von den Schweizer Alpen bis nach Südspanien. Das bedeutet, daß die Sage lange Zeit vor den Dichtungen existiert haben muß.

Aber was war der Gral überhaupt? In Wolframs *Parzival* ist es ein magischer Stein. Da der Autor sich auf ein arabisches Manuskript beruft, hat dieses Motiv wohl keine Verbindung mit der christlichen Tradition. Andere Kreuzfahrererzählungen berichten ebenfalls von heiligen Steinen. Doch auch wenn die anderen zeitgenössischen Ritterromane christliche Reliquien erwähnen, ist der Gral selbst oft etwas anderes als der Kelch Jesu.

Auch in Chrétiens *Le conte del Graal* wird nicht klar, was der Gral eigentlich ist, vielleicht eine heilige Reliquie, die mit der Messe zu tun hat, da der

Burgherr vom Gral eine Hostie erhält. Dies hat zu Spekulationen geführt, daß der Gral ursprünglich eine Art Teller oder Platte war, da eine Hostie vermutlich nicht in einem Kelch überreicht wurde. Bei Chrétien gewinnt man den Eindruck, daß der Gral zu seiner Zeit ein ziemlich gewöhnlicher Gegenstand war, denn er spricht von *un graal*, also ›einem Graal‹, und nicht *le Graal*, ›dem Graal‹, wie es Robert de Boron später tut; dieser gibt ihm noch ehrfürchtigere Namen wie ›Le Saint Graal‹ ›Der Heilige Gral‹.

Da Chrétiens keine Einzelheiten beschreibt, kann man annehmen, daß ›graal‹ bei seiner Leserschaft ein bekanntes Wort war, obwohl seine Bedeutung heute verloren ist. Man hat vermutet, daß sich das Wort aus *gradale* entwickelt haben könnte, ein Name, der in mehreren altfranzösischen Haushaltsinventarlisten aufgeführt wird; vielleicht kommt er vom lateinischen *gradus* (u. a. Stufe) und meinte einen gestuften Teller oder eine gestufte Platte, die beim Essen verwendet wurde. Was immer das Wort ursprünglich bedeutet hat – es wird deutlich, daß der Gral für die verschiedenen Autoren etwas anderes war. Chrétiens Gral könnte der Teller sein, den Christus beim letzten Abendmahl benutzt hatte; die erste Fortsetzung beschreibt zwei Grale, von denen der eine offenbar ein schwebender Teller und der andere ein geschnitzter Jesuskopf ist. Robert und der Verfasser des *Didcot* halten ihn für den Abendmahlskelch; der Gral im *Perlesvaus* ist ein nebulöser Gegenstand, durch den Visionen über das Leben Christi ausgelöst werden; und der Lanzelot-Gral-Zyklus beschreibt den Gral sowohl als Kelch als auch als heiliges Buch.

Abgesehen von Wolframs Stein, der erkennbar aus einer anderen Tradition stammt, ist der Gral sonst eine heilige Reliquie, die etwas mit Jesus zu tun hat. Was er ursprünglich bedeutet haben mag – um das Jahr 1200 ist Gral eine zusammenfassende Beschreibung für Reliquien, die mit Christus in Verbindung gebracht wurden, im Gegensatz zu den Reliquien der Heiligen. In allen früheren Ritterromanen wird der Gral mit anderen Reliquien aufbewahrt; offenbar mit den heiligsten Reliquien, da sie im direkten Zusammenhang mit der Bibel stehen: wie etwa das Schwert, mit dem Johannes der Täufer enthauptet wurde, oder die Lanze, mit der Jesu Seite geöffnet wurde, um seinen Kreuzestod festzustellen, oder die Glocke Salomons. Im *Perlesvaus* ist sogar von einer Kapelle die Rede, in der diese Reliquien aufbewahrt wurden; der Autor nennt sie zusammenfassend ›die Gralsheiligen‹. Ende des 13. Jahrhunderts bedeutete Gral nur noch Abendmahlskelch.

Die frühen Ritterromane handeln in Britannien, wo der Gral stets mit König Artus und seinen Rittern in Verbindung gebracht wird. Gibt es daher irgendein frühes walisisches Werk, älter als die Ritterromane, das von Artus und solchen Reliquien berichtet?

Obwohl weder der Heilige Gral noch andere Jesusreliquien in den erhaltenen walisischen Artuserzählungen vorkommen, kennen wir doch Geschichten von Artus, in denen er einen Zauberkessel sucht. Die beiden frühen walisischen Texte *Culhwch und*

Olwen und die *Beute von Annwn* berichten, wie Artus und seine Krieger auf der Suche nach einem Kessel sind, der wie der Gral übernatürliche Heilkräfte besitzt. Das Motiv der Suche, das für die späteren Gralsdichtungen so typisch ist, könnte von hier stammen. War der Gral ursprünglich ein Kessel, der keine Verbindung zu Jesus oder dem letzten Abendmahl hatte? In der *Beute von Annwn*, um 900 entstanden, lesen wir, wie Artus den Kessel von der Insel Annwn raubt. Die Ähnlichkeiten mit Gral und Avalon sind nicht zu übersehen: Annwn liegt hinter dem Wasser – eine geheimnisvolle Insel mit einem Zauberkessel. In den Ritterromanen wird Avalon oft als Insel beschrieben, wo der Gral verborgen ist. Die Verbindung von Annwn und Avalon wird noch deutlicher, wenn wir in der *Beute von Annwn* lesen, daß auf der Insel eine Zitadelle steht, die ›Festung aus Glas‹ – derselbe Name, den die Burg von Avalon bei Geoffrey of Monmouth trägt. Außerdem gibt es recht viele Zauberkessel in der keltischen Literatur, wie wir gesehen haben, so etwa des legendären Königs Dagda in der irischen Volklore. In *Culhwch und Olwen* sucht Artus in Irland nach dem Kessel. Zumindest einige Aspekte der Gralssage stammen offenbar aus diesen walisischen Artuserzählungen.

Überhaupt wurden Kesseln oft magische Eigenschaften zugeschrieben, weswegen sie von keltischen Stammesfürsten wie Schätze gehütet wurden, wie Julius Caesar im 1. Jahrhundert v. Chr. berichtet. Vielleicht entsprachen sie in vorchristlicher Zeit den späteren Reliquien. Viele keltische Traditionen bestanden neben den christlichen weiter, so daß im 5. Jahrhundert durchaus auch ein Kessel mit dem historischen Artus in Verbindung gebracht werden konnte. Ein solcher Kessel wurde am Berth gefunden, also an dem Platz, der nach unseren Forschungen als Grabstätte von Owain Ddantgwyn zu gelten hat – dem Krieger, den wir für den historischen Artus halten.

Nach Ansicht der Archäologen wurde der Kessel im 6. oder im 7. Jahrhundert als Votivgabe in das Wasser um den Berth geworfen. Daher war es vermutlich kein gewöhnlicher Kochtopf, sondern ein heiliger Kessel von der Art, wie ihn Artus in den frühen walisischen Geschichten sucht. Wenn die Datierung stimmt, wurde er in der Zeit der Könige von Powys geopfert. Daher könnte er im Besitz eines mächtigen Stammesfürsten von Powys gewesen sein – vielleicht sogar des historischen Artus.

Diese keltischen Sagen von einem Kessel haben mit Sicherheit die Entwicklung der mittelalterlichen Gralssage beeinflußt. Da die späteren Verfasser ihre Geschichten ausschmückten, wurden vermutlich wichtige Stoffe der früheren walisischen Literatur entlehnt und dem Mittelalter angepaßt. Doch keltische Mythologie und walisische Kesselsagen haben bei der Gralstradition des Mittelalters nur eine begrenzte Rolle gespielt. Die meisten Motive der frühen Ritterromane sind ganz und gar christlich.

Stets wird der Gral von der Familie Parzivals gehütet, die von Joseph von Arimathia abstammt. Alle Autoren betonen diese Herkunft und erklären ihre

Bedeutung so: Joseph wird von Jesus selbst zum Gralshüter bestimmt. Und hier liegt die Bedeutung des Grals – er ist ein sichtbares, handgreifliches Symbol einer anderen apostolischen Nachfolge.

Nach der katholischen Lehre ist der Papst der direkte geistige Nachfolger des Apostels Petrus, der nach der Bibel von Jesus zum Oberhaupt der Kirche bestimmt wurde. Nur er und ordinierte Priester dürfen Messen lesen oder die Beichte hören. Die sogenannte apostolische Sukzession (Nachfolge) ist ein zentraler Punkt der katholischen Glaubenslehre. Ohne Messe und Beichte kann es keine Erlösung geben. Daher beansprucht die katholische Kirche die absolute geistige Autorität.

In den Gralsromanen heißt es dagegen, daß nicht Petrus, sondern Josepf von Arimathia den Kelch von Jesus erhält, den er beim letzten Abendmahl – der ersten Messe – benutzt hat. Für die Kirchenautoritäten des Mittelalters wäre eine solche Behauptung reine Ketzerei gewesen. Wenn jemand Anspruch auf den Kelch hatte, dann doch mit Sicherheit Petrus, und er müßte noch immer in den Händen des Papstes sein. Wir haben unsere Zweifel daran, daß dies das Hauptthema der Ritterromane war, etwa wenn Jesus im *Didcot* und im Lanzelot-Gral-Zyklus Joseph die ›geheimen Worte‹ sagt. Außerdem offenbart er ihm im *Perlesvaus* das Geheimnis der Messe – etwas, was in der Kirche nur katholischen Priestern gestattet war, die durch die apostolische Sukzession von Petrus geweiht waren.

Die Gralsromane geben deutlich zu verstehen, daß

es eine andere apostolische Nachfolge durch Joseph von Arimathia und seine Familie gab. Hier soll es sogar geheimes Wissen haben, das der offiziellen Kirche nicht bekannt ist. Im Lanzelot-Gral-Zyklus ist der Gral sogar ein von Jesus selbst geschriebenes Buch – kein katholischer Reliquienjäger würde je zu behaupten wagen, er habe es gefunden. Sehr aufschlußreich ist der ketzerische Name des Gralshüters: Fischerkönig. In der Bibel ist Petrus ein Fischer. Das päpstliche Vermächtnis bezieht sich noch immer auf die ›Schuhe des Fischers‹ und bedeutet, daß der Papst als Vertreter von Christus auf Erden die Rolle übernimmt, die Jesus einst Petrus übertragen hat. Der Fischerkönig ist daher offenbar nichts weniger als ein anderer, ein alternativer Papst.

Dieses Zentralthema der Ritterromane scheint von den damaligen Kirchenautoritäten übersehen worden zu sein, sonst hätte die Inquisition, die 1231/32 von Papst Gregor IX. als päpstliche Behörde zentralisiert wurde, um die Ketzerei auszurotten, die Bücher vernichtet. Die Verfasser von Ritterromanen hatten Glück. Dennoch bedeutet der von ihnen riskierte päpstliche Fluch zu einer Zeit, als die römisch-katholische Kirche höchste Macht genoß, daß mehr auf dem Spiel stand als die Kunst um der Kunst willen. Doch bevor wir untersuchen, was dies gewesen sein könnte, müssen wir herausfinden, ob es irgend etwas Wahres an der Geschichte von Joseph von Arimathia gibt. Und gibt es historische Hinweise dafür, daß der Abendmahlkelch als christliche Reliquie erhalten blieb?

Alle vier Evangelien berichten, daß Joseph von Arimathia nach der Kreuzigung den Leichnam Jesus' von Pilatus erhielt, ihn in ein Leintuch schlug und in das Grab legte. Das Johannesevangelium fügt hinzu, daß ein anderer Beherzter namens Nikodemus beim Begräbnis half:

> Danach bat den Pilatus Joseph von Arimathia, der ein Jünger Jesu war, doch heimlich aus Furcht vor den Juden, daß er den Leichnam Jesu dürfte abnehmen. Und Pilatus erlaubte es. Da kam er und nahm den Leichnam Jesu herab. Es kam aber auch Nikodemus, der vormals bei der Nacht zu Jesus gekommen war, und brachte Myrrhe und Aloe untereinander gemengt, bei hundert Pfunden. Da nahmen sie den Leichnam Jesu und banden ihn in leinerne Tücher mit den Spezereien, wie die Juden pflegen zu begraben.

Dies ist alles, was uns die Bibel über das gemeinsame Auftreten von Joseph und Nikodemus berichtet. Wir erfahren kaum etwas über ihre Herkunft, nichts über ihre weitere Zukunft und auch nichts darüber, was Joseph mit dem Abendmahlskelch zu tun hat. Wie wir gesehen haben, erscheint Nikodemus auch in den Gralsromanen, und ein frühes Dokument, das angeblich sein Leben als Christ behandelt, beweist, daß große Teile der Joseph-Geschichte in den Gralsromanen bereits im 4. Jahrhundert existiert haben.

Im Nikodemusevangelium aus dem 4. Jahrhundert, das heute im Vatikan aufbewahrt wird, heißt es, daß Nikodemus bei der Verhandlung vor Pilatus Jesus entlastete und bekehrt wurde. Das Manuskript stammt angeblich von Nikodemus selbst und beschreibt die Schwierigkeiten der ersten Christen in Jerusalem. In der Einleitung heißt es, daß die Juden Joseph von Arimathia nach dem Begräbnis Jesu ins Gefängnis geworfen hätten. Doch am Ostertag erschien ihm Jesus und befreite ihn; darauf begab er sich auf Missionsreise, um das Evangelium zu predigen.

Aus dem Nikodemusevangelium geht hervor, daß die frühen Christen Joseph von Arimathia für ein, nicht für *das* Oberhaupt der christlichen Kirche gehalten haben. Es erwähnt den Abendmahlskelch nicht. Doch in einem anderen Manuskript aus derselben Zeit, der *Vindicta Salvatoris* (ebenfalls im Vatikan), heißt es, daß Joseph nach der Zerstörung Jerusalems im Jahr 70 durch die Römer eine Gemeinde weit im Norden gründete. Genau das lesen wir bei Robert de Boron. Auch wenn weder das Nikodemusevangelium noch die *Vindicta Salvatoris* den Abendmahlskelch erwähnen, beweisen sie doch, daß die Geschichte von Joseph, wie sie in den mittelalterlichen Gralsromanen vorkommt, in Umrissen bereits acht Jahrhunderte früher bekannt war.

Hat Joseph von Arimathia wirklich eine Gemeinde oder eine Kirche in Britannien gegründet? In der Mitte des 5. Jahrhunderts gab es tatsächlich in Britannien eine eigene christliche Tradition – kurz vor der Zeit des historischen Artus: der Pelagianismus.

Diese Glaubensrichtung hat ihren Namen von dem Priester Pelagius erhalten, einem Britannier, der eine andere Lehre als die offizielle Kirche predigte. Woher seine Vorstellungen stammten, ist unbekannt. Um 380 kam er nach Rom, wo er in Konflikt mit dem Papst geriet. Obwohl er in vielen Punkten von der offiziellen Lehre abwich, haben seine Zweifel an der apostolischen Sukzession den größten Zorn hervorgerufen. Zwar ist nicht bewiesen, daß Pelagius aus der Tradition stammte, die auf Joseph von Arimathia zurückging, aber er zog in Zweifel, daß die apostolische Nachfolge tatsächlich mit Petrus begonnen hatte. 416 wurde seine Lehre von der Kirche als Ketzerei verurteilt. Nicht nur die Kirche, sondern der Staat selbst würde beschädigt, wenn solche gefährlichen Ideen sich durchsetzten, wie es zeitweise in Britannien und Gallien der Fall war. Zu dieser Zeit wurde das Römische Reich fast nur noch vom katholischen Christentum zusammengehalten. 425 drängte der Papst Kaiser Honorius, einen kaiserlichen Befehl an die pelagianischen Bischöfe von Gallien zu richten: Sie sollten ihre Ketzerei innerhalb von 20 Tagen vor dem Bischof von Arles widerrufen oder müßten mit den härtesten Konsequenzen rechnen.

Obwohl diese Politik anderswo erfolgreich war, blieb das Problem in Britannien bestehen, über das Honorius keine direkte Kontrolle besaß. Man sandte daher Germanus, den reichen und mächtigen Bischof von Auxerre, als Missionar nach Britannien, um die pelagianische Ketzerei zu bekämpfen. Der zeitgenössische Schriftsteller Prosper von Aquitanien, der sich selbst dem Kampf des Pelagianismus verschrieben hatte, berichtet über das Jahr 429:

> Der Pelagianer Agricola, der Sohn des Pelagianerbischofs Severianus, untergräbt die Kirche Britanniens mit seiner Doktrin. Doch auf Vorschlag des Diakon Palladius schickt Papst Cölestin Bischof Germanus von Auxerre als seinen Stellvertreter und führt nach der Verwirrung der Ketzer die Britannier zum katholischen Glauben.

Die Pelagianer haben die apostolische Sukzession von Petrus angezweifelt. Dafür könnten Pelagius, Agricola, Severianus und ihre Anhänger gut einer Lehre gefolgt sein, die von Joseph von Arimathia ausging. Nach der *Vindicta Salvatoris* hatte Joseph im hohen Norden des Reiches eine Kirche gegründet, und Britannien war immerhin die nördlichste Provinz des Römischen Reiches.

Doch man kann den Pelagianismus nicht nur mit Joseph von Arimathia in Verbindung bringen, sondern auch mit dem historischen König Artus.

In seiner *Historia Britonum* berichtet Nennius, wie der britische Stammesfürst Vortigern mit Germanus in Konflikt geriet, kurz nachdem dieser in Britannien eingetroffen war, um den Pelagianismus zu bekämpfen. Nach Nennius ›predigte Germanus vor Vortigern, um ihn zu seinem Herrn zu bekehren‹. Es scheint also, daß Vortigern selbst ein Pelagianer war.

Dem Germanus-Biographen Constantius von Lyon zufolge wurde die bischöfliche Gesandtschaft in St. Albans von einer Delegation von Klerikern empfangen, die sich bald zum rechtgläubigen Katholizismus bekehren ließen. Nach diesem Erfolg zog Germanus predigend durch das Land und bekehrte nicht nur Zivilisten, sondern auch Soldaten, die sich gegen die Ketzerei ihrer Anführer wendeten. Auch dies scheint sich auf den britischen Hauptanführer Vortigern zu beziehen.

Nach Constantius forderte Germanus Vortigern im Herzen der pelagianischen Ketzerei heraus: in der Hauptstadt. Constantius nennt die Stadt nicht, aber da Beda, Gildas, Nennius und die *Angelsächsische Chronik* berichten, daß Vortigern kurz vor dem Abzug der Römer fast ganz Britannien beherrschte, muß es die wichtigste Stadt dieser Zeit gewesen sein. Wie wir gesehen haben, war im frühen 5. Jahrhundert Viroconium die Hauptstadt von Britannien und damit mit Sicherheit das religiöse Zentrum des Pelagianismus. Wieder können wir einen Kreis zu Viroconium und dem historischen Artus schließen:

1. Die Gralsromane handeln von einer anderen apostolischen Sukzession, deren Zentrum in Britannien liegt.
2. Der Pelagianismus predigte eine andere apostolische Nachfolge, und sein Zentrum lag in der britischen Hauptstadt Viroconium.
3. Viroconium scheint die Hauptstadt des historischen Artus gewesen zu sein.

4. König Artus und seine Ritter sind die Hauptpersonen in allen Gralsromanen.

Vielleicht wurde Artus nicht nur in die Gralsdichtungen eingefügt, um sie populär zu machen, wie man bisher dachte. Möglicherweise gehört er untrennbar zu den historischen Vorgängen, aus denen die Gralssage entstand.

Der Pelagianismus liefert nur undeutliche Hinweise auf eine Verbindung der Gralsdichtungen mit der Stadt, von der aus Artus wahrscheinlich regiert hat. Doch die Ritterromane verknüpfen den Schauplatz der Gralssuche ausdrücklich mit Viroconium. Im frühen Mittelalter wurde Powys das Weiße Land genannt und Viroconium die Weiße Stadt; in den Gralsromanen soll die Gralsburg in oder neben der Weißen Stadt im Weißen Land liegen.

In der ersten Fortsetzung erfahren wir, wie Joseph seine Kirche in Britannien gründete, und zwar irgendwo im Weißen Land. Der *Didcot Parzival* läßt Parzival und Gawain in der Nähe der Gralsburg einen Wettkampf austragen, wobei der Ort als ›die Weiße Burg in der Weißen Stadt‹ beschrieben wird. In *Perlesvaus* findet ein ähnlicher Wettkampf in der ›Weißen Halle der Weißen Stadt‹ statt, während die Romane des Lanzelot-Gral-Zyklus die Gralsburg ›Weiße Burg‹ im ›alten Grenzland‹ nennen.

Es gibt eine walisische Geschichte aus dem 12. Jahrhundert, die auf Chrétiens *Le Conte del Graal* zu basieren scheint. *Peredur*, nach ihrem Helden benannt, ist im *Roten Buch von Hergest* überliefert und ist wohl eine walisische Bearbeitung des Parzival-Stoffes. Auch Peredur wird zu einem Bankett geladen und sieht eine Prozession, die der aufs Haar gleicht, die Parzival in der Gralsburg sieht, nur daß statt des Grals ein Kopf auf einer silbernen Platte erscheint. Im Parzival wird das Bankett in der ›Weißen Halle‹ in der ›Weißen Stadt‹ im ›Weißen Land‹ abgehalten. In Geoffreys of Monmouth *Historia* wird Arturs' Königreich das ›Weiße Land‹ genannt. Zudem nennen viele frühe walisische Geschichten, die sich wie *Der Dialog von Artus* (um 1150) mit König Artus beschäftigen, den Artushof die ›Weiße Halle‹. Diese drei letzten Hinweise stammen aus einer Zeit, bevor Chrétiens im späten 12. Jahrhundert den Namen ›Camelot‹ eingeführt hat. Obwohl hier weder das Weiße Land noch die Weiße Stadt lokalisiert werden, müssen es das Königreich von Powys und die römische Stadt Viroconium sein. Im 7. Jahrhundert nannten einheimische Britannier Powys das Weiße Land und Viroconium die Weiße Stadt. Dies geht aus dem *Lied von Llywarch dem Alten* hervor, das bekanntlich die Vorgänge in Powys im 7. Jahrhundert genau beschreibt. Da ist die Rede von der sächsischen Invasion im Jahr 658, ›der Plünderung des Weißen Landes‹, und von einem Raubzug zur Hauptstadt, ›das Niederbrennen der Weißen Stadt‹. Der Name ›Weiße Stadt‹ stammt vermutlich aus der späten Römerzeit, als die Legion in Viroconium als ›Weiße Legion‹ bekannt war. Diese Legion wird in der *Notitia dignitatum* erwähnt, einem römischen Register der Reichsoffiziere von 420. Offenbar haben die Herrscher von Powys nach Abzug der Römer ihr Königreich das Weiße Land und ihre Hauptstadt die Weiße Stadt genannt, um sich als Nachfolger ihrer ehemals kaiserlichen Statthalter auszuweisen.

Das *Lied von Llywarch dem Alten* nennt ebenfalls den königlichen Palast in der Stadt ›Weiße Halle von Powys‹. ›Die Weiße Halle in der Weißen Stadt im Weißen Land‹ – mit diesen Worten werden in den Gralsromanen oft die Gralsburg und ihr Ort umschrieben.

Der archäologische Befund hat ergeben, daß die Weiße Halle von Powys tatsächlich existiert hat, denn die letzten Ausgrabungen in Viroconium haben im alten Zentrum der Stadt die Reste eines großen Gebäudes ans Licht gebracht, das die Sachsen um die Mitte des 7. Jahrhunderts zerstört haben. Es kann kein Zweifel daran bestehen, daß sich das *Lied von Llywarch dem Alten* mit der Weißen Halle auf dieses besondere Gebäude bezieht; denn der Dichter beschreibt, wie seine Heldin Heledd auf die Ruinen blickt, und zwar vom Wrekin Hill, der den Platz überragt. Zudem haben Archäologen die Zeit der Zerstörung auf die Mitte des 7. Jahrhunderts bestimmt, und auch das Gedicht erwähnt die Zerstörung der Weißen Halle bei der sächsischen Invasion des Königreichs im Jahre 658. (Dieses Datum ist von den *Welsh Annals* aus dem 10. Jahrhundert und der *Angelsächsischen Chronik* aus dem 9. Jahrhundert bekannt.)

Die Gralsgeschichte hat sich also offenbar im Königreich von Powys zugetragen. Historische Zeugnisse und die ältesten Sagen siedeln Artus in Powys an. Fast alle Gralsromane erwähnen das Weiße Land, die Weiße Stadt, die Weiße Burg oder die Weiße Halle. In der Artuszeit war die Weiße Stadt die Hauptstadt von Powys – Viroconium. Aus dem *Lied von Llywarch dem Alten* und von archäologischen Grabungen weiß man, daß dort eine Weiße Halle stand. Offenbar also haben die Verfasser der Gralsdichtungen ältere Vorlagen benutzt, die Artus in eine historische Umgebung stellen. Als die Ritterromane geschrieben wurden, glaubte man allgemein, daß Artus aus Tintagel oder Glastonbury stammte. Denn wenn die Autoren bei ihren Lesern Anklang finden wollten, mußten sie die Handlung im Süden Englands spielen lassen – und nicht in einer mysteriösen Weißen Stadt in einem vergessenen Weißen Land.

Obwohl es viele gute Gründe gibt zu glauben, daß die Geschichte von Joseph von Arimathia sich zum Teil auf wahre Begebenheiten bezog und daß eine Kirche oder Sekte, die von ihm gegründet sein könnte, etwas mit dem historischen Artus zu tun hatte, gibt es noch immer kein Zeugnis für eine Verbindung mit einem historischen Gral. Mit Ausnahme der Bibel gibt es vor den Gralsromanen des 12. Jahrhunderts keine Erwähnung des Abendmahlkelches. Vielleicht war der Heilige Gral einfach nur ein mittelalterlicher Mythos, der keine Verbindung zu Artus oder Joseph von Arimathia hatte. Vielleicht wurde der keltische Zauberkessel zum Heiligen Gral bei Chrétien und anderen französischen Verfassern von Ritterromanen.

Doch die Gralsdichtungen beschäftigen sich mit christlichen Reliquien: die Lanze, mit der Jesu Seite geöffnet wurde, das Schwert, mit dem Johannes der Täufer enthauptet wurde, das Buch, das Jesus geschrieben hatte, die Glocke Salomons, der Jesuskopf von Nikodemus und der Abendmahlskelch. Es gibt nichts Heidnisches dabei; das Hauptthema der Gralsromane ist christlich. Auch wenn die Verbindung des Grals mit Avalon aus der heidnischen Sage vom Kessel auf Annwn entwickelt worden sein sollte, muß die Geschichte des Heiligen Grals selbst in der christlichen Tradition entstanden sein.

11

DER KAISERKÖNIG

In fast allen Romanen ist der Gral im Weißen Land, in oder in der Nähe der Weißen Stadt. Eine Stelle des *Liedes von Llywarch dem Alten* ähnelt auf bemerkenswerte Weise einer Szene im *Perlesvaus*:

> Da teilte Cynddylan, in Purpur gekleidet, den königlichen Schatz. Die Äbte, in Weiß gekleidet, nahmen je eine heilige Reliquie. Und alle schworen, sie vor heidnischer Plünderei zu schützen.

Im *Perlesvaus* hört Parzival eine Stimme, die ihm sagt, daß die Reliquien, die in der Gralskapelle aufbewahrt werden, unter den Klöstern und Kirchen in der Umgebung verteilt werden sollen. Könnte es hier einen Zusammenhang geben?

Aus dem *Lied von Llywarch dem Alten* erfährt man nicht, um welche Reliquien es sich handelt oder woher sie stammen, nur, daß der König von Powys Cynddylan vor der Invasion der Sachsen die Geistlichen zusammenrief, ihnen die Reliquien übergab und den Äbten befahl, sie zu bewahren. Kein Dokument aus dem vorsächsischen Powys ist erhalten geblieben; aber einige Sagen aus Shropshire berichten von verlorenen Schätzen in Powys, die versteckt wurden, als die Sachsen im 7. Jahrhundert das Land überfielen. Dies ist genau die Zeit, auf die sich das *Lied von Llywarch dem Alten* bezieht.

Wir haben gesehen, daß Cynddylan, der im Gedicht erwähnt wird, eine historische Persönlichkeit ist, nämlich ein direkter Nachkomme von Owain Ddantgwyn, den wir für den historischen Artus halten. Er war der letzte Britannier, der Powys regierte, bevor der Großteil des Königreiches 658 vom Sachsenkönig Oswy erobert wurde. Er starb bei dem Versuch, sein Königreich zu verteidigen, während seine Untertanen in die heutigen Welsh Marches flüchteten. Die Überlebenden gründeten in Zentralwales ein neues Königreich, aber die fruchtbaren englischen Midlands blieben in sächsischer Hand.

Das *Lied von Llywarch dem Alten* ist offenbar ein genauer Bericht der Ereignisse um die Plünderung von Powys. Anführer und Schlachten des Gedichts werden auch in zeitgenössischen irischen Chroniken, in den *Welsh Annals* aus dem 10. Jahrhundert und in der *Angelsächsischen Chronik* aus dem 9. Jahrhundert aufgeführt. Einzelheiten der Landschaft werden genau beschrieben und die Ereignisse mit kühlen militärischen Begriffen umrissen, ohne jede Mystifizierung oder Übertreibung. Es kann keinen Zweifel daran geben, daß die Reliquien existiert haben und wie beschrieben versteckt wurden.

Leider ist kein späterer Bericht über diese Reliquien aus Powys erhalten geblieben. Sie könnten jedoch etwas mit dem Marienkelch zu tun haben, einem Gefäß, um das sich im Mittelalter Legenden rankten. Obwohl es keinen Hinweis darauf gibt, daß das Gefäß beim letzten Abendmahl benutzt wurde, sah man in ihm den Kelch, in dem Maria Magdalena nach der Kreuzigung das Blut Jesu aufgesammelt haben soll. Die Legende berichtet, daß Helena, die Mutter Konstantins des Großen, 327 das Grab Jesu in Jerusalem ausgraben ließ. Neben anderen Reliquien sei auch dieser Kelch zum Vorschein gekommen, den Helena für den der Maria Magdalena gehalten habe; daher sein Name.

Zwar gibt es verläßliche zeitgenössische Berichte über diese Ausgrabung, aber der Kelch wird darin nicht erwähnt.

Im 5. Jahrhundert hat der griechische Historiker Olympiodoros ein Geschichtswerk über die Zeit von 407 bis 425 verfaßt. In mittelalterlichen Abschriften heißt es, daß der Kelch nach Britannien gebracht worden sei, als Rom 410 von den Westgoten geplündert wurde. Leider haben viele mittelalterliche Kopisten die Werke klassischer Autoren ausgeschmückt oder sie ganz umgearbeitet, wie wir es bei Geoffrey of Monmouth gesehen haben. Spätere und genauere Übersetzungen von Olympiodoros erwähnen die Kaiserin Helena überhaupt nicht mehr. Doch die Legende vom Marienkelch scheint im Mittelalter allgemein geglaubt worden zu sein. Doch auch wenn Helena den Kelch gefunden hat, woher wollte sie wissen, daß er einmal Maria Magdalena gehört hat. Es gibt auch widersprüchliche Berichte über seine Gestalt. Einmal ist es ein kleines steinernes Trinkgefäß, ein andermal ein großer Kelch aus Silber; im bekanntesten Text heißt es, der Kelch sei von einem römischen Kunsthandwerker in ein herrliches gold- und juwelengeschmücktes Gefäß eingearbeitet worden.

Ob nun Tatsache oder Fabel, die Legenden um den Marienkelch passen zur Gralslegende. Die Ähnlichkeit zwischen dem Gral als Kelch, der von Christus benutzt und in dem der Wein zu seinem Blut wurde, und dem Marienkelch, in dem angeblich das Blut Christi gesammelt wurde, ist zu groß, um zufällig zu sein. Außerdem sollen beide Reliquien auch noch in Britannien verlorengegangen oder versteckt worden sein.

Es ist durchaus möglich, daß wichtige Reliquien nach Britannien gebracht wurden, als 410 geplündert wurde, da man die Provinz für relativ sicher vor den barbarischen Invasionen hielt, die Westrom bedrohten. Britannien war vermutlich der einzige sichere Ort, wohin Kaiser Honorius die Reliquien schicken konnte. Im Jahr 410 lag das Weströmische Reich eigentlich im Krieg mit Ostrom. Daher konnte man nirgendwo im Osten mit einem Zufluchtsort rechnen.

Wenn der Marienkelch und die anderen Reliquien nach Britannien gebracht wurden, dann wären sie mit größter Wahrscheinlichkeit nach Viroconium gebracht worden. 410 hatten Nord- und Ostbritannien bereits unter Überfällen der Pikten und der Germanen zu leiden. Die drei wichtigsten Städte, London, Lincoln und York, waren wiederholt bedroht, weswegen Viroconium die wichtigste römische Stadt gegen Ende der römischen Besatzung war. Wie wir gesehen haben, wurde die Stadt um 400 wieder errichtet, während die vorher bedeutenderen Städte aufgegeben wurden. Viroconium war die letzte römische Hauptstadt Britanniens und daher höchst wahrscheinlich Bestimmungsort für die Reliquien.

Zweieinhalb Jahrhunderte später, als auch Viroconium schließlich geplündert wurde, ließ Herrscher Cynddylan ähnlich wichtige Reliquien verstecken: Im *Perlesvaus* wird genau beschrieben, wie die Gralsreliquien verborgen wurden. Offenbar ist der Autor des *Perlevaus* oder seine Quelle davon ausgegangen, daß auch der Gral zu den Reliquien Cynddylans gehörte. Da die Legenden um den Marienkelch ebenfalls in Verbindung mit Cynddylans Hauptstadt Viroconium stehen, könnte es sein, daß der Gral und der Marienkelch ein und dasselbe waren.

Wenn der Marienkelch das Vorbild für den Heiligen Gral als Kelch Christi abgegeben hat, dann wäre die Geschichte von Joseph, der den Gral nach Britannien gebracht haben soll, falsch. Der Marienkelch wurde erst 327 von Kaiserin Helena in Jerusalem aufgefunden. Er hatte nichts mit Joseph von Arimathia zu tun, dafür mit Maria Magdalena. Irgendwann jedoch könnte es zur Vermischung der zwei ganz verschiedenen Überlieferungen gekommen sein. Im *Nikodemusevangelium* heißt es, daß Joseph gleich nach der Auferstehung aus dem Gefängnis entkam, in der *Vindicta Salvatoris* dagegen bleibt er eingesperrt, bis Jerusalem 40 Jahre später fiel. Dieselbe Diskrepanz kehrt in den Gralsromanen wieder: Die erste Fortsetzung stimmt mit der *Vindicta Salvatoris* überein, während Robert de Borons Gralsgeschichte zum *Nikodemusevangelium* paßt. Also schon acht Jahrhunderte vor den Gralsromanen gab es widersprüchliche Berichte über Josephs Leben. Vielleicht herrschte auch Uneinigkeit über den Abendmahlskelch.

Es bleibt ein Geheimnis, warum man den Gral in Zusammenhang mit Maria Magdalena gebracht hat. Doch diese Tradition könnte von Legenden beeinflußt worden sein, in denen der Kelch von Joseph benutzt wurde.

Das Johannesevangelium berichtet, wie Maria Magdalena das Heilige Grab besucht und es leer vorfindet. In einem späteren Gralsroman, der um 1225 vom französischen Dichter Gerbert de Montreuil geschrieben wurde (vierte Fortsetzung), heißt es, daß Joseph den Gral am Tag der Auferstehung von Maria erhalten habe. Auch wenn Gerbert den alten Geschichten nur wenig Neues hinzufügt, geht er doch auf einen wichtigen Punkt ein, den die anderen vernachlässigen: Woher wußte Joseph von Arimathia überhaupt vom Abendmahlskelch? Nach der Bibel war er beim letzten Abendmahl nicht anwesend und wird auch vorher nicht als Jünger Jesu erwähnt. Damit die Gralsgeschichte ihre innere Logik behält, müssen wir annehmen, daß jemand, der Jesu nahestand, Joseph auf den Kelch aufmerksam gemacht hat – vielleicht Maria Magdalena.

Nach Gerbert könnte es eine Legende gegeben haben, wonach Joseph den Kelch von Maria erhalten hat. Vielleicht glaubte man, daß der Kelch von Joseph selbst ins Grab gelegt wurde. Das könnte zu der Annahme geführt haben, mit dem Kelch habe Maria Magdalena das Blut Christi aufgefangen, und es sei derselbe Kelch, der beim letzten Abendmahl benutzt wurde.

Im Mittelalter wurde verschiedentlich angenommen, der Gral befinde sich unter den von Cynddylan versteckten Reliquien. Ob man in ihm den Kelch von Maria Magdalena oder von Joseph gesehen hat, ist schwer zu sagen. Wichtig ist aber, daß diese Reliquien offenbar in der Stadt Viroconium aufbewahrt wurden. Wenn sie seit dem Fall Roms in Britannien waren, wären sie in Viroconium gewesen, als es die Hauptstadt von Owain Ddantgwyn war. Also müssen wir zur Rolle von König Artus im Geheimnis um den Gral zurückkehren.

Alle früheren Gralsromane schildern die Gralsfamilie: Nur der Fischerkönig und seine Nachkommen können die Gralshüter sein. Dies, so heißt es, ist die Familie Parzivals. Welche Rolle spielt dabei König Artus? Warum ist er so sehr mit dem Gral verbunden? Die Antwort könnte im *Didcot Parzival* zu finden sein, in dem Artus als Oberhaupt der christlichen Kirche bezeichnet wird. Danach steht die Tafelrunde für den Tisch des letzten Abendmahls; und Artus sitzt wie zuvor Joseph von Arimathia als rechtmäßiges Kirchenoberhaupt am Platz von Jesu. Da es weiterhin heißt, daß Jesus Joseph als Gralshüter bestimmt hat, könnte man annehmen, daß auch Artus diese Rolle übernimmt.

Doch im *Didcot Parzival* ist Bron der Gralshüter und Parzival sein Nachfolger. Dieser Widerspruch ist auch in anderen mittelalterlichen Gralsromanen zu beobachten. In *Perlesvaus* und im *Lancelot* des Lanzelot-Gral-Zyklus ist Artus ein ebenso rechtmäßiger Gralshüter wie Bron oder Parzival. In letzterem erhält er beispielsweise einen Gral – das Buch, das Jesus selbst geschrieben hat. Ebenso wie es hier zuvor heißt, daß Joseph von Arimathia den Abendmahlskelch von Jesus erhielt, womit er zum Oberhaupt der Kirche geweiht wurde, wird Artus unmißverständlich zu Josephs Nachfolger ernannt. Er erhält nicht nur einen Gral, sondern erfährt auch die innersten Geheimnisse der Kirche.

Doch wie kann Artus der Gralshüter sein, wenn Parzival und seine Familie dieselbe Ehre zuteil wird? Des Rätsels Lösung könnte sein, daß sich die Dichtungen auf zwei verschiedene Überlieferungen stützen. In der einen stellte die Parzival-Familie die Gralshüter, in der anderen die Familie des Artus. Vielleicht gehörten Parzival und Artus ursprünglich verschiedenen Zeiten an, durch viele Jahre getrennt. Dann wurden sie durcheinandergebracht, so daß es aussah, als hätten sie in derselben Zeit gelebt. Die Hinweise darauf werden wir später untersuchen.

Jetzt müssen wir uns noch mit Artus' Rolle beschäftigen.

Wie paßt der Gralshüter zum historischen Artus? Eine Reliquie, die man für den Gral hielt, könnte von 410 bis 658 in Viroconium aufbewahrt worden sein. Artus herrschte dort offenbar von ungefähr 488, so daß der Kelch unter seinem Schutz gestanden haben könnte. Doch warum wird er auch als Kirchenoberhaupt geschildert? Die Antwort könnte darin liegen, daß er etwa im *Didcot Parzival* auch als Kaiser beschrieben wird.

Im späten 5. Jahrhundert war Britannien der einzige Teil des Reiches, der keine Invasion der Barbaren erlebte. Um 480 scheint es der letzte Außenposten des ehemaligen Weströmischen Reiches gewesen zu sein. Artus könnte daher für den wahren römischen Kaiser gehalten worden sein. Der *Didcot Parzival* erwähnt korrekt zwei britische Anführer, die auch römische Kaiser wurden: der kaiserliche Statthalter Magnus Maximus und Konstantin III., die 383 beziehungsweise 407 den römischen Kaiserthron bestiegen.

Wenn der historische Artus Ende des 5. Jahrhunderts für einen Kaiser gehalten wurde, ist es durchaus möglich, daß ihn die Britannier als Kirchenoberhaupt ansahen. Noch im 5. Jahrhundert wurde der Papst nicht überall für das Oberhaupt der Kirche gehalten. Als sie im frühen 4. Jahrhundert offiziell von Kaiser Konstantin dem Großen anerkannt wurde, galt der Kaiser selbst als Oberhaupt. Beim ersten Konzil von Nizäa in der heutigen Türkei drohte Konstantin 325 damit, jeden Bischof des Landes zu verweisen, der den Beschlüssen nicht zustimmte. Viele Christen akzeptierten Konstantins selbsternannte Autorität nicht und wurden als Ketzer gebrandmarkt. Doch allmählich schwand der Widerstand. Die folgenden Kaiser blieben das Haupt der katholischen Kirche, obwohl sich die Kirchenhierarchie nach den Einfällen der Barbaren im 5. Jahrhundert am Bischof von Rom – dem Papst – orientierte. Als das Reich schließlich unterging, waren die Meinungen noch immer gespalten, doch schon bald konnte der Papst seine absolute Autorität sichern, da es keine weiteren Kaiser mehr gab. Im freien Britannien jedoch betrachtete die Kirche den Kaiser vermutlich immer noch als offiziellen Herrscher. Wir haben bereits gesehen, daß die britische Kirche in den späten 20er Jahren des 5. Jahrhunderts in Konflikt mit der römischen Kirche geriet, als Germanus zur Rekatholisierung des Landes abgestellt wurde.

Um herauszufinden, ob Artus wirklich Kaiser in Britannien war, müssen wir die Zeit kurz vor ihm untersuchen. Obwohl die Insel von der Anarchie bedroht war, als die Legionen 410 das Land verließen, wurde in vielen Teilen Britanniens, vor allem im Westen, der römische Lebensstil bis ins späte 5. Jahrhundert beibehalten. Noch 470 kämpfte ein britisches Kontingent an der Seite des späteren römischen Kaisers, des letzten, Romulus Augustulus bei seinem Versuch, Gallien zurückzuerobern.

Mit dessen Absetzung durch den germanischen Heermeister Odoaker 476 hörte das Weströmische

Reich auf zu existieren. Damit war Britannien das letzte Bollwerk der römischen Zivilisation im Westen.

Gildas berichtet, daß in den 70er Jahren des 5. Jahrunderts der römische Befehlshaber Ambrosius Aurelianus britischer Anführer war; um 488 muß ihn Artus abgelöst und den Kampf gegen die eindringenden Angelsachsen begonnen haben. Wir würden mehr über Artus' Rolle wissen, wenn wir mehr über Ambrosius wüßten. Er scheint nicht einfach ein Stammesfürst gewesen zu sein, sondern ein wichtiger römischer Offizier.

Gildas erwähnt, daß Ambrosius' Eltern den ›Purpur trugen‹, die kaiserliche Farbe. Sie waren also Mitglieder der kaiserlichen Familie. Vielleicht war sein Vater der Kaiser. Könnte Ambrosius der Sohn von Romulus Augustulus gewesen sein? War er nach dem Zusammenbruch Roms nach Britannien geflohen? Die Zeiten waren verworren, zeitgenössische Zeugnisse sind oft ungenau. Es könnte durchaus sein, daß ein Sohn von Romulus unbemerkt verschwand. Allerdings gab es viele Personen, die behaupteten, von der kaiserlichen Familie abzustammen. Im letzten Jahrhundert des Weströmischen Reiches erhoben viele Anspruch auf den Kaiserthron. Einmal wollten nicht weniger als sechs Personen gleichzeitig Kaiser sein.

Ein Anhaltspunkt dafür, mit welchem Kaiser Ambrosius verwandt war, findet sich bei Nennius. Als Vortigern eine Festung in den Bergen von Snowdonia in Nordwales errichten will, tritt nach einer Reihe von Fehlschlägen Ambrosius auf und erklärt Vortigern, daß die Schwierigkeiten durch zwei Schlangen unter den Grundmauern verursacht werden. Als die Schlangen gefunden werden, akzeptiert Vortigern Ambrosius als gleichrangig und bietet ihm an, den Thron mit ihm zu teilen. Auch wenn dies eine Legende ist, liefert sie doch wichtige Anhaltspunkte für Ambrosius' Abstammung. Als er die zwei Schlangen sieht, bezeugt Vortigern Ambrosius seine Hochachtung. Die Schlangen müssen also eine Allegorie auf die Abstammung und den Herrschaftsanspruch von Ambrosius sein.

Das Zwei-Schlangen-Motiv wird in der *Notitia dignitatum* (um 420) als persönliches Emblem des römischen Kaisers Magnus Maximus aufgeführt. Daher könnte Ambrosius zur Familie des Maximus gehört haben.

Maximus war General in Britannien, der den Kaiserthron Ende des 4. Jahrhunderts bestieg. 376 ließ der römische Kaiser Gratian seinen Hauptrivalen Theodosius wegen Hochverrats hinrichten.

Grantian wurde von vielen Offizieren für unfähig gehalten, Theodosius galt ihnen als bessere Alternative. Die einzige andere Gefahr für Gratian ging von seinem General Magnus Maximus aus, doch der Kaiser wollte keine weitere Exekution riskieren. Er gab Maximus das Kommando über die kaiserliche Armee im fernen Britannien und schickte ihn zur Garnison von Segontium in Caernarvon, Nordwales.

Doch Gratian beging zu viele Fehler. Im Heer gärte es. 383 wurde Maximus von seinen Legionen zum

Kaiser ausgerufen. Mit seinen Truppen verließ er Britannien und segelte zum Kontinent. Er gewann die Unterstützung der Legionen in Gallien, eroberte Italien und marschierte auf Rom. Gratian wurde kurz darauf umgebracht, und Maximus nahm seinen Platz ein. Ostrom erkannte jedoch Maximus nicht an und rief den gleichnamigen Sohn des Theodosius zum Kaiser aus. Im folgenden Bürgerkrieg wurde Maximus besiegt und getötet.

Nach dem Krieg lag das Weströmische Reich in Trümmern, und Theodosius regierte weiterhin von Konstantinopel aus. Doch es gab viele in Britannien, die die näheren Verwandten von Maximus noch immer für die rechtmäßigen Erben des Kaiserthrons hielten. Theodosius sah in ihnen jedoch keine Gefahr und unternahm nichts, da er keinen weiteren Feldzug riskieren wollte.

Da die Familie des Maximus weiterhin in Nordwales lebte, hätte Ambrosius gut einer seiner Nachkommen sein können, denn nach den Worten des Nennius stammte Ambrosius aus eben diesem Gebiet. Die Abstammung von Maximus war in der nachrömischen Zeit sicherlich von Bedeutung. Aus der Inschrift auf der Säule von Eliseg in der Nähe von Llangollen in Zentralwales aus dem 9. Jahrhundert geht hervor, daß Vortigern Severa, die Tochter von Maximus, geheiratet hat, um seinen Führungsanspruch zu legitimieren.

Die Stelle bei Nennius könnte bedeuten, daß Ambrosius aus einer direkteren Linie als Vortigern abstammte, der nur in die kaiserliche Familie eingeheiratet hatte. Ambrosius könnte Sohn einer anderen Tochter des Maximus gewesen sein. Gildas' erwähnt seine ›Eltern‹, nicht seinen ›Vater‹, womit in frühchristlicher Zeit üblicherweise die mütterliche Linie gemeint war.

Nach Nennius mußte Vortigern schließlich abdanken, und Ambrosius wurde der einzige britische Anführer. Um 488 wurde Artus der Nachfolger von Ambrosius. War auch er ein Mitglied der kaiserlichen Familie? Wenn Artus eigentlich Owain Ddantgwyn war, wie unsere Forschungen nahelegen, dann kann er nicht der Sohn von Ambrosius gewesen sein. In den *Welsh Annals* ist er der Sohn eines Kriegsherren aus Gwynedd mit Namen Enniaun Girt. Es ist jedoch möglich, daß Owain – wie vor ihm Vortigern – in die Maximus-Dynastie eingeheiratet hat. Die Hauptquelle der Artusromane, Geoffrey of Monmouth, behauptet gar, daß Artus eine römische Prinzessin geheiratet habe.

1135 verweist Geoffrey auf ein ›altes Buch in der alten britischen Sprache‹, in dem es heiße, daß Artus' Königin die Tochter eines römischen Kaisers gewesen sei. Geoffrey nennt sie Ganhumara, aus dem sich in späteren Dichtungen der poetischere Name Guinevere entwickelt hat. In einer örtlichen Überlieferung in der Nähe von Owain Ddantgwyns Hauptstadt Viroconium ist die Rede davon, daß sich die Königin nach Artus' Tod in ein Kloster nahe bei Camelot zurückgezogen hat. Auch im berühmtesten Artusroman, Thomas Malorys *Le morte Darthur* (um 1470) zieht sich Guinevere nach Artus' Tod in ein Kloster zurück. Nach einer Ausgabe aus dem 16. Jahrhundert ist dies der White Ladies Prior, etwa 12 Meilen von Viroconium. Obwohl die heutigen Ruinen aus dem Mittelalter stammen, könnte während der Artuszeit hier ein Kloster gestanden haben, da kirchliche Gebäude oft auf älteren, geheiligten Plätzen errichtet wurden.

Auch könnte Artus in die Kaiserfamilie eingeheiratet haben. Tatsächlich gibt es dafür historische Anhaltspunkte. Als Nachfolger von Ambrosius scheint Artus auch die zwei Schlangen von Maximus als Wappentiere übernommen zu haben. Man hat nicht nur königlichen Schmuck aus Powys mit zwei Schlangen gefunden, diese Wappentiere sollen auch Artus' Schwert geziert haben. Das walisische Werk der *Traum von Rhonabwy* aus dem 12. Jahrhundert, das offenbar auf ein älteres Kriegsgedicht aus dem frühen Mittelalter zurückgeht, enthält die älteste bekannte Beschreibung dieses Schwertes. Es heißt dort, es trage ›zwei Schlangen auf seinem goldenen Heft‹. Wenn das Schwert des historischen Artus tatsächlich solch ein Zeichen trug, könnte es das Symbol seiner kaiserlichen Macht gewesen sein.

Artus könnte das Schwert von seinen Vorgängern geerbt haben. Wir wissen von römischen Schriftstellern, daß der Streit um die Macht zwischen rivalisierenden britischen Kriegern oft in Einzelkämpfen ausgetragen wurde, wobei der Sieger ein ›Amtsschwert‹ von einem Steinaltar nahm – ein Brauch, der zur Sage vom Artusschwert im Stein geführt haben könnte. Die Bedeutung von Excalibur in den späteren Sagen könnte auf die ursprüngliche Rolle des Schwertes als Symbol römisch-kaiserlicher Autorität zurückgehen – das Schwert des Maximus, das Erbe des wahren Kaisers. Als Martin Keatman und ich eine Nachbildung eines solchen Schwertes herstellen ließen, erhielten wir erstaunlicherweise die Bestätigung der Verbindung des historischen Artus mit der Kaiserfamilie.

In der Sage war Excalibur ein großes Breitschwert, das dem rechtmäßigen Erben des britischen Thrones die Königsmacht verlieh. Mit Hilfe eines Fachmanns auf dem Gebiet der nachrömischen Militärgeschichte, Dan Shadrake, rekonstruierten wir ein Schwert aus dem 5. Jahrhundert, das das zweischlangige Emblem aus Powys trägt.

Die Archäologie hat gezeigt, daß Schwerter aus dem 5. Jahrhundert keineswegs jene großen, schweren Breitschwerter waren, die man immer mit dem Excalibur in Verbindung gebracht hatte, sondern römische Spathen: schlanker und mit verkürzter Kreuzstange. Dieses zweischneidige Kavallerieschwert hatte mit dem Heft von rund 15 Zentimetern eine Gesamtlänge von etwa 60 Zentimetern. Als Muster dienten zwei alte Spathen, die aus Newstead am Hadrianswall (heute im Altertumsmuseum von Edinburgh) und eine restaurierte Spatha aus dem Rijksmuseum in Nimwegen, Niederlande.

Die Schwertklinge für einen höheren Offizier wurde aus Eisen gefertigt und war auf Hochglanz poliert, darin eingelegt das königliche Zierband. In das Schwert des historischen Artus – Owain Ddantgwyns

– könnte daher das Ornament aus Powys geätzt gewesen sein, das aus einer Steininschrift aus dem 5. Jahrhundert bekannt ist und heute im Britischen Museum aufbewahrt wird. Jedes Königreich hatte sein eigenes Ornamentband, so wie die schottischen Clans ihre individuellen Karomuster besitzen.

Wenn Artus aus Powys kam, war sein Schwertgriff vermutlich mit der Doppelschlange verziert, ähnlich den in Zentralbritannien gefundenen Schmuckstükken. Da diese Ornamentik aus derselben Zeit und vom selben Ort wie der historische Artus stammt, müssen die Doppelschlangen damals ein wichtiges königliches Emblem gewesen sein. Diese Ringe, Halsreifen und Armbänder lassen vermuten, daß die Griffverzierung den Zwillingsschlangen des Maximus in der *Notitia dignitatum* geähnelt haben.

Schließlich nahmen wir Verbindung zu den Königlichen Schwertmachern, Wilkinson Sword, auf, und sie erklärten sich bereit, die Waffe herzustellen. Als ein Foto der Nachbildung im *Daily Telegraph* erschien, erhielten wir einen Leserbrief mit einer großen Neuigkeit. In einem spätrömischen Dokument, dem *Vistenium* (um 400 n. Chr.), das sich heute im türkischen Nationalmuseum von Ankara befindet, gibt es eine Zeichnung von einem Zepter, das für Magnus Maximus in seiner kurzen Amtszeit hergestellt wurde. Um den Schaft winden sich zwei Schlangen, die genauso aussehen wie auf der Excalibur-Replik. Mit anderen Worten: Artus' Schwert hat die kaiserlichen Insignien des Magnus Maximus getragen; es war also das Herrschaftssymbol des Kaisertums und zugleich das Symbol kaiserlicher Nachfolge.

Das Lied von Llywarch dem Alten bestätigt nicht nur, daß die Könige von Powys sich selbst als Kaiser betrachtet haben, sondern auch, daß Artus selbst für einen solchen gehalten wurde. Das Gedicht wurde um das 8. Jahrhundert herum niedergeschrieben, bezieht sich jedoch auf Ereignisse, die 568 aus erster Hand berichtet wurden. Als König Cynddylan befiehlt, die Reliquien zu verstecken, heißt es ›Cynddylan, gekleidet in Purpur‹. Hier wird er auf dieselbe Weise als Kaiser beschrieben, wie Gildas die Eltern von Ambrosius beschreibt. Da Cynddylan und seine Familie im selben Gedicht ›Erben des großen Artus‹ genannt werden, kann die Schlußfolgerung nur lauten, daß Artus vorher selbst als Kaiser gegolten haben muß.

Das scheint gut zu den mittelalterlichen Gralsromanen zu passen: In den Dichtungen ist Artus Kirchenoberhaupt, römischer Kaiser und Gralshüter. Auch der historische Artus könnte das gewesen sein: Kirchenoberhaupt in Britannien, römischer Kaiser und Hüter des Marienkelchs. Die Romane lassen den Gral im Besitz der Gralsfamilien sein, also entweder der von Artus oder Parzival. Vielleicht war die wahre Gralsfamilie im frühen Mittelalter die Nachkommenschaft von Owain Ddantgwyn.

Was wurde aus dieser Dynastie? Owains direkter Erbe Cynddylan starb zwar beim Kampf gegen die Sachsen, doch Cynddylans Schwester Heledd überlebte. Ihre Nachkommen wurden die Könige von

Kleinpowys – dem Königreich, das von der sächsischen Herrschaft in Zentralwales unberührt blieb. War diese königliche Familie von Powys das Vorbild für die mittelalterlichen Verfasser der Gralsromane? War sie die Familie der Gralshüter? Um diese Fragen zu beantworten, müssen wir die Nachfolger bis zu der Zeit aufspüren, als die Ritterromane Ende des 12. Jahrhunderts entstanden.

12

Artus' Erben

Cynddylan war der letzte direkte Nachkomme von Owain Ddantgwyn, der in Großpowys regiert hatte. Zu seiner Zeit war Britannien in viele Feudalkönigreiche zerfallen, und die Angelsachsen hatten den Großteil des Landes besetzt. Powys in den westlichen Midlands und Zentralwales war praktisch alles, was von Artus' Britannien übriggeblieben war. Um sein Königreich gegen die Sachsen aus Northumbria zu verteidigen, die von Norden angriffen, bildete Cynddylan eine Allianz mit Penda von Mercia (das angelsächsische Königreich der östlichen Midlands) und Aethelhere von East Anglia (in Norfolk und Suffolk). Doch nach der Niederlage von Penda und Aethelhere im Jahr 655 stand Powys allein da. Um 658 starb Cynddylan. Die Briten verließen Viroconium und flohen nach Westen in die Sumpfgebiete von Shropshire und nach Zentralwales.

Leider sind die Spuren von Cynddylans direkten

Nachkommen schwer zu finden; mit seinem Tod klafft eine Lücke in der Familienchronik. Wenn wir zu Owain Ddantgwyn zurückkehren, stoßen wir auf die walisischen Genealogien – eine Reihe walisischer Stammbäume, die in der Zeit vom 9. bis zum 12. Jahrhundert aufgezeichnet wurden. Manche führen Owain Ddantgwyn und seinen Sohn Cuneglasus auf. Owains andere Söhne – Meiryawn, Seiryoel und Einyawn – werden in mehreren Stammbäumen im Anhang der *Welsh Annals* erwähnt. Leider gibt es keine Angaben zu weiteren Nachkommen.

Owains ältesten Sohn Cuneglasus finden wir in drei Genealogien, die ihn als den Vorfahren eines walisischen Herrschers des 9. Jahrhunderts führen: Hywel ap Caradoc. Alle drei, also auch die älteste in den *Welsh Annals*, nennen Hywel den Nachkommen von Cuneglasus' Sohn Meic. Zur Zeit Hywels, um 830, gab es in Britannien nur noch zwei kleine Gebiete des Widerstandes, nämlich in Wales und in Cornwall. Schließlich fiel sogar Cornwall an die Angelsachsen (926), so daß nur noch das heutige Wales als Heimat der alten Britannier übrigblieb.

Wales selbst war in viele kleine Königreiche zersplittert. Rhos an der Nordküste von Wales, im heutigen Glwyd, wurde von Hywel regiert. Er hinterließ möglicherweise eine Erbschaft der Artuszeit: Die Bergfestung auf Bryn Euryn in der Nähe von Llandrillo, von der aus er regierte, hieß Dinarth – die ›Festung des Bären‹. Da es bei Gildas heißt, Cuneglasus habe den Kriegsnamen seines Vaters, Bär, übernommen, ist der Name offenbar mindestens drei Jahrhunderte in der Familie geblieben.

Interessanterweise war Nennius nicht nur ein Zeitgenosse von Hywel, er scheint auch aus Bangor gekommen zu sein, das nur wenige Meilen von Rhos entfernt lag. Daher könnte Nennius seine Informationen von diesem direkten Nachkommen des historischen Artus erhalten haben.

Wir nehmen die Artusspur im Tal von Llangollen in Zentralwales wieder auf. Hier steht die Säule von Eliseg, die um 850 vom Powyskönig Cyngen errichtet wurde. Die Inschrift würdigt dessen Abstammung von Maximus und berichtet von Vortigerns Heirat mit der Kaisertochter Severa; über ihren Sohn Britu verläuft ihre Linie ungebrochen bis zu Cyngen. Aus einem Namen auf der Säule kann man schließen, daß Cynddylans Schwager nach 658 im kleineren Powys regiert hat. Im *Lied von Llywarch dem Alten* heißt es, daß Cynddylans Schwester Heledd nach ihrer Flucht aus der Weißen Stadt einen Prinzen namens Concenn heiratete. Dieser Name wird auf der Säule von Eliseg für dieselbe Zeit als der des Königs von Powys erwähnt. Offenbar ist die Herrschaft von Powys nach Cynddylans Tod über dessen Schwester Heledd, die Ururenkelin von Owain Ddantgwyn, Mitte des 9. Jahrhunderts auf Cyngen übergegangen.

Die *Welsh Annals* berichten von Cyngens Tod bei einem Besuch in Rom um 850, als er sich überstürzt um den Titel ›Heiliger Römischer Kaiser‹ bemühte. Nach dem Untergang Westroms war die alte Hauptstadt das Zentrum der katholischen Christenheit geblieben. 800 beschloß der fränkische König Karl (der Große), seinen Einfluß zu nutzen. Im Gegenzug für die Anerkennung des Katholizismus als Staatsreligion krönte ihn der Papst zum Kaiser. Das Heilige Römische Reich umfaßte Teile Italiens, Frankreich und Deutschland. Auch Karls Nachfolger wurden in Rom gekrönt und trugen den Kaisertitel. Offenbar ist Cyngen 855 nach Rom gereist, um diesem Anspruch zu widersprechen.

Sein Plan schlug fehl, und er wurde von Kaiser Ludwig II. hingerichtet. Der italienische Autor Ambrose Marca schreibt im 9. Jahrhundert, wie Cyngen ein kaiserliches Zepter mit zum Papst nahm, um seinen Anspruch zu untermauern. Es war mit zwei Schlangen geschmückt und hatte offenbar einmal Maximus gehört. Was mit dem Zepter geschah, bleibt ein Geheimnis, doch die Episode zeigt erneut, daß die Familie von Owain Ddantgwyn sich noch immer als Nachkommen von Maximus und wahre römische Kaiser verstand.

Cyngen starb ohne Nachkommen: damit war wohl diese Erbfolge beendet. Doch wenn wir zum Jahr 658 und zu Cynddylan zurückkehren, der auch keinen männlichen Nachkommen hatte, stellen wir fest, daß die Linie durch seine Cousine Cynwise und eine angelsächsische Dynastie weiterlief. Im *Cotton Vespasian* (ein sächsisches Dokument um 900) heißt es, daß sich Cynwise mit Penda, Cynddylans Verbündetem aus Mercia, verheiratete. Nach Pendas Tod 658 schloß ihr Sohn Wulfhere einen Pakt mit König

Oswy aus Northumbria und regierte Mercia weiter als angelsächsisches Königreich.

Diese Linie kann 250 Jahre lang verfolgt werden, bis sie mit dem letzten König von Mercia, Ethelred, im frühen 10. Jahrhundert beendet wird. Ethelred starb ohne Erben, und so wurde seine Frau Ethelfleda Königin und erwarb sich in ganz Britannien Ruhm für den Sieg über die angreifenden Dänen. 914 befestigte Ethelfleda die Stadt Warwick, um sie vor den Dänen zu schützen. Auch wenn das heutige Warwick Castle erst im 11. oder 12. Jahrhundert errichtet wurde, war dies das erste befestigte Gebäude an dieser Stelle. Der Hügel, auf dem die erste Festung gestanden haben soll, heißt noch immer Ethelfleda's Mound und befindet sich unter dem heutigen Warwick Castle.

Ethelfledas Kind aus zweiter Ehe wurde Herrscher von Mercia. Da er dem König Athelstan von Wessex unterstand, trugen er und seine Nachkommen nur den Titel ›Graf von Warwick‹. Doch auch wenn es Nachkommen von Ethelfleda waren, waren sie nicht mit Ethelred verwandt, dem letzten der Linie von Owain Ddantgwyn.

Auch wenn wir wieder vor einem Ende des Verwandtschaftszweiges stehen, können wir ein Erbe der Artuszeit finden. Das Wappen der mittelalterlichen Grafen von Warwick ist ein Bär, der einen gezackten Stab hält. Die Herkunft dieses Wappens ist nicht geklärt, doch der Bär wird allgemein für das Emblem der sächsischen Könige von Mercia gehalten, von denen Ethelred der letzte war. Da ›Bär‹ der

Kriegsname von Owain war und der Ursprung des Namens ›Arthur‹, könnten die Könige von Mercia diesen Titel angenommen haben, als sich ihre Dynastie mit der der Könige von Powys vermischte.

Der älteste Hinweis auf den Ursprung des Warwick-Emblems unterstreicht den Zusammenhang mit dem historischen Artus. Nach John Rous, einem Priester im Warwick des 15. Jahrhunderts, wurde das Bärenzeichen zuerst von Arthgallus angenommen, einem frühen Grafen von Warwick und Tafelritter von Artus. Obwohl das natürlich eine Legende ist, könnte ein Körnchen Wahrheit darin liegen. In seinem Buch, das *Rous Rol* (heute in der British Library) von 1480, erläutert er, daß *arth* das walisische Wort für ›Bär‹ sei und damit der Grund für das Wappen. Er vergißt jedoch zu erwähnen, daß das walisische *gallus* ›mächtig‹ bedeutet. Rous scheint also unwissentlich entdeckt zu haben, daß das Wappen der Warwicks von jemanden mit dem Titel ›Mächtiger Bär‹ herrührt, der etwas mit Artus zu tun gehabt haben muß. Da es keinen historischen Nachweis für Arthgallus gibt, ist es möglich, daß sich der Name ursprünglich auf Artus selbst bezogen hat.

Hätte Rous einfach geschrieben, daß das Wappen von einer Figur namens Arthgallus herrührte, hätte das schon die Artus-Warwick-Bär-Theorie gestärkt. Doch seine Verknüpfung von Arthgallus mit König Artus ist eine weitere Bestätigung. Darüber hinaus unterstützt das Quellenmaterial von Rous den Fall noch, denn er bezieht sich auf eine ›walisische Chronik aus dem Land Powys‹, dem Königreich des historischen König Artus. Offenbar hat Rous aus dieser Chronik von Arthgallus, Warwick und dem Ursprung des Bärenwappens erfahren.

Owains Nachfolger haben also anscheinend den Kriegsnamen ›Bär‹ weitervererbt. Der sächsische Zweig der Familie könnte den Namen ebenfalls benutzt haben, der im Mittelalter zu einem Wappenzeichen wurde. Viele mittelalterliche Wappen sind auf diese Weise entstanden: Der Oberbefehlshaber von Cornwall, Constantine, (6. Jahrhundert) war unter dem Namen ›Löwe‹ bekannt, und im 12. Jahrhundert war das Wappentier der Herzöge von Cornwall der Löwe.

Ein weiterer Zweig von Owain Ddantgwyns Nachkommen führt uns zu einem der größten Geheimnisse der walisischen Geschichte: dem Rätsel um Owain Glendower.

Nach einer mittelalterlichen Genealogie von Powys, entdeckt 1696 von Edward Lhwyd in St. Asaph Abbey, wurde nach dem Tod des kinderlosen Cyngens der Sohn seiner Schwester Nest, Rhodri Mawr, König von Powys. Seine Nachkommen stammten daher aus der Linie von Owain Ddantgwyn. Im Jahr 1400 regierte Rhodris direkter Nachkomme Owain Glendower über den Rest von Powys. Im 14. Jahrhundert war den Normannen gelungen, was den Sachsen versagt gewesen war: Sie hatten Wales erobert. Owain Glendower war nun nur noch ein Lord der normannischen Provinz Powys. Da er sich dem englischen König Heinrich IV. unterwerfen sollte, rebellierte Owain Glendower und wurde von seinen Gefolgsleuten zum König von Wales ausgerufen.

1405 hatte er eine Armee aus allen Landesteilen aufgestellt und machte Burg Harlech zu seinem Hauptquartier. Doch im folgenden Jahr eroberte Heinrich IV. Harlech, und Owain Glendower zog sich in die Berge zurück. 1413 hatte sich der letzte Rebelle ergeben, doch was mit Owain Glendower selbst geschah, bleibt ein Geheimnis. Seine Gefolgsleute verrieten ihn nicht, er wurde nie gefaßt und sein Tod niemals verzeichnet.

Während des Aufstandes hatte Owain Glendower behauptet, ein Nachfahre König Artus' zu sein, und seine Truppen unter einem Banner mit einem goldenen Drachen geführt. Wenn Owain Ddantgwyn der historische Artus war, dann war Owain Glendower tatsächlich der direkte Nachkomme von Artus. Außerdem bediente er sich neun Jahrhunderte später eines Emblems der Artuszeit. Doch Glendower hat noch mehr mit dem historischen Artus gemeinsam als nur Banner und Name. Der walisische Dichter Gruffudd Hiraethog schreibt im 16. Jahrhundert, daß Glendower nur schläft und auf den Tag seiner Rückkehr wartet, um Wales von der englischen Herrschaft zu befreien – eine Sage, ähnlich der, die sich um Artus' Tod rankt.

Was wirklich mit Owain Glendower geschah, werden wir vermutlich niemals erfahren, obwohl wir eine begründete Vermutung haben. 1414 heiratete seine Tochter Alice, während Owain sich versteckt hielt, einen Sir John Scudamor von Kentchurch

Court in Herefordshire. Einer Legende zufolge starb Glendower in einem geheimen Zimmer im Haus seiner Tochter. Dies könnte sehr wohl der Wahrheit entsprechen: Vor einigen Jahren entdeckten Arbeiter bei Renovierungsarbeiten an Kentchurch Court ein geheimes Zimmer, das jahrhundertelang hinter einer Holzvertäfelung verborgen war.

Die Linie von Owain Ddantgwyn war nicht mit Owain Glendower beendet: Seine Tochter Alice hatte einen Sohn, dessen heutiger Nachkomme, John Scudamore, der gegenwärtige Besitzer von Kentchurch Court ist.

Eine letzte Linie führt uns direkt zu den Gralsromanen zurück. Nach der oben erwähnten Lhwyd-Genealogie heiratete die zweite Schwester Cynddia von König Cyngen nach dessen Tod 855 einen Prinzen von Gwent namens Ynyr. Dieselbe Genealogie führt die Reihe direkt zu einem walisischen Baron namens Cadfarch, dessen Tochter im späten 11. Jahrhundert den normannischen Baron Trevor, Graf von Hereford, heiratete. Der einzige Erbe, ihre Tochter Lynette, heiratete einen anderen normannischen Baron namens Payne Peveril, der 1066 an der Seite Wilhelms des Eroberers in der Schlacht von Hastings kämpfte. Und wer war um das Jahr 1200, als die Gralsdichtungen entstanden, das Oberhaupt der Familie Peveril?

Payne Peverils Enkelin und einzige Erbin Mellet heiratete einen gewissen Fulk Fitz Warine; ihr Sohn, der ebenfalls den Namen Fulk trug, war Ende des 12. Jahrhunderts Baron von Whittington Castle in

Shropshire. Mit Fulk Fitz Warine kehren wir zur Gralsgeschichte zurück. Ein Prosaroman, der um 1260 anonym verfaßt wurde, beschreibt die Entdeckung des Grals durch den Mann, der der wahre Erbe von König Artus ist. In dieser Geschichte, *Fulke le Fitz Waryn*, findet nicht Parzival, Gawain oder irgendein bekannter Ritter der Tafelrunde den Gral, sondern Fulk Fitz Warine, der als lebender Artuserbe geschildert wird.

Fulk Fitz Warine war der direkte Nachkomme von Owain Ddantgwyn, und Owain Ddantgwyn war anscheinend der historische Artus. Bemerkenswerterweise heißt es in dem Gralsroman nicht nur, daß Fulk Fitz Warine ein direkter Nachkomme von Artus war, sondern auch, daß er der wahre Hüter des Heiligen Grals sei.

Fulk Fitz Warine war ein aufrührerischer Baron während der Herrschaft von König Johann. Er wurde um 1170 geboren und nach dem Tod seines Vaters 1197 Herr von Whittington in Shropshire. Doch 1200 erhob ein anderer erfolgreich Anspruch auf Burg Whittington, und Fulk wurde wegen angeblichen Hochverrats geächtet. Die nächsten drei Jahre lang kämpfte er gegen König Johann in den Shropshire Marches und im nördlichen Zentralwales. 1203 wurde er rehabilitiert und bekam Burg Whittington zurück. 1215 schloß er sich der Rebellion der Barone an, die zur Unterzeichnung der Magna Carta führte. 1217 schloß er seinen Frieden mit Johanns Nachfolger Heinrich III. und starb um 1256. (Das Leben von Fulk Fitz Warine wurde 1860 von

R. W. Eyton in seinen *Antiquities of Shropshire* umrissen.)

Nach seinem Tod entstanden um Fulk zahlreiche Legenden und Volkserzählungen; Mitte des 13. Jahrhunderts schrieb ein unbekannter Autor einen Ritterroman über sein Leben. John Leland bezieht sich in seiner *Collectanea* auf diesen Roman und nennt ihn ›eine alte französische Geschichte über die Taten der Warines‹. Dies scheint der Roman *Fulke le Fitz Waryn* gewesen zu sein, der als Manuskript (*Historia rerum Anglicarum*) in der British Library aufbewahrt wird. Nach dem anglo-normannischen Stil des Französisch scheint es um die Mitte des 13. Jahrhunderts geschrieben worden zu sein, vermutlich vor dem Tod von Fulks Sohn bei der Schlacht von Lewes 1265, da er im Vorwort des Autors noch als lebend erwähnt wird.

Fulke le Fitz Waryn konzentriert sich hauptsächlich auf die Jahre zwischen 1200 bis 1203, als er in einen Aufstand gegen König Johann verwickelt war. Zu Beginn wird Fulk als Nachkomme und rechtmäßiger Erbe von König Artus beschrieben:

> Er soll so große Macht und Tugend besitzen.
> Doch wir wissen, daß Merlin
> dies Fulk Fitz Warine weissagte;
> denn ihr könnt alle sicher sein,
> daß das Land zur Zeit von König Artus
> das Weiße Land hieß.

Fulk will das Weiße Land an der wallisischen Grenze, das einst das Land von Artus war, unbedingt wieder in Besitz nehmen, doch dazu muß er zunächst den Gral finden. Er entdeckt ihn schließlich in einer Kapelle bei seiner Burg in Whittington. Auf dem Totenbett ordnet er an, daß der Gral in ein von ihm gegründetes Kloster im nahen Alberbury gebracht wird.

Die Gralsromane nennen das Gralskönigreich das Weiße Land, und so heißt auch das Königreich von Powys in der walisischen Dichtung des frühen Mittelalters. Es überrascht daher nicht, daß Fulks Burg Whittington im Herzen des frühmittelalterlichen Powys liegt, ungefähr 20 Meilen nordwestlich von Shrewsbury. Die Erwähnung des Weißen Landes bedeutet, daß der Autor von *Fulke le Fitz Waryn* entweder die Gralsromane kannte, die gerade ein paar Jahre zuvor geschrieben worden waren, oder daß ihm eine andere Quelle zur Verfügung stand. Außerdem erfahren wir den Namen von Artus' Hauptstadt:

> Es war die Weiße Stadt [White Town],
> die heute Whittington heißt.

Viroconium wird im *Lied von Llywarch dem Alten* die Weiße Stadt genannt. Im *Fulke le Fitz Waryn* heißt es, daß Whittington, wo Fulks Burg steht, die Weiße Stadt sein soll. Whittington liegt heute in Shropshire, und bis zum 7. Jahrhundert gehörte ganz Shropshire zum britischen Königreich von Powys. Obwohl die römische Stadt Viroconium ursprünglich die Weiße Stadt war, scheint der Name an die neue Hauptstadt von Powys übergegangen zu sein, als man 658 Viroconium verließ. Im sächsischen Steuerdokument *Tribal Hidage* von 660 finden wir Hinweise auf die neue Hauptstadt des verkleinerten Königreiches Powys. Sie liegt in der Nähe von Oswestry an der Spitze der Great March. Und genau hier liegt Whittington, in den walisischen Marken, ungefähr drei Meilen östlich von Oswestry. Wir wissen aus dem *Domesday Book*, im späten 11. Jahrhundert für Wilhelm den Eroberer geschrieben, daß Whittington der sächsische Name für diese Stadt war. Und tatsächlich hat sich Whittington direkt aus den englischen Wörtern ›White Town‹ entwickelt.

Die *Angelsächsische Chronik* berichtet, daß Whittington eingenommen wurde, als König Offa von Mercia im 8. Jahrhundert nach Westen vorstieß. Nach der Eroberung der Stadt ließ Offa einen riesigen Erdwall errichten, der heute als Offa's Dyke bekannt ist, um die Britannier auf Wales zu beschränken. Danach wählten die Könige von Powys Dinas Bran zu ihrer neuen Hauptstadt, eine Bergfestung in der Nähe von Llangollen, einige Meilen nordwestlich von Whittington. Whittington war damit die letzte Hauptstadt von Powys auf späterem englischen Grund und Boden. Offenbar wurde Fulk als Herr von Whittington auch als König des alten Powys angesehen. Wie wir gesehen haben, stammte er direkt von den britannischen Herrschern des frühen Mittelalters ab, wenn auch die Nachkommen von Rhodri Mawr zu dieser Zeit im walisischen Powys regierten.

Fulke le Fitz Waryn stellt Fulk nicht nur als Erben irgendeines Königs von Powys dar, sondern von Artus selbst. So wie die Ankunft von Artus war auch die Ankunft von Fulk durch Merlin prophezeit worden:

> Von diesem Land stammte der Wolf,
> wie der weise Merlin sagt,
> und die zwölf scharfen Zähne
> haben wir auf seinem Schild erkannt.
> Er trug einen gezackten Schild,
> wie die Seher verkündeten;
> im Schild sind zwölf Zähne
> aus Gold und Silber.

Fulks Schild trägt ein Abbild von zwölf Zähnen, sechs oben und sechs unten, die dem geöffneten Maul eines wütenden Wolfes gleichen. Dies, sagt Merlin, ist das Zeichen des Helden:

> Ein Wolf wird aus dem Weißen Land kommen,
> mit zwölf scharfen Zähnen,
> sechs unten und sechs oben.

Fulke le Fitz Waryn ist eine Mischung aus historischen Ereignissen und Märchenwelt. Fulk macht sich auf die Suche nach dem Gral, bekämpft als Ritter Drachen, rettet Damen und überlistet Hexen. Auf einer geheimnisvollen Insel trifft er einen Hirten, den Torwächter einer Zauberburg, die in den Fels hineingebaut ist. Um die Burg zu betreten, muß Fulk sich würdig erweisen, indem er ein seltsames Schachspiel mit Gold- und Silberstücken spielt. Jedesmal wenn er das Spiel beinahe gewinnt, gelingt es den sieben Brüdern des Hirten, die wie Hofnarren gekleidet sind, ihn abzulenken. Schließlich verliert Fulk die Geduld und durchbohrt sie mit seinem Schwert.

Darauf betritt Fulk die Burg und trifft auf eine alte Frau und sieben Jungfrauen, die Hüter eines Zauberhorns, das bei Gefahr Hilfe herbeiruft. Mit dem Horn verläßt Fulk die Insel. Er reist in ein Land im kalten Norden, besiegt zwei Schlangen, rettet eine Dame in Not und kehrt schließlich nach Hause zurück.

Es gibt nicht nur Ähnlichkeiten mit der Artusdichtung, Fulks Gralssuche ist darüber hinaus identisch mit jener in den Artuserzählungen der frühen walisischen Literatur. *Der Dialog von Artus*, der *Traum von Rhonabwy*, *Culhwch und Olwen* und die *Beute von Annwn* sind mit Episoden aus *Fulke le Fitz Waryn* vergleichbar. Fulks Burg liegt an der Grenze von Wales und Shropshire, von wo er ›den Eber vertreiben will‹. Im *Traum von Rhonabwy* liegt der Artushof genau auf der Grenze von Wales und Shropshire, und in *Culhwch und Olwen* jagt Artus einen Eber. Fulks letzte ›Festung‹ liegt ›im Wasser‹, wie die von Artus auf der Insel Avalon. Um Erfolg zu haben, muß Fulk einen Gegner im Schach schlagen, wie es Artus im *Traum von Rhonabwy* tut. Um in die Burg zu gelangen, muß Fulk den Torhüter überlisten, wie der Held im *Dialog von Artus*.

Fulks Reise über das westliche Meer auf die geheimnisvolle Insel, wo er das Zauberhorn findet, erinnert an die *Beute von Annwn*. Das Thema dieser Erzählung ist der Überfall von Artus und seinen

Männern auf der Insel Annwn, bei dem sie einen Zauberkessel stehlen. In *Fulke le Fitz Waryn* ist aus dem Kessel ein Horn geworden, doch wie der Kessel wird er von einer weisen Frau und einer Jungfrauengemeinschaft bewacht.

Auf Fulks letztem Abenteuer, bevor er mit dem König Frieden schließt, enthauptet er einen Riesen in Irland und kehrt mit dessen Kopf nach Burg Whittington zurück. Wieder scheint es eine Verbindung zu den walisischen Triaden zu geben. In den *Drei schlimmen Entdeckungen* wird Artus für die Niederlage der Britannier verantwortlich gemacht, da er den Kopf des Gottes Bran, der in Londons Tower Hill als Schutz gegen Eindringlinge aufbewahrt wurde, entwendet habe. Der normannische Bergfried des Tower of London wurde (und wird noch) der Weiße Turm genannt. Die Originalgeschichte könnte sich also auf den Weißen Turm in der Weißen Stadt beziehen, wie Fulks Burg in *Fulke le Fitz Waryn* genannt wird, die in dessen Anfangsversen sogar die Burg von Bran genannt wird. Indem er den Kopf des Riesen, vermutlich Bran, zurückbringt, macht Fulk offenbar den Fehler von Artus wieder gut.

Selbst der Sieg von Fulk über die zwei Schlangen erinnert an die Aufgabe von Ambrosius bei Nennius. Das könnte auf das Recht von Fulk anspielen, die Insignien der königlichen Artusfamilie zu erben, die Doppelschlangen. Der Autor von *Fulke le Fitz Waryn* hatte offenbar wirklich Zugang zu älteren Quellen. Dann enthielte der Roman wahrscheinlich Verse eines verlorenen Artusgedichtes.

Der Autor zitiert immer wieder Verse aus einem Gedicht, um zu beweisen, daß sie die Ankunft von Fulk Fitz Warine vorhergesagt haben. *Fulke le Fitz Waryn* ist größtenteils in anglo-normannischer französischer Prosa geschrieben, doch die Verse sind mittelalterliches Walisisch. Eine Sprachanalyse hat ergeben, daß die walisischen Teile aus dem frühen 12. Jahrhundert stammen, wahrscheinlich aus einem frühen Roman, die der Autor von *Fulke le Fitz Waryn* im originalen Wortlaut einfügt. Offenbar stellt der Verfasser Fulk als Artusnachfolger dar, um den Walisern zu schmeicheln, die selbst gerade gegen den englischen König rebellierten, als die Geschichte entstand (um 1260). Da Fulk im frühen 13. Jahrhundert erfolgreich an der Seite von walisischen Baronen gekämpft hat, wollte der Autor offenbar die Midlandbarone und walisischen Prinzen dazu bringen, sich wieder zu verbünden, um König Heinrich III. zu besiegen.

Heute gilt das walisische Gedicht *Fulke le Fitz Waryn* als Teil eines verlorenen walisischen Romans mit dem Titel *Peveril*, benannt nach seinem Helden Payne Peveril, Fulks Urgroßvater. Mit den Peverilpassagen in *Fulke le Fitz Waryn* kann das Geheimnis der Gralsromane gelöst werden. Vielleicht ist dies alles, was vom ältesten Gralsroman übriggeblieben ist, die Urerzählung, das Vorbild für alle anderen. Und der Schlüssel für den historischen Parzival und die historische Gralsburg.

13

Parzival

Obwohl vieles an den Gralsdichtungen frei erfunden ist – oder doch übertragene Bedeutung hat –, könnte es eine historische Persönlichkeit als Vorbild für Parzival geben. Eine Stelle im *Didcot Parzival* liefert dafür einen wichtigen Anhaltspunkt. Der unbekannte Verfasser behauptet, daß die Gralsgeschichte aus einem ›Buch in der britischen Sprache, die dem Bruder Blayse diktiert wurde‹, stammt. Wer war dieser geheimnisvolle Bruder Blayse?

Literaturwissenschaftler haben vermutet, der Autor sei ein gleichnamiger Mönch aus der Abtei von St. Asaph in Nordwales, der im späten 11. Jahrhundert erwähnt wird. In St. Asaph war Geoffrey of Monmouth Bischof, nachdem er seine *Geschichte der Könige Britanniens* um 1135 beendet hatte. Einige Historiker behaupten sogar, daß das Buch, das Geoffrey für sein Werk benutzt habe – ›ein Buch in der alten britischen Sprache‹ –, von

Blayse selbst geschrieben oder zumindest übersetzt worden war.

Wenn der Blayse aus dem *Didcot Parzival* der walisische Mönch aus dem 11. Jahrhundert ist, dann hat ihn der Romanautor in die falsche Zeit eingeordnet. Nach seinen Worten war Blayse ein Zeitgenosse Merlins und Parzivals. Doch wenn dieser Blayse der Mönch von St. Asaph aus dem 11. Jahrhundert sein soll, dann lebte er etwa sechs Jahrhunderte nach dem historischen Artus.

Wie gesagt, kann sich die mittelalterliche Gralsgeschichte aus zwei verschiedenen Überlieferungen entwickelt haben: In der einen stammen die Gralshüter aus Parzivals Familie, in der anderen aus der Familie des Artus. Wenn es einen geschichtlichen Parzival gegeben hat, haben Artus und er vielleicht zu verschiedenen Zeiten gelebt und wurden erst später in der Dichtung zu Zeitgenossen. Wenn Blayse, der Mönch von St. Asaph, wirklich der Verfasser des ursprünglichen Gralsromans war, war der geschichtliche Parzival vielleicht sein Zeitgenosse. Jedenfalls gibt es keinen historischen Beleg dafür, daß irgend jemand, auf den Parzivals Beschreibung paßt, im späten 5. Jahrhundert gelebt hat.

Im *Didcot Parzival* heißt es über die Gralsfamilie:

Wisset also, daß der Gral in die Hände von Joseph gegeben wurde und Joseph ihn bei seinem Tod an seinen Schwager vererbte, der den Namen Bron trug. Und dieser Bron hatte zwölf Söhne, und einer von ihnen hieß Alain li Gros.

Und der Fischerkönig bestimmte ihn zum Beschützer seiner Brüder. Dieser Alain kam aus Judäa in dieses Land, wie unser Herr ihm befohlen hatte [...] Und Ihr sollt auch wissen, daß Alain li Gros der Vater von Parzival war und Bron sein Großvater, der der Fischerkönig genannt wird.

Der Autor bringt offensichtlich zwei Epochen durcheinander: Joseph von Arimathia lebte im 1. Jahrhundert, die Artuszeit, in der Parzival gelebt haben soll, war über vier Jahrhunderte später. Die Situation wird noch unübersichtlicher, denn weder Artus noch Joseph waren Zeitgenossen von Blayse, dem Mönch von St. Asaph. Gab es für Bron, Alain und Parzival in Wirklichkeit geschichtliche Vorbilder in der Zeit des Blayse, im späten 11. Jahrhundert?

In *Fulke le Fitz Waryn* finden wir überzeugende Hinweise darauf, daß Parzival in der Tat einer historischen Persönlichkeit nachgebildet war, einem Zeitgenossen von Blayse. Der Roman beginnt 100 Jahre vor Fulk mit dessen Urgroßvater Payne Peveril. Kurz nach seiner Krönung zum König von England reist Wilhelm der Eroberer durch das Land:

Der König kleidete sich sehr kostbar und kam mit großem Gefolge in die Grafschaft Shrewsbury [...] Als König Wilhelm sich den Hügeln und Tälern von Wales näherte, erblickte er eine Stadt, einstmals von hohen Wällen umgeben, die völlig niedergebrannt war [...] Dann fragte der König einen Briten nach dem Namen der Stadt und nach dem Ursprung dieses Namens. »Sire«, sagte der Brite, «ich werde es Euch sagen. Die Burg hieß einstmals Brans Burg, doch nun wird sie die ›Alte Mark‹ genannt [...] König Bran, der Sohn von Donwal, ließ die Stadt wieder errichten [...] und die Stadt dort wird immer noch Weiße Stadt genannt, auf englisch Whittington.«

Dann belohnt Wilhelm Payne Peveril für dessen Dienste: Er macht ihn zum Herrn von Whittington. Payne Peveril, der Sohn eines Alan le Crux, errichtet darauf ›die Weiße Burg‹ im Zentrum der Stadt. Payne Peveril hat bemerkenswerte Ähnlichkeit mit dem Parzival der Gralsromane. Nicht nur sein Name klingt ähnlich, sondern er soll auch der Sohn eines Alan le Crux sein. Im *Didcot Parzival* heißt Parzivals Vater Alain li Gros (crux ist lateinisch, *groes* walisisch, und beides bedeutet Kreuz). Payne Peverils Burg ist ›die Weiße Burg‹ – denselben Namen trägt Parzivals Gralsburg im *Perlesvaus*. Im *Fulke le Fitz Waryn* hat die Burg einst einem gewissen Bran gehört, und fast alle Gralsromane geben dem Fischerkönig einen ähnlichen Namen: Bron. Außerdem erfahren wir, daß Brans Burg die ›Alte Mark‹ hieß – derselbe Name, der der Burg des Fischerkönigs im *Lancelot* des Lanzelot-Gral-Zyklus gegeben wird. Schließlich erhebt sich die Gralsburg in drei Romanen in oder nahe ›der Weißen Stadt‹. Auch Payne Peverils Burg wurde in der Weißen Stadt von Whittington errichtet. War Payne Peveril der geschichtliche Parzival? Wenn ja, muß Parzival gelebt haben, bevor er erstmals in der Artusdichtung auftaucht. Vielleicht kamen diese erstaunlichen Ähnlichkeiten nur durch den Autor von *Fulke le Fitz Waryn* zustande, der um 1260 seine Figur dem *Didcot Parzival* entnahm, der etwa 60 Jahre früher entstanden ist. Doch dies ist eher unwahrscheinlich: Payne Peveril und sein Vater waren nicht erfunden, sie waren vielmehr echte historische Persönlichkeiten. Ihre Namen und Payne Peverils Herrschaft in Whittington werden im *Domesday Book* und im *Feet of Fines* aus dem 12. Jahrhundert aufgeführt. Peveril war außerdem nicht nur ein Zeitgenosse von Blayse; die Aufzeichnungen von St. Asaph Abbey belegen, daß Blayse 1090 Priester von Whittington wurde. Mit Sicherheit ist es kein Zufall, daß der wahrscheinliche Autor des Originals, auf das sich der Autor des *Didcot Parzival* gestützt hat, der persönliche Kaplan von Payne Peveril war.

Die Hinweise auf Payne Peveril im *Fulke le Fitz Waryn* scheinen aus dem walisischen Gedicht *Peveril* entnommen zu sein, das um 1100 entstanden ist – ein Gedicht, das vermutlich von Blayse selbst verfaßt wurde. Es ist sogar in seiner Sprache geschrieben: Der *Peveril* wurde im Walisisch des frühen 12. Jahrhunderts geschrieben – Blayse lebte im frühen 12. Jahrhundert und stammte aus Asaph in Nordwales. Da Blayse auch die Geschichte, die den *Didcot Parzival* beeinflußt hat, zugeordnet wird, sind beide vermutlich gleichzusetzen. Mit anderen Worten, das *Peveril*-Gedicht ist der ursprüngliche Gralsroman.

Leider übernahm der Verfasser von *Fulke le Fitz Waryn* nur kurze Passagen aus dem *Peveril*, so erfahren wir enttäuschend wenig über Payne Peverils Leben. Wir wissen mit Sicherheit, daß seine Frau Lynette die direkte Nachfahrin von Owain Ddantgwyn war – dem geschichtlichen Artus, der stets mit dem Gral in Verbindung gebracht wurde. Im *Fulke le Fitz Waryn* wird der Gral von Payne Peverils Urenkel Fulk entdeckt, der rund ein Jahrhundert später lebte. Nachdem Fulk durch halb Europa gereist ist, kehrt er schließlich nach Hause zurück. Er entdeckt den Gral in der Gruft seiner eigenen Kapelle in Whittington:

> Und dort in der Kapelle von St. Augustin erblickte Fulk den Gral, den unser Herr und Erlöser in die Hände seines Dieners Joseph legte.

Diese Kapelle war ein Gebäude, das nach der Auflösung der Klöster Mitte des 16. Jahrhunderts zerstört wurde. Die Ruinen von Burg Whittington stehen noch immer, und auf dem Gelände der Kapelle vor den Burgmauern befindet sich nun ein Garten. Von Aufzeichnungen der Shrewsbury Abbey wissen wir, daß die Kapelle um 1090 durch eine Spende von Payne Peveril persönlich wiederaufgebaut wurde.

In nahezu allen Gralsromanen wird der Gral in einer Kapelle neben der Gralsburg aufbewahrt. Vielleicht war das kleine Gotteshaus von Whittington die echte Gralskapelle. Vielleicht ließ Paynes Frau Lynette als direkter Nachkomme des Artus den Bau für die Reliquie errichten.

Der heilige Kelch ist jedoch nicht der einzige Gral im *Fulke le Fitz Waryn*. Wie in anderen Romanen gibt es auch hier eine zweite Reliquie, ein Buch, das ebenfalls als Gral bezeichnet wird. In der *Peveril*-Passage des *Fulke le Fitz Waryn* heißt es, daß ein Mann erst lernen muß, seine Weisheit und seine Macht im Gleichgewicht zu halten, wenn er erleuchtet werden will. Dann: ›Dies sagt uns der Gral, das Buch vom heiligen Gefäß‹. Da sich das ›heilige Gefäß‹ hier mehr auf Christus als auf den Kelch zu beziehen scheint, ist dieser Gral wie im Lanzelot-Grals-Zyklus ein geheimer Text, der Jesu eigene Worte enthält. Wenn die Gralsromane ursprünglich eine andere apostolische Sukzession, eine andere Amtsnachfolge der Bischöfe, sinnbildlich zum Ausdruck brachten, eine Nachfolge, die auf Joseph von Arimathia zurückging, dann könnte dieses ›Buch vom heiligen Gefäß‹ ein weiteres Evangelium sein. Falls ein solches Buch tatsächlich existiert, wären die Lehren der offiziellen Kirche ziemlich bedroht gewesen. Leider liefert *Fulke le Fitz Waryn* keine weiteren Hinweise auf das Buch.

Der *Fulke le Fitz Waryn* enthält nur Auszüge aus dem verlorengegangenen *Peveril*. Doch das Original könnte direkt einen französischen Roman aus dem 14. Jahrhundert beeinflußt haben. Die Handschrift mit dem Titel *La Folie Parzival* ist vielleicht die vollständigste erhaltene Übersetzung des *Peveril*-Gedichtes.

Das Werk wird heute in der Bibliothèque Nationale in Paris aufbewahrt. Die Handschrift mit der Katalognummer MS Fonds français 12577 stammt aus der Zeit um 1330 und enthält mehrere Artuserzählungen, die von demselben unbekannten Schreiber gesammelt wurden. Da das Manuskript weitere Prosaversionen früherer Versromane um Artus enthält, wie etwa Waces *Roman de Brut* und Chrétiens *Lancelot*, wollte der Schreiber offenbar alle früheren Artusversromane in Prosa übertragen. Die Quellen der anderen Werke sind in früheren Abschriften überliefert, obwohl man das Original von *Folie* noch nicht gefunden hat. Der Grund für die Annahme, daß es sich auf denselben Roman wie die *Peveril*-Passagen im *Fulke le Fitz Waryn* gründet, sind die fast identischen Einleitungszeilen.

Der *Peveril*-Teil von *Fulke le Fitz Waryn* beginnt mit Merlins Weissagung von der Ankunft eines großen Kriegers:

> Der Wolf wird die Wälder und die Berge verlassen,
> der Leopard wird dem Wolf folgen
> und ihn mit seinem Schwanz bedrohen.
> Der Wolf wird die Wälder und die Berge verlassen,
> wird mit den Fischen im Wasser bleiben
> und über das Meer fahren,
> wird die ganze Insel umrunden.
> Schließlich wird er den Leopard besiegen
> durch seine Klugheit und Kunst;
> dann wird er in dieses Land kommen
> und seine Festung im Wasser errichten.

La Folie Parzival beginnt praktisch mit derselben Prophezeiung:

> Der Leopard wird dem Wolf folgen und ihn mit seinem Schwanz bedrohen und ihn ins Meer drängen. Doch der Wolf wird aus dem Meer zurückkehren, um den Leoparden durch Heimlichkeit und Klugheit zu besiegen. Dann wird er ins Weiße Land kommen und seine Burg auf einer Insel im See erbauen.

In *Fulke le Fitz Waryn* gilt diese Passage als Prophezeiung von Fulks Streit mit König Johann und dem Besitz von Burg Whittington. In *La Folie* soll sie sich auf Parzivals Streit mit einem Roten Ritter und die Errichtung einer neuen Gralsburg in der Weißen Stadt beziehen.

Es sieht so aus, als hätten beide Romane dieselbe Quelle benutzt, nämlich die Urfassung des *Peveril*. Doch *Fulke le Fitz Waryn* übernimmt nur einige Verse aus dem Gedicht, wohingegen *La Folie* die ganze Geschichte zu enthalten scheint. Obwohl Parzival der Held des Romans ist und nicht Payne Peveril, besitzen die beiden viele Ähnlichkeiten. Zum Beispiel läßt Parzival die Burg in Whittington, der historischen Weißen Stadt, errichten, und zwar auf einer Insel im See an der ›Großen Mark‹, genau wie die von Parzival. Der Verfasser von ›*La Folie*‹ könnte den Namen Peveril einfach in Parzival geändert haben, da der Artusritter zu seiner Zeit, also im 14. Jahrhundert, untrennbar mit der Gralsgeschichte verbunden war. Wir haben bereits gesehen, daß andere Autoren den Namen ebenfalls änderten, so etwa im Parzival bei Wolfram und in Peredur im Walisischen.

Ein weiterer Anhaltspunkt dafür, daß *La Folie* auf dem *Peveril* basiert, ist, daß der eine Gral ein Buch ist. Wie in der *Peveril*-Passage bei *Fulke* beschreibt *La Folie* ihn als ›das Buch vom heiligen Gefäß‹. Kein anderer erhaltener Roman verwendet diese genaue Beschreibung.

Offenbar ist *La Folie* eine ziemlich genaue Übertragung der Urfassung, da auch die übrigen Werke inhaltlich nicht verändert, sondern nur in französische Prosa übertragen wurden. Es könnte also eine ganz verläßliche Nacherzählung des ersten mittelalterlichen Gralsromans sein. Übersetzt bedeutet *La Folie Parzival* ›Parzival der Narr‹, genauer wäre ›Der naive Parzival‹. Ein dummer und naiver junger Mann muß zu weltlicher Weisheit gelangen, bevor er seinen rechtmäßigen Platz als Gralshüter einnehmen kann. Nach der Prophezeiung Merlins fährt die *Folie* mit Parzivals Begegnung mit einem geheimnisvollen Roten Ritter fort. Der Ritter erzählt Parzival, daß er ihn im Kampf besiegen muß, wenn er eine von ihm bewachte Brücke überqueren will – ein Motiv, das in vielen späteren Artusromanen vorkommt, auch wenn die Helden Artus oder Lanzelot heißen. Obwohl er sich tapfer schlägt, wird Parzival besiegt. Der Ritter setzt ihm jedoch eine Gnadenfrist von einem Jahr, in dem Parzival lernen soll, seinen Gegner zu besiegen, sonst muß er sterben. Auch dieses Motiv kennen wir aus einem späteren Roman, aus *Sir Gawain* oder der *Grüne Ritter* (um 1400), in dem der Grüne Ritter Gawain dieselben Bedingungen stellt.

Danach begegnet Parzival Merlin, von ihm erfährt er, daß er die Weisheit des Grals suchen muß, wenn er den Roten Ritter besiegen will. Wir erfahren aber nicht, was der Gral eigentlich ist oder welche Weisheit er bereithält. Merlin kehrt in den Wald zurück, und Parzival macht sich auf die Suche nach der Gralsburg. Bald darauf trifft er eine weise Frau am Weg, die ihm alles über die Burg erzählt, ›die Burg des Fischerkönigs in der alten Mark‹. Wieder liegt die Burg in der Old Marche, der Name für das walisische Grenzgebiet um Whittington, wie bereits im *Fulke le Fitz Waryn* und dem *Didcot Parzival* beschrieben.

Als Parzival schließlich die Burg findet, wird er zu einem Bankett geladen, das zu Ehren des Fischerkönigs und seiner Frau, der Königin, stattfindet. Während der Mahlzeit betritt eine Prozession mit Gralsreliquien aus einer Seitenkapelle den Raum. In der *Folie* finden wir eine Illustration der Prozession: eine Jungfrau mit einem Kelch, gefolgt von einem Pagen mit einer Lanze und vier Dienern, die eine verhängte Kiste mit einem Schwert darauf tragen. Später erfahren wir die Bedeutung der Gegenstände: Der heilige Kelch enthielt einst das Blut Christi, mit der Lanze wurde bei der Kreuzigung Jesu Seite geöffnet, mit dem Schwert wurde Johannes der Täufer enthauptet, und die verhängte Kiste enthält die Schale vom letzten Abendmahl. Die Diener stellen die Kiste vor den

König und die Königin, öffnen sie und zeigen die heilige Schale:

> Und auf der Schale lag das Buch vom heiligen Gefäß, doch Parzival konnte es nicht ansehen, so hell leuchtete es.

Dem König jedoch macht das Lichts nichts aus, und er liest aus dem Buch. Wieder finden wir eine Verbindung zur *Peveril*-Passage im *Fulke le Fitz Waryn*, denn der König erklärt Parzival, daß er Macht und Weisheit im Gleichgewicht halten muß, wenn er ein weiser König werden will. Parzival staunt über das, was um ihn herum vorgeht, und wundert sich, warum der Fischerkönig ihm einen solchen Rat gibt. Doch wie in den anderen Gralsromanen versäumt er es, den Gastgeber zu fragen. Das Bankett endet, und der Fischerkönig kehrt allein in die Gralskapelle zurück, wo er die Nacht im Gebet verbringen will.

Später beschließt Parzival, dem König in die Kapelle zu folgen, in der Hoffnung, die Gralsheiligen noch einmal zu sehen. Drinnen stellt er fest, daß der König verschwunden ist; statt dessen trifft er auf einen Mann mit Kapuze, den er für einen Priester hält. Von ihm erfährt er, daß er die Burg verlassen muß, da er keine Fragen über das Geschehene gestellt hat. Parzival wird überraschend von einem grellen Blitz geblendet; als er wieder sehen kann, steht er neben der weisen Frau im Wald. Wie in anderen Gralsromanen erfährt Parzival von der weisen Frau, daß der Fischerkönig sein Großvater ist. Der Name des Fischerkönigs, Bran, verweist auf den *Peveril*. Bran sei der Gralshüter und könne nicht sterben, bis er durch einen Nachfolger abgelöst werde. Dieser Nachfolger ist, wie sonst auch, Parzival; aber er kann erst der neue Fischerkönig werden, wenn er die richtige Frage gestellt hat. Das Buch, so erfahren wir, enthält die geheimen Worte, die Christus selbst gesprochen hat, und nur der Fischerkönig kann sie lesen. Als Parzival die Frau fragt, woher sie diese Dinge weiß, sagt sie:

»Ich war einst wie er, der dich hierher schickte. Ich bin der Adler, der höher flog als jeder, der in Rom wohnte. Ich war es, die den Wein von Petrus und Joseph trank.«

Mit diesem geheimnisvollen Rätsel verschwindet die weise Frau im Wald.

Auf der Suche nach der Gralsburg erlebt Parzival zahlreiche Abenteuer. Es begegnen ihm sonderbare Gestalten, die ihm Rätsel aufgeben, die er lösen soll: Zwei Verliebte unter einem Baum bitten ihn, einen goldenen Apfel von einem Riesen zu holen; ein Wagenlenker mit einer blutenden Lanze, vielleicht einer der Gralsheiligen; ein Eremit, der ihm eine Vision der Kreuzigung offenbart und ein Kuttenträger, der das Gras vernichtet, über das er geht.

Schließlich findet Parzival die Gralsburg, die der Teufel durch einen Blitzschlag zerstört hat. Da der Fischerkönig nicht sterben kann, lebt er nun allein in den Ruinen. Obwohl er schwach und gebrechlich ist, lädt er Parzival zum Essen ein. Diesmal ist es kein

Bankett, sondern ein einfaches Mahl aus Brot und Wein. Als der Fischerkönig das Brot bricht, um es mit seinem Gast zu teilen, betritt die Gralsprozession wieder die Halle. Als das heilige Buch wieder geöffnet wird, stellt Parzival diesmal die richtige Frage: »Wem dient der Gral?« Da Parzival nun seine Rolle übernommen hat, gibt ihm der König zufrieden das Buch und antwortet: »Der Gral dient dem Fischerkönig.« Und auch wenn es noch hell leuchtet, kann Parzival nun den Text lesen.

Im Gegensatz zu den anderen Gralsromanen, in denen die Bedeutung dieser seltsamen Frage ein Rätsel bleibt, ist die *Folie* eindeutig. Als der König Parzival das Buch überreicht und ihm sagt, daß ›dieser Gral dem Fischerkönig dient‹, bedeutet das, daß Parzival sich als würdig erwiesen hat, der neue Fischerkönig zu werden. Zudem scheint das Buch selbst der Gral zu sein, da Parzival erfährt, daß es dem Fischerkönig dient, während es ihm überreicht wird.

Der alte König informiert Parzival dann über das Buch und daß es die heiligen Worte Jesu enthält, die von einem seiner Jünger namens Didymus niedergeschrieben wurden. Er erfährt auch alles über die Personen, die er während seiner Suche getroffen hat. Der Mann, den er in der Gralskapelle für einen Priester gehalten hat, war in Wahrheit der Papst; die Verliebten waren Adam und Eva; der Eremit war Joseph von Arimathia; der Wagenlenker der römische Soldat, der Christus mit der Lanze die Seite geöffnet hat, und der Mann in der Kutte der Tod.

Als der Fischerkönig geendet hat, erscheint ein

Engel, um ihn in den Himmel zu bringen. Dann tritt der Rote Ritter auf, um Parzival daran zu erinnern, daß sein Jahr um ist und er um seine Ehre kämpfen muß. Parzival nimmt die Herausforderung an, wird aber wieder besiegt. Der Rote Ritter durchbohrt ihn mit seinem Schwert, doch da Parzival als neuer Fischerkönig nicht sterben kann, ist er sofort wieder geheilt. Der Rote Ritter lacht und erklärt, daß ihm Genugtuung widerfahren sei. Er zieht den Helm ab, es ist Merlin. Er hatte die ein Jahr dauernde Suche für Parzival arrangiert, damit er ein würdiger Fischerkönig würde. Die Geschichte endet damit, daß Parzival eine neue Gralsburg, ›die Weiße Burg der Weißen Stadt‹ erbaut, und eine ›weiße Jungfrau‹ nimmt das heilige Buch ›an einen anderen Ort mit‹, vermutlich in den Himmel.

Es gibt kaum Zweifel daran, daß die *Folie* eine allegorische Darstellung der apostolischen Nachfolge ist. Kurz vor seinem Ableben lädt der Fischerkönig seinen Nachfolger zu einem schlichten Mahl aus Brot und Wein ein, wie Jesus mit seinen Jüngern beim letzten Abendmahl. Und wie Jesus fährt der Fischerkönig körperlich zum Himmel auf. Parzival nimmt auf Erden seinen Platz ein, wie Petrus den von Jesus. Die Tatsache, daß Parzival bei seinem ersten Besuch den Papst anstelle des Königs in der Kapelle getroffen hat, bedeutet, daß der Fischerkönig selbst der Papst ist. Mit anderen Worten: Er gehört in die wahre apostolische Nachfolge. Wieder tritt Joseph von Arimathia auf, um eine Vision der Kreuzigung heraufzubeschwören – vermutlich ein Zeichen dafür, daß die Nachfolge von Joseph und nicht von Petrus ausgeht, wie es die offizielle Kirche lehrt.

Wie wir gesehen haben, ist die Quelle der *Folie* offenbar dieselbe wie die des *Peveril* im Fulkroman. Doch war das wirklich der älteste Gralsroman – die Urfassung, die Chrétien und seine Zeitgenossen als Vorlage diente? Die erhaltene Abschrift der *Folie* stammt aus der Zeit um 1330 und entstand damit beinahe anderthalb Jahrhunderte nach den ersten Romanen. Für die meisten Literaturhistoriker ist die *Folie* ein später Roman, eine Zusammenstellung aus den ursprünglich acht Romanen. Wie Thomas Malory aus den berühmten Artusromanen seiner Zeit geschöpft habe, so habe auch der Autor der *Folie* die Gralsgeschichten benutzt. Zwar hält sich der Schreiber strikt an die Handlung der Vorlage, doch diese ist bereits später als die Romane von Chrétien und seinen Zeitgenossen.

Trotzdem strahlt die *Folie* etwas Authentisches aus. Wo die allegorische und die symbolische Bedeutung der anderen Romane unklar bleibt, ist die *Folie* klarer. Nicht nur der Sinn des letzten Mahls und von Parzivals Frage ist leicht zu verstehen, sondern auch der des Grals. Stets enthüllt der Gral ein bestimmtes Wissen, doch wie dies vonstatten geht, bleibt im dunkeln: In der ersten Fortsetzung ist der Gral ein unerklärliches schwebendes Objekt, das irgendwie den Wissensdurst löscht; im *Perlesvaus* ist der Gral ein unbestimmter Gegenstand, in dem irgendwie Visionen erscheinen; und Chrétien erklärt überhaupt nicht, wie sein Gral funktioniert. Es entsteht der Eindruck, daß die Verfasser der Gralsdichtungen die volle Bedeutung ihres Materials nicht ganz verstanden haben. In der *Folie* dagegen wird deutlich beschrieben, wie der Gral Wissen vermittelt, denn er ist ein Buch mit den geheimen Worten Jesu. Auch wenn im Lanzelot-Gral-Zyklus ein Buch, von Jesus selbst verfaßt, einer der Grale ist, so ist dies fast unerheblich für die Handlung. Der Gral, den man beim Bankett sieht, ist wieder der Abendmahlskelch.

Andererseits könnte der Autor der *Folie* mit seinem Thema besser vertraut gewesen sein, gerade weil er viel später schrieb. Im 14. Jahrhundert – der Zeit der erhaltenen Abschrift – waren die Gralsdichtungen lange genug im Umlauf, daß sich jemand ein paar überzeugende Deutungen der Symbole ausdenken konnte. Dennoch bleiben die Ähnlichkeiten mit den *Peveril*-Passagen des *Fulke le Fitz Waryn*; und jene Vorlage ist doch wohl fast ein Jahrhundert vor Chrétien entstanden.

Andere Personen, die Parzival in der *Folie* bei seiner Suche nach der Gralsburg trifft, treten versteckt in den anderen Gralsromanen auf: In einigen kommt der Eremit vor, in anderen die weise Frau, im *Didcot Parzival* erscheinen die Liebenden, der Wagenlenker tritt in der ersten Fortsetzung auf, und der Tod im Lanzelot-Gral-Zyklus. Dies würde bedeuten, daß entweder diese Autoren ihre frühere Vorlage nur bruchstückhaft kannten, oder daß der *Folie*-Autor aus verschiedenen unvollständigen Geschichten eine komplette Erzählung machen wollte. Wenn der Eremit, die weise Frau, die Liebenden, der Tod und der Wagenlenker tatsächlich zur selben Geschichte gehörten, würde dies die Annahme, daß die *Folie* der früheste Gralsroman war, stark unterstützen.

Jedesmal wenn ich die *Folie* las, hatte ich das bestimmte Gefühl, daß diese seltsamen Figuren zusammengehörten, und ich war sicher, daß ich ihnen schon einmal begegnet war. Es dauerte eine Weile, bis es mir einfiel: im Tarock.

Das älteste Tarockexemplar stammt aus der Mitte des 15. Jahrhunderts. Zwar ist die Herkunft des Kartenspiels ungewiß, doch gibt es in den Schriften eines Schweizer Mönchs von 1377 einige Hinweise darauf. Im späten 16. Jahrhundert war es in ganz Europa verbreitet. Das Spiel besteht aus vier Farben à 14 Karten und einem Satz von 22 Trumpfkarten mit Namen. Die vier Farben waren den heutigen Karten ähnlich – die sich vermutlich aus dem Tarock entwickelt haben –, trugen jedoch nicht Pik, Herz, Karo und Kreuz, sondern Schwerter, Kelche, Sterne und Stäbe. Jede Farbe wird wie die heutigen Karten vom As bis zehn numeriert, doch anstelle von drei gibt es vier Figurenkarten: Page, Ritter, Königin und König. Irgendwann in der Entwicklung der heutigen Spielkarten wurde der Page zum Buben, der Ritter verschwand. Die 22 Trumpfkarten blieben ebenfalls nicht erhalten. Auf diesen Trumpfkarten des Tarock erscheinen die Personen aus der *Folie*: seltsame mittelalterliche Figuren und Symbole, von denen alle bis auf den Narren eine Nummer tragen:

Nummer und Name	*Kurzbeschreibung*
– Der Narr	Reisender Jüngling mit Hund
1. Der Magier	Zauberer vor einem Tisch
2. Die Hohepriesterin	Frau mit Tiara
3. Die Kaiserin	Frau mit Schild und Zepter
4. Der Kaiser	Mann auf dem Thron mit Zepter
5. Der Hohepriester	Papst mit zwei Begleitern
6. Die Liebenden	Ein Mann, zwei Frauen und ein Amor
7. Der Siegeswagen	Jüngling mit zweispännigem Wagen
8. Die Stärke	Frau, die ein Löwenmaul zuhält
9. Der Eremit	Alter Mann mit Stab und Laterne
10. Das Glücksrad	Drei eigenartige Tierwesen
11. Die Gerechtigkeit	Frau mit Schwert und Waage
12. Der Hängende	Eine mit dem Kopf nach unten hängende Person
13. Der Tod	Skelett mit Sichel
14. Das Rechte Maß	Geflügelte Frau mit zwei Bechern
15. Der Teufel	Teufel mit zwei gefesselten Kobolden
16. Die Zerstörung	Vom Blitz getroffener Turm
17. Die Sterne	Nackte Frau unter Sternenhimmel
18. Der Mond	Zwei Hunde, die den Vollmond anheulen

19. Die Sonne   Die Sonne scheint auf zwei
                       Kinder herab
20. Die Auferstehung   Engel läßt die Toten aufer-
                       stehen
21. Die Welt   Stier, Löwe, Adler, Engel
                       und Jungfrau

Fünf davon (Eremit, Liebende, Siegeswagen, Tod und Hohepriester) kommen in der *Folie* vor. Auch der Magier ist in der Person Merlins vorhanden. Sie erscheinen sogar in der entsprechenden Reihenfolge: Parzival erhält von Merlin den Rat, den Gral zu suchen; später trifft er nacheinander einen Hohepriester, die Liebenden und den Siegeswagen. Im Tarock hat der Magier die Nummer 1, der Hohepriester die Nummer 5, die Liebenden 6 und der Siegeswagen 7. Später treten Eremit und Tod auf. Im Tarock hat der Eremit die Nummer 9 und der Tod die 13. Auch die anderen Kartenbilder könnten mit der Dichtung zu tun haben. Die erste Person, auf die Parzival nach Merlin stößt, ist eine weise Frau – vielleicht die Hohepriesterin? Dann trifft er den König und die Königin der Gralsburg – den Kaiser und die Kaiserin? Die Zerstörung und der Teufel können mit der Szene in Verbindung gebracht werden, in der der Teufel die Gralsburg mit einem Blitz zerstört. Die Auferstehung könnte die Himmelfahrt des Fischerkönigs meinen, und Parzivals Erbschaft des heiligen Buches hängt vielleicht mit der letzten Karte zusammen, mit der Welt. Diese Karte zeigt einen Engel, einen Löwen, einen Stier und einen Adler, in der Mitte eine nackte

Frau. Seit frühchristlicher Zeit haben jene vier Wesen die vier Evangelisten Matthäus, Markus, Lukas und Johannes symbolisiert. In der *Folie* ist der Gral das Buch der Lehre Jesu, die von dem Jünger Didymus aufgeschrieben wurde – ein fünftes Evangelium. Das Buch wird von einer geheimnisvollen Jungfrau weggetragen: vermutlich die nackte Frau auf der Karte. Schließlich könnte sich die unnumerierte Narrenkarte, die einen Harlekin mit einem Bündel zeigt, auf Parzival selbst beziehen, den naiven suchenden Helden, der schließlich Erleuchtung erfährt. Auch die Figurenkarten könnten etwas mit der Geschichte zu tun haben. In der *Folie* gibt es einen König, eine Königin, einen Ritter und einen Pagen. Außerdem ähneln die Symbole der vier Farben auf bemerkenswerte Weise den vier Gralsreliquien: Schwert, Kelch, Lanze und Schale. Schwert und Kelch werden mit Schwert und Kelch dargestellt und eine Lanze durch einen Stab. Die Farbe, die normalerweise durch Sterne oder auch Pentagramme repräsentiert wird, ist hier durch eine runde Scheibe, vermutlich eine Schale, vertreten. Es gab also tatsächlich Zusammenhänge zwischen *Folie* und Tarock. Doch was haben sie zu bedeuten? Vor allem aber mußte ich herausfinden, was zuerst gewesen war. War das Tarock eine bildliche Darstellung der Gralsgeschichte, oder war die Gralsdichtung eine literarische Umsetzung des Tarocks?

14

Das Geheimnis der Tarockkarten

Die weitverbreitete Annahme, daß die Tarockkarten mit den Zigeunern zu uns kamen, ist historisch nicht bewiesen. Dieses Nomadenvolk aus dem Nordwesten Indiens kam im 16. Jahrhundert nach Europa. Das Tarock war hier jedoch mindestens 100 Jahre früher verbreitet. Mehrere Tarockspiele aus dieser Zeit sind erhalten geblieben. Das älteste besteht aus 17 Karten eines italienischen Exemplars, das heute in der Bibliothèque Nationale in Paris aufbewahrt wird; es ist um 1470 entstanden. Das Viscontispiel aus Spanien stammt von 1480, und das Marseillespiel aus Frankreich ist etwas jünger. Da die Spielkartenbilder von allem Anfang an christliche Elemente enthalten, kann das Tarock schwerlich außerhalb Europas entstanden sein. Die älteste Erwähnung des Kartenspiels findet sich im Hauptbuch des Herzogtums Brabant von 1379. 1392 hat der Schatzmeister Karls VI. von Frankreich die Bezahlung des Künstlers Gringonneur für die Herstellung eines privaten Spiels verzeichnet. Andere Hinweise auf das Tarock liefern amtliche Verordnungen, die das Spiel entweder erlaubt oder verboten haben. In Regensburg wurden die Karten 1378 verboten, in Nürnberg 1380 erlaubt, ebenso 1393 in Florenz. Diese Nennungen belegen auch, wie weit die Karten Ende des 14. Jahrhunderts verbreitet waren. Wahrscheinlich sind sie Mitte des 14. Jahrhunderts aufgekommen. Da die Handschrift mit *La Folie Parzival* aus der Zeit um 1330 stammt, entstanden das Tarock und die Dichtung vermutlich in derselben Zeit.

Da der *Folie*-Roman im 14. Jahrhundert praktisch unbekannt war (im Gegensatz zu den Epen von Chrétien und seinen Zeitgenossen), hat sich das Tarock wohl kaum aus dem Roman entwickelt. Die andere Möglichkeit ist, daß jemand ein Ritterroman nach dem Tarock schreiben wollte. Doch wie wir gesehen haben, scheint die *Folie* auf ein walisisches Gedicht zurückzugehen, das um 1100 geschrieben wurde. Wenn es eine Verbindung zwischen Tarock und *Folie* gibt – und das scheint sicher – dann muß es etwas gegeben haben, das auf beide gleichermaßen eingewirkt hat.

Auch wenn das Tarockspiel seit dem 15. Jahrhundert längst gespielt wurde und sich schließlich zu den beliebten Spielkarten entwickelte, gibt es Theorien, nach denen es zunächst einem ganz anderen Zweck gedient hat. Dabei geht es um seine religiöse oder mystische Bedeutung.

Im Jahre 1781 schrieb der französische Historiker Antoine de Gebelin *Le Jeu de Tarots*, worin er behauptete, daß das Tarock eine okkultische Symbolik aus Altägypten in sich trage. Die Karten sollten auf einen ägyptischen magischen Text mit dem Titel *Das Buch von Thoth* zurückgehen. Die Trumpfkarten hätten einst die ägyptischen Götter und Wächter der Unterwelt dargestellt. Obwohl die Theorie von Gebelin zu seiner Zeit viele Anhänger fand, verlor sie schließlich an Glaubwürdigkeit, als man 1799 den Stein von Rosette fand. Dies ist ein Basaltblock aus dem 2. Jahrhundert v. Chr. Er ist mit einem Text in drei Schriften und zwei Sprachen, eine davon Griechisch, beschriftet und wurde zum Schlüssel für die Entzifferung der altägyptischen Hieroglyphen. Bald stellte sich heraus, daß die ägyptische Mythologie und das *Buch von Thoth* nur wenig oder gar nichts mit dem Symbolgehalt des Tarock zu tun hatten. Ein Mitarbeiter des Historikers, ein Pariser Altertumsforscher namens Alliette, veröffentlichte 1783 sein eigenes Werk über den Tarock. Auch er glaubte an die ursprüngliche okkultische Bedeutung des Spiels. Anders als Gebelin nahm er aber an, die Karten hätten einst der Wahrsagerei gedient. Bald darauf wurde Alliette – oder Etteilla, wie er sich später nannte – zum berühmtesten Kartenleser Frankreichs. Von nun an wurden die Tarockkarten in ganz Europa zum Kartenlesen verwendet und von den Zigeunern im frühen 19. Jahrhundert übernommen. Die Diskussion über das Tarock als Träger alter okkultischer Bildzeichen oder ein System der Zukunftsschau hatte begonnen.

Mitte des 19. Jahrhunderts veröffentlichte der Okkultist Alphonse Constant, besser bekannt als Eliphas Levi, mehrere Werke über Magie und Okkultismus. Levi hatte Theologie studiert und glaubte, daß die Tarocktrümpfe mit der Kabbala, einer jüdischen Geheimlehre, zusammenhingen. Kabbala, auch ›Der Lebensbaum‹ genannt, geht im engeren Sinn auf eine jüdische Sekte in Spanien des 12. Jahrhunderts zurück. Das System besteht aus einem Bild, geteilt in Kreise, die durch Linien oder Pfade verbunden sind. Jeder Kreis (Sefiroth) stellt eine bestimmte Bewußtseinsstufe dar, während die Linien die Beziehungen zwischen ihnen zeigen. Obwohl man oft vermutet hat, daß die Kabbala aus biblischen Zeiten stamme und ursprünglich eine Geheimlehre des Moses war, gibt es keinen historischen Beleg dafür, daß es sie vor 1100 gegeben hat.

In der Kabbala hängt jeder der 22 Pfade mit einem Buchstaben des hebräischen Alphabets zusammen, und Levi nahm an, daß die 22 Tarocktrümpfe ursprünglich eine ähnliche Funktion hatten. Die Symbolik jeder Karte stelle den Pfad und die mystische Erfahrung dar, die zu jeder Bewußtseinsstufe gehört. Die vier Farben verband er mit den vier Elementen Erde, Luft, Feuer und Wasser und hielt das gesamte Spiel für den Schlüssel zum Verständnis alter Magie. Ein anderer Okkultist, Oswald Wirth, stellte ein Kartenspiel nach diesen Vorstellungen her. Levis größter Anhänger war jedoch ein Okkultist namens Papus: In seinem *Tarot of the Bohemians*, das 1890 veröffentlicht wurde, verband er

Wirths Karten mit Levis Theorien und gab der kabbalistischen Bedeutung des Tarock eine neue Dimension.

Eine andere Denkrichtung entwickelte sich im späten 19. Jahrhundert in England aus einer Geheimgesellschaft, dem Order of the Golden Dawn. Der Golden Dawn folgte Levi im kabbalistischen Konzept des Tarock, obwohl er die Vorstellung viel weiter trieb. Verantwortlich dafür war Samuel Mathers, später als McGregor Mathers bekannt, der auch die Tierkreiszeichen und Planeten in das Schema einfügte. Damals erhielten die Trümpfe und Farben des Tarock auch neue mystische Namen: die kleine und die große Arkana, vom lateinischen ›arcanus‹, geheim. Nach Mathers und dem Golden Dawn wurden die Tarockkarten neu gestaltet. Dieses Spiel, für das Golden-Dawn-Mitglied A. E. Waite entworfen und von der Künstlerin Pamela Coleman Smith gemalt, erschien erstmals 1916 im Druck. Heute ist es als Rider/Waite-Spiel bekannt, hat viele Tarockdarstellungen angeregt und ist heute vermutlich das beliebteste Tarockspiel der Welt.

Die magischen Bedeutungen des Tarock gehören eher späteren Entwicklungen an. Und wenn es wirklich eine Verbindung zur Mystik gegeben hat, dann war sie eher christlich als okkultisch. Nach Ansicht moderner Historiker entstand das Tarock wahrscheinlich bei den Albigensern, einer häretischen christlichen Sekte, im 12. und 13. Jahrhundert um Toulouse. (Das Wort ›Albigenser‹ kommt von ihrem Hauptsitz, der Stadt Albi). Die Albigenser glaubten an den radikalen Dualismus von Gut und Böse und sahen in Jesus jemanden, der gegen die Grausamkeit eines gleichgültigen Gottes revoltierte, der die Welt dem Teufel überlassen hatte.

Viele erhaltene Texte der Albigenser stellen den Meßkelch genauso dar wie die Becher auf den alten Tarockkarten – ein Symbol aus vier Blättern, die aus dem Gefäß wachsen. Sie stellten nach albigensischer Philosophie die Dreieinigkeit zusammen mit dem Aspekt des Teufels dar, dem vermeintlichen Herrscher der Welt.

Die Sekte wurde grausam verfolgt. Von 1209 an jagte sie eine Armee im Namen von Papst Innozenz III. 1219 ließ Ludwig VIII. ein großes Massaker anrichten. Die Grausamkeiten hatten zweieinhalb Jahrzehnte später ein Ende, Tausende waren ums Leben gekommen. Vielleicht waren die Tarockkarten ursprünglich ein Bilderbuch der albigensischen Lehren, das man als Kartenspiel getarnt hatte, um Verfolger zu täuschen. Noch wahrscheinlicher ist, daß sie eine Art Gedächtnishilfe waren. Thomas von Aquin berichtet im 13. Jahrhundert von solchen Karten, die kurz nach den Albigenserkriegen in Südfrankreich in Umlauf waren. Leider hat er sie nicht näher beschrieben.

Der deutlichste Hinweis auf die Verbindung der Tarockkarten mit den Albigensern ist das Bildmotiv der Päpstin. 1206 begann Dominikus Guzmán, der Begründer des katholischen Dominikanerordens, gegen die Albigenser zu predigen. Er beschuldigte sie, weibliche Priester zu weihen und sich geistig auf ei-

nen weiblichen Papst zu berufen. Er nannte sie
›Joanna Aquila‹ – Johanna der Adler.

1245 berichtet der Chronist Martinus Polonus, der sich vorübergehend im Gebiet von Toulouse aufhielt, über Päpstin Johanna. Sie sei Britin gewesen, die im frühen Mittelalter mit ihrem Vater den Deutschen das Evangelium gepredigt habe. Sie verbrachte einige Zeit bei den Mönchen im Kloster von Fulda, wo sie wegen ihrer Gelehrsamkeit geschätzt war. Dann aber verließ sie aus Enttäuschung über die ihr als Frau entgegengebrachten Vorurteile das Gebiet und gab sich als Mann aus. Sie verkleidete sich als Mönch und reiste nach Rom, wo sie zum Priester geweiht wurde. Später wurde sie Mitglied des Kardinalkollegiums. Martinus:

> Sie eröffnete (in Rom) eine Schule und wurde wegen ihres Wissens und vorgetäuschter Heiligkeit so berühmt, daß man sie nach dem Tod von Leo IV. zum Papst wählte. Zwei Jahre und fünf Monate lang hatte sie als Johannes VIII. den päpstlichen Stuhl inne, und niemand bezweifelte ihr Geschlecht. Bald wurde sie schwanger; manche sagen, von einem Diener. Bei einer Bittprozession bekam sie starke Schmerzen und fiel in der Menge zu Boden. Während ihre Begleiter ihr halfen, bekam sie einen Sohn. Manche sagen, daß Mutter und Kind starben. Andere meinen, das Kind habe später die Sekte der Katharer gegründet oder werde der Antichrist der letzten Tage sein.

Die Katharer waren ein anderer Name für die Albigenser, und die Erwähnung des Antichrist in diesem Zusammenhang zeigt, wie sie von den Katholiken eingeschätzt wurden. Von offizieller kirchlicher Seite wurde die Geschichte nachdrücklich bestritten. Doch zwei Jahrhunderte vor Martinus, etwa um 1060, schrieb der Kölner Mönch Marianus Scotus in seiner Chronik:

> Lotharii 14 [im 14. Jahr Kaiser Lothars I.] folgte Johanna, eine Frau, auf Papst Leo und regierte zwei Jahre, fünf Monate und zwei Tage.

Das 14. Jahr von Lothars Herrschaft war 854. Dieses Datum aber kann nicht stimmen, denn Leo IV. war Papst von 847 bis 855, und auf ihn folgte unmittelbar Benedikt III. Es gab jedoch tatsächlich einen Johannes VIII., der im Verdacht stand, eine Frau zu sein. Um 1100 schrieb ein anderer Chronist, Sigebert von Gemblou, über Johannes VIII.: »Es wird berichtet, daß dieser Johannes eine Frau war.« Johannes VIII. hatte von 872 bis 882 den Heiligen Stuhl inne und starb unter mysteriösen Umständen. Er wurde von italienischen Adligen ermordet, offenbar auf Befehl des Kaisers Karl III. Man muß in der Tat bei Johannes VIII. etwas sehr Ungewöhnliches entdeckt haben, denn das Papstwahlverfahren wurde sofort nach seinem Tod völlig geändert. Wollte die Kirche sicherstellen, daß sie nicht noch einmal getäuscht würde?

Die Geschichte der Päpstin Johanna liefert den

deutlichsten Hinweis darauf, daß das Tarock etwas mit *La Folie Parzival* zu tun hat. Parzival befindet sich beim Papst in der Gralskapelle, bevor er auf mysteriöse Weise in den Wald gelangt, wo er auf die weise Frau trifft. Nachdem sie ihm seine Herkunft enthüllt hat, erklärt sie ihm, woher ihr Wissen stammt: »Ich war einst wie er, der dich hierher schickte.« Da offenbar der Papst ihn aus der Gralsburg zur weisen Frau in den Wald geschickt hat, will sie wohl sagen, daß auch sie einst Papst gewesen sei. Ihr nächster Satz ist noch aufschlußreicher: »Ich bin der Adler, der höher flog als jener, der in Rom wohnte.« Nach Dominikus Guzmán wurde die Päpstin ›Joanna Aquila‹, Johanna der Adler, genannt, und als Papst hätte sie eine höhere Position gehabt als jeder andere in der römisch-katholischen Kirche. Die weise Frau in der *Folie* ist also nicht nur die Päpstin des Tarocks, sondern auch Päpstin Johanna.

Wenn das Tarock so eng mit der *Folie* und den Albigensern verbunden ist, dann muß es auch eine Beziehung zwischen den Gralsromanen und dieser seltsamen Sekte geben. Diese traten erstmals um 1100 auf; die *Folie* (in der Form des Peveril) könnte ebenfalls aus dieser Zeit stammen. Doch die Gralsromane beschäftigen sich mit einer britischen Abstammungslinie, wohingegen man die Albigenser bis zu ihren Vorläufern im 11. Jahrhundert – den Bogomilen auf dem Balkan – zurückverfolgen kann. Da es im Mittelalter zwischen beiden keine Verbindung zu geben scheint, müssen beide den Symbolgehalt des Tarock einer früheren Quelle entnommen haben.

Das größte Mysterium der Gralsromane ist offenbar eine andere apostolische Nachfolge; die Albigenser behaupten etwas Ähnliches. Sie glaubten, sie hätten das Recht, die Messe zu lesen, da ihre Priester von Priestern geweiht wurden, die von Päpstin Johanna abstammten. Dies ist ein direkter Querverweis zur Gralsgeschichte. In der *Folie* sagt die weise Frau: »Ich war es, die den Wein von Petrus und Joseph trank.« Als Päpstin steht sie in der apostolischen Nachfolge Petri und verweist auf ihre Abstammung von Joseph von Arimathia. Damit ist sie Mitglied der Gralsfamilie. Wann immer die weise Frau in der Gralsgeschichte auftritt, gilt sie als Verwandte von Parzival. Es sieht so aus, als beanspruchten sowohl die Albigenser als auch die historische Gralsfamilie die Abstammung von derselben Person. Wer war nun diese geheimnisvolle Päpstin Johanna?

Nach Marianus Scotus wurde sie 854 zum Papst gewählt, doch dies war 18 Jahre vor der Papstwahl des tatsächlichen Johannes VIII. Vielleicht bezieht sich das Datum auf das Jahr, in dem sie nach Rom kam. Und schon treffen wir auf eine bemerkenswerte Übereinstimmung: Dies ist genau das Jahr, in dem Cyngen, der Nachkomme Owain Ddantgwyns – und vermutlich ein geschichtlicher Gralshüter – laut der *Welsh Annals* nach Rom reiste, um seinen Anspruch auf den Kaisertitel im Heiligen Römischen Reich geltend zu machen. Wenn Päpstin Johanna wirklich ein Mitglied der historischen Gralsfamilie war, wie die *Folie* vermuten läßt, muß sie eine enge Verwandte von Cyngen gewesen sein, vielleicht seine Tochter.

Martinus sagt sogar, daß Johanna britisch war und zunächst mit ihrem Vater zum Kontinent reiste. Den walisischen Genealogien ist zu entnehmen, daß auf Cyngen nach dessen Tod seine Schwester Nest folgte – offensichtlich hatte er also kein Kind in Britannien. Vielleicht hatte Johanna, die wahre Erbin, beschlossen, in die Kirche einzutreten, war Priesterin geworden und stand so in zwei apostolischen Erblinien. Obwohl dies reine Spekulation ist, bleibt die Tatsache bestehen, daß die Albigenser und die ersten Verfasser der Gralsgeschichte im frühen Mittelalter einen sehr ähnlichen Glauben hatten.

Anders als bei der Familientradition des Peverils ist so viel vom albigensischen Glauben bekannt, daß wir seinen Ursprung genau kennen: es ist ein früher christlich-esoterischer Kult, der Gnostizismus, der vor allem im 2. Jahrhundert im ägyptischen Alexandria verbreitet war. Wie die Albigenser glaubten die Gnostiker an die Dualität von Gut und Böse – Christus und Weltschöpfer (Demiurgos). Doch sie bestritten die Erlösung durch die Auferstehung und glaubten statt dessen, daß der Demiurg den Körper geschaffen habe, um die Seele einzusperren. Diese könnte nur durch Erkenntnis (Gnosis) und Erleuchtung nach dem geheimen Worten Jesu befreit werden. Nachdem das Römische Reich den christlichen Glauben zur Staatsreligion erklärt hatte, wurden die Gnostiker zu Ketzern erklärt und schließlich in den Untergrund gedrängt, wo sie geheime Gemeinschaften bildeten, etwa die Bogomilen, von denen die Albigenser stark beeinflußt waren. Die Lehre der Albigenser, verschlüsselt im Tarock, geht also auf gnostische Vorstellungen zurück, und das könnte auch auf die *Folie* zutreffen. Eine deutliche Verbindung zwischen Gralsdichtung und Gnostizismus besteht auch darin, daß in beiden geheime Worte Jesu eine Rolle spielen. Als sich das Christentum im frühen 4. Jahrhundert durchsetzte, wählte die Kirche nur vier Evangelien für die Bibel aus: die von Matthäus, Markus, Lukas und Johannes. Es hat aber noch andere Evangelien gegeben, etwa das Nazaräerevangelium, das vom Urchristentum in Jerusalem benutzt wurde. Konstantin der Große hat diese Evangelien, die sogenannten Apokryphen, verboten und befohlen, daß alle Abschriften vernichtet werden sollten. Die Gnostiker jedoch überlebten in abgelegenen Gebieten des Reiches und folgten weiterhin einem Evangelium, das ihrer Meinung nach die Geheimlehre Jesu war. Wie wir gesehen haben, sind die geheimen Worte Jesu ein Zentralmotiv der Gralsgeschichte. In der *Folie* sind sie sogar der Heilige Gral – ein Buch, das die geheimen Worte Jesu enthält, wie sie von seinem Jünger Didymus aufgeschrieben wurden.

In der Bibel erfahren wir, wer dieser Didymus war: der Apostel Thomas. Im Johannesevangelium, Kapitel 20, Vers 24, wird der Jünger genannt ›Thomas, der Zwölfe einer, der da heißt Didymus‹. Erstaunlicherweise ist das Thomasevangelium erhalten geblieben. Auf mehreren Papyri aus dem 4. Jahrhundert wurde es 1945/46 in Oberägypten entdeckt. Es ist ein gnostisches Evangelium, das mit den Worten beginnt:

Dies sind die geheimen Worte, die Jesus der Lebendige sprach und die Didymus Judas Thomas aufgeschrieben hat.

War das Thomasevangelium der wahre Heilige Gral?

15

Das geheime Evangelium

Dezember 1945 gruben zwei Fellachen an den Berghängen bei Nag Hammadi in Oberägypten nach Sabakh, einem Weichdung. Etwa einen Meter unter der Oberfläche stießen sie auf einige Tontöpfe, in denen anscheinend wertlose Papyrusbündel lagen. Tatsächlich hatten sie eine Entdeckung gemacht, die der der Schriftrollen vom Toten Meer gleichkommt: Es war eine Bibliothek gnostischer Texte aus dem 4. Jahrhundert n. Chr. Es war bekannt, daß die Gnostiker der frühchristlichen Zeit behauptet hatten, ein Buch mit Jesu Lehren zu besitzen, die in der Bibel nicht vorkamen. Was das war, blieb ein Geheimnis, bis dieser Fund gemacht wurde: Er enthielt das geheime Evangelium der Gnostiker, das Thomasevangelium.

Es ist in Koptisch geschrieben, doch ist es wohl aus dem Griechischen übersetzt worden. Die Vorlage könnte aus der Mitte des 2. Jahrhunderts stammen. Ein Fragment aus sieben Versen, das 1895 gefunden wurde, paßt genau hinein, und dieses Fragment stammt aus dem Jahr 150. Eine Sprachanalyse dieses Fragmentes (*Oxythrhynchus-Fragment*) ergab, daß es von einem Dokument aus dem 1. Jahrhundert abgeschrieben worden war.

Die gnostischen Texte aus dem 4. Jahrhundert waren offenbar vergraben worden, um sie vor der Zerstörung durch Christen zu bewahren. Der Kleriker Epiphanius aus dem 4. Jahrhundert führt eine ganze Reihe solcher Werke auf, die auf der schwarzen Liste der Kirche standen, zum Beispiel das Hebräerevangelium, das Ägypterevangelium und das Ebionitenevangelium. Wer immer das Thomasevangelium versteckt hatte, rettete den heiligsten aller gnostischen Texte vor der Zerstörung.

Das Thomasevangelium enthält 114 Worte Jesu, von denen einige auch in den biblischen Evangelien enthalten sind. Die meisten jedoch waren vollkommen unbekannt. Die Entdeckung von Nag Hammadi führte in Kirchenkreisen zu einem Aufschrei, und viele Bibelwissenschaftler verdammten das Thomasevangelium als gnostischen Betrug, da es nichts über die unbefleckte Empfängnis, die Kreuzigung oder die Auferstehung sage. Es berichtet überhaupt nicht aus dem Leben Jesu, denn es ist eine reine Sprachsammlung, in der auch bislang unbekannte Worte Jesu stehen. Die Kritiker meinten, das alles habe nichts mit dem historischen Jesus zu tun. Doch gerade die Einfachheit der Worte Jesu könnte das Gegenteil bedeuten.

Der Anfang des Thomasevangeliums lautet:

Dies sind die geheimen Worte, die Jesus der Lebendige sprach und die Didymus Judas Thomas aufgeschrieben hat. Und er sprach: Wer die Deutung dieser Worte finden wird, wird den Tod nicht kosten.

Jesus sprach: Wer sucht, höre nicht auf zu suchen, bis er findet. Und wenn er findet, wird er verwirrt werden, und wenn er verwirrt wird, wird er staunen, und er wird herrschen über das All.

Jesus sprach: Wenn die, die euch führen, zu euch sagen: Siehe, das Reich Gottes ist im Himmel, dann werden die Vögel des Himmels euch zuvorkommen. Wenn sie zu euch sagen: Es ist im Meer, dann werden die Fische euch zuvorkommen. Das Reich Gottes ist in euch, und es ist außerhalb von euch. Wenn ihr euch erkennt, dann werdet ihr erkannt werden, und ihr werdet wissen, daß ihr die Söhne des lebendigen Vaters seid. Wenn ihr euch aber nicht selbst erkennt, dann lebt ihr in Armut, und ihr seid die Armut.

Jesus sprach: Der Greis wird nicht zögern, ein kleines Kind von sieben Tagen nach dem Ort des Lebens zu fragen, und er wird leben. Denn viele erste werden letzte sein, und werden eins sein.

Jesus sprach: Erkenne, was du siehst, und was dir verborgen ist, wird dir entdeckt werden. Denn nichts ist verborgen, was nicht offenbar werden wird.

Seine Jünger fragten ihn: Willst du, daß wir fasten? Und wie sollen wir beten? Und sollen wir Almosen geben? Und welche Speisevorschrift sollen wir beachten? Jesus sprach: Lügt nicht! Und tuet nicht, was ihr haßt! Denn alle Dinge sind enthüllt vor dem Himmel. Denn es ist nichts verborgen, das nicht offenbar werde, und es gibt nichts Heimliches, das nicht kund werde.

Jesus sprach: Selig der Löwe, den der Mensch ißt, und der Löwe wird Mensch. Und verflucht ist der Mensch, den der Löwe ißt, und der Löwe wird Mensch. Und er sagte: Der Mensch ist wie ein kluger Fischer, der sein Netz ins Meer warf. Er zog es aus dem Meer herauf, voll von Fischen. Unter ihnen fand er einen großen und guten Fisch. Der kluge Fischer warf all die kleinen Fische zurück ins Meer und wählte ohne Reue den großen Fisch. Wer Ohren hat zu hören, der höre.

Jesus sprach: Sehet, der Sämann ging hinaus mit gefüllter Hand und warf. Einige Körner fielen auf den Weg; die Vögel kamen und sammelten sie. Andere fielen auf den Fels und schlugen in der Erde keine Wurzeln und bildeten keine Ähren. Und etliches fiel unter die Dornen; sie erstickten den Samen, und die Würmer fraßen sie. Und andere fielen auf gute Erde und trugen gute Frucht; sie trug sechzig je Maß und hundertzwanzig je Maß.

Jesus sprach: Ich habe Feuer auf die Welt geworfen, und sehet, ich hüte es, bis es lodert.

Jesus sprach: Dieser Himmel wird vergehen, und der Himmel über ihm wird vergehen. Und die Toten leben nicht, und die Lebenden werden nicht sterben. Als ihr Totes aßet, machtet ihr es zu Lebendigem. Wenn ihr ins Licht kommt, was werdet ihr tun? An dem Tag, als ihr einer wart, wurdet ihr zwei. Wenn ihr aber zwei seid, was werdet ihr dann tun?

Die Jünger sagten zu Jesus: Wir wissen, daß du von uns gehen wirst. Wer wird der Erste über uns sein? Jesus sprach zu ihnen: Wann immer ihr gekommen seid, werdet ihr zu Jakobus dem Gerechten gehen, für den Himmel und Erde geschaffen wurden.

Jesus sprach zu ihnen: Wenn ihr fastet, werdet ihr gegen euch selbst sündigen. Und wenn ihr betet, werdet ihr verdammt sein. Und wenn ihr Almosen gebt, werdet ihr eurem Geist schaden. Und wenn ihr in ein Land geht und in den Gegenden umherzieht, man euch aufnimmt, dann eßt, was man euch vorsetzen wird, und heilt die Kranken unter ihnen. Denn was in euren Mund gelangt, wird euch nicht verunreinigen.

Jesus sprach: Wenn ihr den seht, der nicht vom Weibe geboren ist, werft euch auf euer Angesicht nieder und betet ihn an: Er ist euer Vater.

Jesus sprach: Vielleicht denken die Menschen, daß ich gekommen bin, um der Welt Frieden zu bringen, und sie wissen nicht, daß ich gekommen bin, um Spaltungen auf die Erde zu werfen, Feuer, Schwert und Krieg. Denn es werden fünf in einem Hause sein; drei werden gegen zwei sein und zwei gegen drei, der Vater gegen den Sohn und der Sohn gegen den Vater. Und sie werden einsam dastehen.

Jesus sprach: Ich werde euch geben, was kein Auge gesehen, kein Ohr gehört und keine Hand berührt hat und was keinem Menschen in den Sinn gekommen ist.

Die Jünger sagten zu Jesus: Sage uns, wie wird unser Ende sein. Jesus sprach: Habt ihr denn den Anfang erkannt, daß ihr nach dem Ende fragt? Denn wo der Anfang ist, dort wird das Ende sein. Selig, wer im Anfang stehen wird, er wird auch das Ende kennen, und er wird den Tod nicht kosten.

Jesus sprach: Selig, wer war, ehe er ward. Wenn ihr meine Jünger werdet und meine Worte hört, werden euch diese Steine dienen. Denn ihr habt fünf Bäume im Paradies, die sich im Sommer oder im Winter nicht bewegen und deren Blätter niemals abfallen. Wer sie kennt, wird den Tod nicht kosten.

Die Jünger sagten zu Jesus: Sage uns, wie das Königreich des Himmels ist. Er sprach zu ihnen: Es ist wie ein Senfkorn, kleiner als alle Samen. Wenn es aber auf die bestellte Erde fällt, treibt es einen großen Sprößling und wird ein Schutz für die Vögel des Himmels.

Maria sagte zu Jesus: Wie sind deine Jünger? Er sprach: Sie sind wie kleine Kinder, die sich

Die Ruinen von Viroconium – das historische Camelot.

Travail's Acre – die Grabstätte des historischen Artus.

Whittington Castle – die Gralsburg der ersten Gralsromane.

Der Platz der Gralskapelle in Whittington.

Die Gralsprozession aus *La Folie Perceval* (Bibliothèque Nationale).

Originalseite von Wolframs *Parzival* (Bayerische Staatsbibliothek).

»Denn du bist mein Fels und meine Burg.« Die Rote Burg im Hawkstone Park.

»Die Täler senkten sich herab.« Die Schlucht von White Cliff.

»Führe mich zu den hohen Felsen.« White Cliff, von der Roten Burg aus gesehen.

Oben: »Du bist mein Schutz.« Die Grotte im Hawkstone Park, wo man den Kelch entdeckte.

Links: »Schau zur Rechten und sieh.« Das Fenster der vier Evangelisten in der Kirche von Hodnet.

»Du stehst im Hause des Herrn.« Die Pfarrkirche von Hodnet.

Die Trümpfe aus dem Tarockspiel von Marseille – der Schlüssel zum Geheimnis des Heiligen Grals.

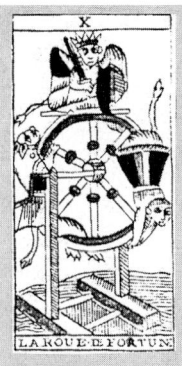

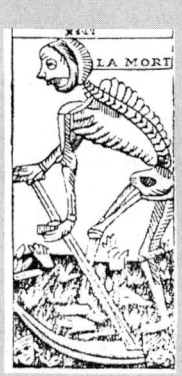

Rechts:
Das Schwert Excalibur,
nachgebildet von Wilkinson Sword.

Unten:
Der Kelch aus Hawkstone Park. Ist dies
der Marienkelch – der historische Gral?

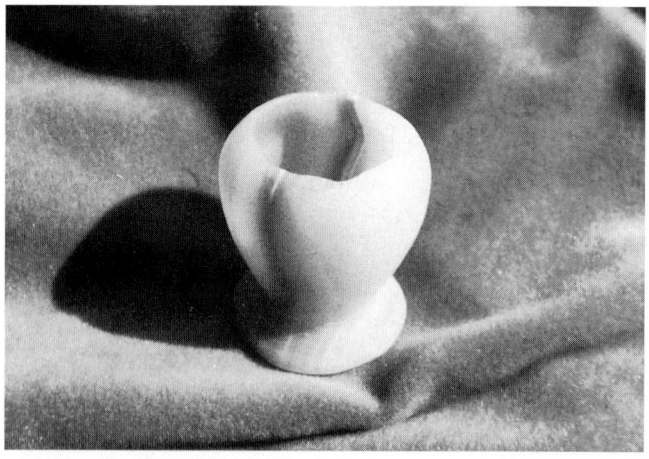

auf einem Feld aufhalten, das ihnen nicht gehört. Wenn die Herren des Feldes kommen, werden sie sagen: Laßt uns unser Feld. Sie ziehen sich vor ihnen die Kleider aus, damit sie das Feld herausgeben und es ihnen geben. Darum sage ich: Wenn der Herr des Hauses weiß, daß der Dieb kommt, wird er wach bleiben, bevor er kommt, und wird nicht zulassen, daß er in das Haus seines Königreiches einbricht, um seine Sachen fortzutragen. Ihr aber wacht angesichts der Welt! Gürtet eure Hüften mit großer Kraft, damit die Räuber keinen Weg finden, zu euch zu kommen! Denn den Besitz, nach dem ihr schaut, werden sie finden. Unter euch sei ein erfahrener Mann! Als die Frucht reifte, kam er schnell, seine Sichel in der Hand, und erntete sie. Wer Ohren hat zu hören, der höre!
Jesus sah Kinder, die gestillt wurden. Er sprach zu seinen Jüngern: Diese Kinder, die gestillt werden, sind wie die, die in das Himmelreich eingehen. Sie sagten zu ihm: Sollen wir als Kinder ins Himmelreich eingehen? Jesus sprach zu ihnen: Wenn ihr die zwei eins macht und wenn ihr das Innere wie das Äußere und das Äußere wie das Innere und das Obere wie das Untere macht und wenn ihr das Männliche und das Weibliche zu einem einzigen macht, so daß das Männliche nicht [mehr] männlich und das Weibliche nicht [mehr] weiblich ist, wenn ihr Augen anstelle eines Auges, eine Hand anstelle

einer Hand, einen Fuß anstelle eines Fußes und ein Bild anstelle eines Bildes macht, dann werdet ihr in das Königreich eingehen.

Jesus sprach: Ich werde euch erwählen, einen aus tausend, und zwei aus zehntausend, und sie werden als ein einziger dastehen.

Seine Jünger sagten: Zeige uns den Ort, an dem du bist! Denn wir müssen danach suchen. Er sprach zu ihnen: Wer Ohren hat, der soll hören! Ein Licht ist in einem Lichtmenschen, und er erleuchtet die ganze Welt. Leuchtet er nicht, so ist Finsternis.

Jesus sprach: Liebe deinen Bruder wie deine Seele! Gib auf ihn acht wie auf deinen Augapfel!

Jesus sprach: Den Splitter im Auge deines Bruders siehst du, doch den Balken in deinem Auge siehst du nicht. Wenn du den Balken aus deinem Auge herausholst, dann wirst du sehen, um den Splitter aus dem Auge deines Bruders zu entfernen.

Jesus sprach: Wenn ihr nicht vor der Welt fastet, werdet ihr das Königreich nicht finden. Wenn ihr nicht den Sabbat als Sabbat haltet, werdet ihr den Vater nicht sehen.

Jesus sprach: Ich stand mitten in der Welt und erschien ihnen im Fleische. Ich fand sie alle trunken und keinen, der Durst hatte. Und meine Seele litt Schmerz über die Söhne der Menschen, denn sie sind blind im Herzen und sehen nicht, daß sie leer in die Welt gekommen sind und leer wieder aus der Welt hinausgehen werden. Doch nun sind sie trunken. Wenn sie sich vom Wein befreit haben, dann werden sie bereuen.

Jesus sprach: Wenn das Fleisch wegen des Geistes geworden ist, ist es ein Wunder. Wenn aber der Geist wegen des Leibes ist, ist dies ein Wunder der Wunder. Ich aber wundere mich über den Körper und daß dieser große Reichtum in dieser Armut Wohnung genommen hat.

Jesus sprach: Wo drei Götter sind, sind die Götter; wo zwei oder einer sind, bin ich mit ihm.

Jesus sprach: Kein Prophet wird in seinem Dorf geschätzt, kein Arzt heilt die, die ihn kennen.

Jesus sprach: Eine Stadt, die auf einem hohen Berg gebaut wird und stark ist, kann nicht fallen, noch wird sie verborgen sein können.

Jesus sprach: Was du mit deinem Ohr hörst und mit dem anderen Ohr, das verkünde von deinen Dächern. Denn niemand zündet eine Lampe an und stellt sie unter den Scheffel oder stellt sie an einen verborgenen Ort, sondern er stellt sie auf den Leuchter, damit alle, die hereinkommen und hinausgehen, ihr Licht sehen.

Jesus sprach: Wenn ein Blinder einen Blinden führt, fallen beide in eine Grube.

Jesus sprach: Niemand kann in das Haus des Starken eindringen und es mit Gewalt nehmen, es sei denn, er binde seine Hände; dann wird er sein Haus ausrauben.

Jesus sprach: Sorgt euch nicht von morgens bis abends und von abends bis morgens, was ihr anziehen werdet.

Seine Jünger sagten: Wann wirst du uns erscheinen? Und wann werden wir dich sehen?

Jesus sprach: Wenn ihr eure Kleider auszieht, ohne euch zu schämen, und wenn ihr die Kleider unter eure Füße legt wie kleine Kinder und sie mit Füßen tretet, dann werdet ihr den Sohn des Lebendigen sehen, und ihr werdet euch nicht fürchten.

Jesus sprach: Viele Male habt ihr danach verlangt, diese Worte zu hören, die ich zu euch spreche, und ihr habt keinen anderen, von dem ihr sie hören könnt. Es werden Tage kommen, da werdet ihr nach mir suchen, mich aber nicht finden.

Jesus sprach: Die Pharisäer und die Schriftgelehrten haben die Schlüssel der Erkenntnis genommen und sie verborgen. Sie ließen die nicht eintreten, die eintreten wollten. Ihr aber, seid klug wie die Schlangen und unschuldig wie die Tauben!

Jesus sprach: Ein Weinstock ist ohne den Vater gepflanzt worden und wird nicht gedeihen. Er wird mitsamt seiner Wurzel herausgerissen werden und zugrunde gehen.

Jesus sprach: Wer in seiner Hand hat, dem wird gegeben werden. Und wer nicht hat, dem wird auch das wenige genommen werden, das er hat.

Jesus sprach: Wer den Vater lästert, dem wird vergeben werden, und wer den Sohn lästert, dem wird vergeben werden. Aber wer den Heiligen Geist lästert, dem wird nicht vergeben werden, weder auf Erden noch im Himmel.

Jesus sprach: Sie ernten die Trauben nicht von den Dornen, noch ernten sie Feigen nicht von den Disteln; denn sie geben keine Frucht. Ein guter Mann holt Gutes aus seinem Schatz hervor; ein böser Mann holt Übles aus seinem schlechten Schatz in seinem Herzen hervor und spricht Böses.

Viele Gleichnisse des Thomasevangeliums, etwa das vom Sämann, kennen wir aus dem Neuen Testament, ebenso viele Worte Jesu, wie der Balken im Auge, das Licht unter dem Scheffel und der Prophet, der im eigenen Land nichts gilt. Anderes ist neu.

Anders als die biblischen Evangelien ist es eine reine Sprachsammlung, ohne daß irgendwelche Vorgänge berichtet würden. Das hat zunächst gegen seine Echtheit gesprochen. Doch seit dem 19. Jahrhundert haben viele Gelehrte die Authentizität der Evangelistenberichte angezweifelt. Matthäus, Markus, Lukas und Johannes könnten ein ähnliches Verzeichnis der Herrenworte angelegt haben, die aus zweiter oder dritter Hand stammten.

Jahrhundertelang wurden die vier Evangelien der Heiligen Schrift als zeitgenössische Berichte aus erster Hand betrachtet. 1835 veröffentlichte David

Friedrich Strauß sein Erstlingswerk: *Das Leben Jesu kritisch betrachtet*. Damit hatte die sogenannte Leben-Jesu-Forschung begonnen, die wissenschaftliche Erforschung des Lebens des geschichtlichen Jesus. Danach waren die Verfasser der Evangelien wohl kaum Augenzeugen der Ereignisse gewesen, die sie beschrieben haben.

Kein Originalmanuskript ist erhalten, um die Evangelien genau datieren zu können. Das älteste Neue Testament ist der *Codex Sinaiticus* vom Katherinenkloster auf der Sinaihalbinsel (daher der Name) aus dem 4. Jahrhundert. Es gibt einige ältere Fragmente, doch selbst das älteste – das *Ryland-Fragment*, sechs Verse aus dem Johannesevangelium – stammt nur aus der Zeit um 125, also fast ein Jahrhundert nach dem Tod Jesu. Da die älteste vollständige Bibel aus der Zeit wie die Nag-Hammadi-Texte und das *Ryland-Fragment* aus jener des *Oxyrhynchus-Fragments* stammt, kann das Thomasevangelium, historisch betrachtet, für ebenso authentisch gelten wie die biblischen Evangelien.

Auch ein inhaltlicher Vergleich der vier kanonischen Evangelien ergibt nicht viel, denn es gibt darin große Unterschiede. Ein gutes Beispiel ist die Stelle, als Christus den Knecht des Hauptmannes in Kapernaum heilt. Im Matthäusevangelium (8:5) ist es der Hauptmann selbst, der Jesus um Hilfe bittet:

Da aber Jesus hineinging nach Kapernaum, trat ein Hauptmann zu ihm, der bat ihn und sprach:

Bei Lukas jedoch (7:3):

> Da er aber von Jesus hörte, sandte er die Ältesten der Juden zu ihm und bat ihn, daß er käme und seinen Knecht gesund mache.

Es gibt in den Evangelien viele Widersprüche, die vermuten lassen, daß ihre Verfasser Jesus nicht persönlich gekannt haben. Bei Matthäus heißt es etwa, daß Joseph als erster von der künftigen Geburt Jesu wußte, wohingegen bei Lukas von Mariä Verkündigung die Rede ist. Matthäus und Lukas nennen verschiedene Namen von Josephs Vater: Bei Matthäus heißt er Jakob, bei Lukas Eli. Am bemerkenswertesten ist jedoch, daß alle vier Evangelien sich über das wichtigste Ereignis der christlichen Theologie nicht einigen können: die Auferstehung. Jedesmal wird die Entdeckung des leeren Grabes anders beschrieben. Nach Kapitel 16 des Markusevangeliums:

> Und da der Sabbat vergangen war, kauften Maria Magdalena und Maria, des Jakobus Mutter, und Salome Spezerei, auf daß sie kämen und salbten ihn [...] Und sie gingen hinein in das Grab und sahen einen Jüngling zur rechten Hand sitzen, der hatte ein langes weißes Kleid an.

Bei Lukas, Kapitel 24, sind eine Frau namens Johanna und ›andere Frauen‹ ebenfalls mit den beiden Marien zusammen, als sie das Grab betreten. Diesmal ist nicht ein Mann am Grab, sondern es sind zwei Männer:

> Und da sie darum bekümmert waren, siehe, da traten zu ihnen zwei Männer mit glänzenden Kleidern.

In beiden Berichten sehen die Frauen, daß der Stein bereits vom Eingang des Grabes entfernt ist. Doch in Kapitel 28 des Matthäusevangeliums heißt es:

> Und siehe, es geschah ein großes Erdbeben. Denn ein Engel des Herrn kam vom Himmel herab, trat hinzu und wälzte den Stein von der Tür und setzte sich darauf.

Johannes liefert eine völlig andere Version. In Kapitel 20 ist Maria Magdalena allein. Der Stein ist bereits entfernt und das Grab leer. Sie läuft zu Petrus und einem anderen, unbekannten Jünger. Zusammen kommen sie zurück. Nachdem sie gegangen sind, blickt Maria in das Grab

> und sieht zwei Engel in weißen Kleidern sitzen, einen zu den Häupten und den andern zu den Füßen, da sie den Leichnam Jesu hingelegt hatten.

Wenn überhaupt, dann kann nur eines der Evangelien recht haben. In der Wissenschaft ist man sich mittlerweile einig, daß die Evangelien erst einige Jahre nach Jesus geschrieben wurden, im späten 1. oder frühen 2. Jahrhundert. Vielleicht wurden die Worte von Jesu ein oder zwei Generationen lang mündlich weitergegeben, bis sie von den Evangelisten niedergeschrieben wurden. Dies geschah nicht zur Täuschung – sie haben niemals behauptet, dabeigewesen zu sein –, sie schrieben nur auf, was sie von anderen erfahren hatten. Das Thomasevangelium könnte daher eine originale Sammlung von Herrenworten sein, ungestört von halberinnerten Ereignissen.

Die Diskussion um das Thomasevangelium wird ohne Zweifel noch andauern. Doch die Tatsache bleibt, daß die Gnostiker glaubten, es enthalte die geheimen Worte Jesu – eine Tradition, die die Gralsgeschichte beeinflußt haben könnte. In *La Folie Parzival* – offenbar die Urfassung – wurde das Thomasevangelium fast mit Sicherheit zum Heiligen Gral. Hier erbt Parzival den Heiligen Gral – das Evangelium des Didymus, und das Thomasevangelium ist das Evangelium des Didymus. Was auch immer der Gral später wurde oder ob die Worte im Thomasevangelium wirklich von Jesus selbst gesprochen wurden: Als wir die Passage am Anfang des Kapitels lasen, haben wir vielleicht den Originalgral kennengelernt.

16

ROBIN UND MARIAN

Auch wenn das Thomasevangelium als Gral gegolten haben mochte, als die ersten Ritterromane geschrieben wurden, war es im späten Mittelalter der Abendmahlskelch. Im *Fulke le Fitz Waryn* bittet Fulk seine Frau Maude, den Gral zu seiner letzten Ruhestätte zu bringen: in einen Wald, zehn Meilen östlich von Whittington in Alberbury. Dort ließ er ein Kloster erbauen, wo der Gral aufbewahrt werden sollte:

> Fulk gründete ein Kloster zu Ehren der heiligen Maria vom Orden von Grandmont nahe Alberbury, in einem Wald am Fluß Severn; und es wird New Abbey genannt. Und nicht lange nach seinem Tod wurden er und Dame Maude de Cause, seine Frau, hier begraben.

Warum er diesen Ort gewählt hat, wird nicht gesagt. Es gibt ihn im übrigen tatsächlich. Das Kloster

St. Mary in der Nähe von Alberbury wird in den kirchlichen Archiven der Kathedrale von Canterbury aufgeführt. Es wurde später von Zisterziensermönchen übernommen, jedoch nach der Auflösung der Klöster verlassen. Heute heißt es White Abbey. Mitte des 19. Jahrhunderts wurde auf den Ruinen ein Bauernhaus gebaut, das noch immer an der B 4393 steht, rund 8 Meilen westlich von Shrewsbury.

Könnte eine Reliquie, die man einst für den Gral gehalten hat, noch immer in den Grundmauern des alten Bauernhauses verborgen sein? Oder hat ihn später jemand von den Peverils mitgenommen? Vielleicht hat es auch ein Außenstehender entdeckt, nachdem er den *Fulke le Fitz Waryn* gelesen hatte, der allerdings erst Mitte des 19. Jahrhunderts veröffentlicht wurde. Das Exemplar in der British Library wurde Anfang 1800 in der Privatsammlung der Familie Vernon von Hodnet Hall in Nordshropshire gefunden. Interessanterweise hat dieser Familie White Abbey gehört, bis das Bauernhaus gebaut wurde.

Die Familie Vernon stammte direkt von Fulk und den Peverils ab. Unter Heinrich VIII. verkauften die Fitz Warines Burg Whittington und zogen nach Bath, wo ihr letzter Sohn Henry, der fünfte Graf von Bath, ohne Nachkommen starb. Seine Schwester Mary kehrte nach Shropshire zurück und heiratete den Gutsherrn von Hodnet Hall, Richard Vernon. Durch ihren Sohn Robert bekamen meine Untersuchungen des Gralsgeheimnisses eine erstaunliche neue Richtung.

Robert Vernon war an der Geschichte der mütterlichen Seite seiner Familie offenbar sehr interessiert gewesen. Er hatte Papiere und Tagebücher hinterlassen, in denen er seine Familienforschung über die Fitz Warines bis zu den Peverils beschrieb. Anscheinend hatte Robert Vernon den Urtext von *Fulke le Fitz Waryn* gefunden. Um 1590 heiratete Vernons Schwester Elisabeth den Gönner von Shakespeare, den Grafen von Southampton. Und auch Vernon selbst hatte mit dem Theater zu tun. Er versuchte sich sogar als Theaterdichter und arbeitete eine Zeitlang am Shoreditch Theatre, für das auch Shakespeare tätig war. Zwar wissen wir nichts über eine Zusammenarbeit der beiden, doch hat Vernon Shakespeares Kollegen Anthony Munday gefördert.

Robert Vernon schrieb ein Buch über das Leben von Fulk Fitz Warine; das Werk mit dem Titel *The Quest of Fulk Fitz Warine* wird noch immer in der William-Salt-Sammlung in Stafford aufbewahrt. Vernon hat seine Geschichte an *Fulke le Fitz Waryn* angelehnt, denn er hat Teile der Vorlage fast Wort für Wort eingefügt. Selbstverständlich führt Vernon die Abenteuer Fulks an. Doch dann kommt eine erstaunliche Wendung: Fulk ist nicht nur ein Nachkomme Artus' – sondern auch Robin Hood.

Aus irgendeinem Grund schrieb Vernon seine Geschichte auf französisch; die deutsche Übersetzung seiner Einleitung lautet:

Dieser Fulk war in Wahrheit der berühmte Gesetzlose Robin Hood. Er wurde von dem bösen König Johann aus dem Land gewiesen und gezwungen, sich mit rebellischen Halsabschneidern im Wald von Babbinswood zusammenzutun. Er nahm den Namen Robin Hood an, weil er seine wahre Identität verbergen wollte, falls der König ihn bis in den Tod verfolgte [...] Er stammte von Artus ab, dem großen König der Britannier, und muß nun das Leben eines Gesetzlosen führen. Nur wenn seine Suche erfolgreich ist, kann er sein Erbe antreten, denn er muß seine Marian finden.

Robin Hood ein Nachkomme von König Artus! Das war neu. Ich kannte eine Reihe von frühen Robin-Hood-Geschichten aus dem 15. Jahrhundert, doch nie hatte ich irgendeine Verbindung zu Artus gefunden. Doch damit stand Vernon nicht allein. Auch der Forscher Simon Pearson aus dem 18. Jahrhundert hatte Fulk den ›Robin Hood von Shropshire‹ genannt. Darüber hinaus hatte ein anderer Shropshirehistoriker aus dem späten 19. Jahrhundert namens William Cathrall in seiner *Geschichte von Oswestry* die Theorie aufgestellt, daß sich die Robin-Hood-Kindergeschichte ›Babes in the Wood‹ vom Namen ›Babbinswood‹ herleitete, dem Wald um Whittington, wo Fulk Fitz Warine als Gesetzloser gelebt hatte.

Als ich die einschlägige Literatur studierte, machte ich eine unglaubliche Entdeckung. In der William-Salt-Sammlung gibt es ein Robin-Hood-Gedicht, das 1550 von einem anonymen Balladendichter aus Shropshire geschrieben worden sein soll. Das mit *Ro-*

bin and Marian betitelte Werk ist nur in einigen Versen überliefert, die sich auf der Rückseite eines Briefes fanden. Auch wenn Fulk nicht namentlich genannt wird, erinnert es an Vernons Schilderung, indem Robin auf der Suche nach seiner ›geliebten Marian‹ geht. Erstaunlicherweise ist hier aber Marian keine Person, sondern ›ein Kelch, der kostbarste, der je gemacht wurde‹.

Ich hatte vermutet, daß der historische Gral auf der Legende vom Marienkelch (engl. Marian Chalice) basierte; *Fulke le Fitz Waryn* hatte Fulk mit dem Gral verknüpft; Vernon hatte Fulk mit Robin Hood gleichgesetzt; und nun brachte ein weiterer Autor aus dem 16. Jahrhundert Robin Hood in Zusammenhang mit einem Kelch Marian. Das konnte kein Zufall sein.

Leider sind nur wenige Verse des *Robin and Marian*-Gedichtes erhalten, und so werden wir nicht erfahren, was dieser Kelch sein sollte. Doch woher hatte der Autor die Idee, daß Marian ein Kelch sei? Dann fiel mir plötzlich ein, daß Vernon Marian nirgendwo in seinem *Quest of Fulke le Fitz Warine* tatsächlich beschreibt. Vernon beendet seine Geschichte nicht; zumindest ist das erhaltene Exemplar nicht vollständig. In dem, was übrigbleibt, steht nur, daß Fulk ›seine(n) Marian‹ (›his Marian‹) finden muß; dann werden die Abenteuer bei seiner Suche geschildert. Könnte auch Vernons Marian ein Kelch gewesen sein?

Die ältesten erhaltenen Robin-Hood-Geschichten stammen aus der Zeit um 1400. In ihnen kommt Marian nicht vor. Erst 200 Jahre später wird Robin

Hoods Geliebte eingeführt – vom Bühnenautor Anthony Munday, der von Robert Vernon gefördert wurde.

Es ist schon erstaunlich: Um 1550 beschreibt ein Autor aus Shropshire Marian als einen Kelch. Um 1600 nennt Robert Vernon, ebenfalls aus Shropshire, sie in seiner Geschichte, ohne zu erklären, wer oder was sie ist. Fast gleichzeitig führt Vernons Kollege Munday Marian erstmals in die Robin-Hood-Geschichte ein. Hatte Munday den Namen von Vernon übernommen und Marian irrtümlich für eine Frau gehalten? Offenbar hat Munday den Namen Marian erst nachträglich eingefügt, da der wirkliche Name seiner Heldin Mathilda lautet. Erst als sie in die Wälder flieht, um sich mit Robin zu den Gesetzlosen zu gesellen, nimmt sie den Namen Marian an, um ihre wahre Identität zu verbergen.

In den ersten Wochen von 1994 hatte meine Untersuchung eine völlig unerwartete Richtung genommen. Wenn Marian in der Robin-Hood-Geschichte eigentlich der Marienkelch und keine Frau war, dann könnte die Lösung des Gralsgeheimnisses nicht in der Artussage, sondern in der Überlieferung von Robin Hood zu finden sein. War Fulk Fitz Warine wirklich der geschichtliche Robin Hood, wie Vernon angenommen hatte? Zunächst einmal mußte ich herausfinden, woher die Erzählungen um Robin Hood eigentlich stammten.

1193, als Richard Löwenherz in Palästina kämpfte, wurde in England Robin Hood, der

Graf von Huntingdon und der vertraute Freund des Königs, vom hinterhältigen Prinz Johann aus seinen Ländereien vertrieben. Gesetzlos und vom ruchlosen Sheriff von Nottingham in den Sherwood Forest getrieben, sammelte Robin eine Gruppe von Gefolgsleuten, bestahl die reichen Normannen, um den Armen zu geben, und wurde zum Held der angelsächsischen Bauern.

So beginnt die Geschichte von Robin Hood, wie wir sie heute kennen, beim elisabethanischen Bühnenautor Anthony Munday 1598. Mundays zwei Stücke, *The Downfall of Robert, Earl of Huntingdon* und *The Death of Robert the Earl of Huntingdon*, waren ebenso beliebt wie Shakespeares Werke, weswegen auch die Überlieferung der Robin-Hood-Geschichte lebendig blieb. Munday hat die Geschichte nicht erfunden. Der älteste bekannte Hinweis auf Robin Hood findet sich in einem Werk, das zweieinhalb Jahrhunderte früher, nämlich 1377, vom Londoner Geistlichen William Langland geschrieben wurde. In seinem Gedicht *Piers the Ploughman* schreibt er ganz nebenbei: ›Ich kenne die Reime von Robin Hood‹. Leider berichtet er uns nicht mehr über den Gesetzlosen; und die Verse, die er erwähnt, sind nicht erhalten geblieben.

Die älteste Robin-Hood-Geschichte liegt als Ballade vor, die in der Advocates Library in Edingburgh aufbewahrt wird. Sie wurde unter dem Titel *A Gest of Robyn Hode* (oder kurz *Gest*) erstmals um 1510 gedruckt. Sprachanalysen haben jedoch ergeben, daß sie wohl um 1400 entstanden ist.

Der *Gest* beginnt im Lager der Gesetzlosen, wo Robin sich zu essen weigert, bis ihm ein Ehrengast Gesellschaft leistet, ein reicher Reisender, den sie ausrauben können, um das Bankett zu bezahlen. Auf Robins Befehl überfallen Little John, Much und Will Scarlet einen traurigen Ritter, der zum Lager gebracht wird. Der Ritter sagt, er habe nur wenig Geld, da er seine Besitztümer verkaufen mußte, um den Abt von St. Mary's Abbey in York zu bezahlen. Er habe seine Grundstücke an den Abt verpfändet, um seinen Sohn zu befreien, der zu Unrecht wegen Mordes eingesperrt sei. Robin hat Mitleid mit dem Ritter, leiht ihm 400 Pfund und läßt ihn wieder gehen.

Der Sheriff von Nottingham will die Bande bei einem Wettbewerb der besten Bogenschützen des Nordens festsetzen. Als Preis winkt dem Gewinner ein herrlicher Pfeil aus Gold und Silber. Robins Leute nehmen verkleidet an dem Wettbewerb teil. Als Robin siegt, läßt der Sheriff sie alle verhaften. Obwohl Little John durch einen Pfeil am Bein verwundet wird, können die Gesetzlosen auf die Burg des Ritters fliehen, der ihnen als Dank seinen Schutz anbietet. Als der Sheriff eintrifft, weigert sich der Ritter, Robin herauszugeben, außer der König selbst befiehlt es. Auf Bitten des Sheriffs beschließt der König, nach Nottingham zu kommen, um die Gefangennahme von Robin Hood und dem abtrünnigen Ritter zu gewährleisten. Robin und seine Männer nutzen die Abwesenheit des Sheriffs und kehren in den

Wald zurück. Schließlich wird der Ritter verhaftet, doch später von Robin befreit, der den Sheriff tötet.

Der König kommt nach Nottingham, entdeckt den Tod des Sheriffs und versucht, die Ländereien des Ritters zu beschlagnahmen. Als Abt und Mönche verkleidet, wollen der König und seine Männer Robin im Wald jagen. Bei der Begegnung beweist Robin unbewußt seine Königstreue, und der König entdeckt seine wahre Identität. Beeindruckt von Robins Loyalität, bietet der König ihm und seinen Männern die Begnadigung an, die mit ihm nach Nottingham zurückkehren, während der Ritter in seine Burg zieht. Schließlich geht Robin an den Königshof, wo er 15 Monate bleibt, bis er aus Heimweh in den Wald zurückkehrt. 22 Jahre lebt er als Gesetzloser in den Wäldern. Als er im Alter ärztliche Hilfe braucht, wendet er sich an die Priorin von Kirklees, die ihn an seinen Feind Sir Roger of Doncaster verrät; in einer anderen Version läßt sie ihn verbluten.

Was verrät uns diese alte Ballade über die Urfassung der Sage? Sie ist ein oder zwei Jahrhunderte vor den Theaterstücken Anthony Mundays entstanden, der uns die moderne Version der Geschichte liefert. Sie beschreibt einen ganz anderen Robin Hood als den, den wir heute kennen: Er ist kein entrechteter Graf, sondern ein Bauer, der die Waffen gegen die Herren erhebt.

Die Priorin von Kirklees ist die einzige Frau, die in den frühen Balladen vorkommt. Maid Marian hat nichts mit diesem frühen Robin Hood zu tun. Vor Mundays Bühnenstücken aus dem späten 16. Jahrhundert tritt sie in keiner Überlieferung auf. Selbst bei Munday heißt sie zunächst, wie bereits erwähnt, Matilda. Der vollständige Titel des ersten Robin-Hood-Stückes von Munday lautet übersetzt: *Der Untergang von Robert, Graf von Huntingdon, später Robin Hood von Sherwood genannt: mit seiner Liebe zur keuschen Matilda, der Tochter des Lord Fitzwater, später seine geliebte Maid Marian.* Im Stück nimmt Matilda das Aussehen einer Bauersfrau namens Marian an, nachdem sie zu ihrem Geliebten in die Wälder geflohen ist.

Den ältesten Hinweis auf Marian in Verbindung mit Robin Hood liefert das Versfragment *Robin and Marian*. Wie wir gesehen haben, stammt es von etwa 1550, also 50 Jahre bevor Mundays Stück erschien. Hier ist Marian keine Frau, sondern ein Kelch. Die nächsten Hinweise finden sich in Robert Vernons *Quest of Fulk Fitz Warine* und in Mundays Stücken aus der Zeit um 1600. Munday könnte den Namen ›Marian‹ von seinem Gönner Vernon erfahren haben. In dessen Geschichte erfahren wir nichts über Marian, außer daß Robin sie finden muß, um sein Erbe antreten zu können. Bei Vernon ist Robin Hood jedoch nicht der Gesetzlose aus Sherwood, sondern Fulk Fitz Warine. Im *Fulke le Fitz Waryn* muß Fulk den Gral finden, um seine Erbschaft anzutreten. Marian und der Gral sind daher offenbar ein und dasselbe.

Da das anonyme Gedicht *Robin and Marian* von 1550 ebenfalls in Fulks Heimatland Shropshire spielt, könnte Marian ursprünglich gar nichts mit der Sherwood-Robin-Hood-Sage zu tun gehabt haben, sondern nur mit der Geschichte von Fulk Fitz Warine, wo der Name sich auf einen Kelch bezieht. Da Fulk im *Fulke le Fitz Waryn* bereits mit dem Gral in Verbindung gebracht wird, ist wohl ursprünglich Marian der Name des Grals gewesen. Es muß daher eine Verbindung zwischen dem Gral der Peverils und dem legendären Marienkelch geben. Vernons enger Freund Munday verwendete den Namen ›Marian‹, um die Identität von Robins Geliebter Matilda zu verbergen. Der Name blieb im Gedächtnis, und bis heute ist Maid Marian die Heldin der Robin-Hood-Geschichte. Doch was ist mit Fulk Fitz Warine? Warum meinte Vernon, er sei Robin Hood?

Anthony Munday könnte die Geschichte seines enterbten Grafen, dem Todfeind von König Johann, sehr gut an die Figur von Fulk Fitz Warine angelehnt haben. In Mundays Stück folgt Matilda, bedrängt vom lüsternen König Johann, Robin nach Sherwood und wird eine Gesetzlose. Es ist bekannt, daß König Johann die Frau von Fulk, Maude de Caus, begehrt hat. Auch sie zog mit Fulk als Gesetzlose in die Wälder. Wie Robins wird Fulks Recht schließlich wiederhergestellt, und mit seiner Unterstützung wird der König überredet, die Magna Carta zu unterzeichnen. Munday läßt seine Geschichte in Nottinghamshire spielen und fügt ihr die bekannten Charaktere aus den frühen Balladen hinzu. Dabei werden die legendären Gesetzlosen Robin von Sherwood und Fulk von Shropshire vermischt. Munday wurde wahrscheinlich von Robert Vernon angeregt, seinen Helden dem Fulk Fitz Warine nachzubilden. Doch warum glaubte Vernon überhaupt, daß Fulk Robin Hood war? Gibt es irgend etwas vor Vernon, das auf eine Verbindung von Fulk und Robin Hood verweist? Die alten Balladen spielen in Sherwood in Nottinghamshire, und der Originalheld war eher ein Bauer als ein Aristokrat. Gab es eine zweite Überlieferung, in der Robin ein entrechteter Graf war? Und wenn ja, hatte sie mit Fulk Fitz Warine zu tun?

Daß ein Robin Hood im 12. Jahrhundert gelebt hat, behauptete 1521 der schottische Autor John Major. Er war davon überzeugt, daß Robin Hood eine geschichtliche Persönlichkeit war. In seiner *History of Greater Britians* schrieb er, daß Robin zwischen 1193 und 1194 zum Gesetzlosen erklärt wurde, während Richard Löwenherz nach seinem Kreuzzug in das Heilige Land in Deutschland gefangengehalten wurde. Major beschrieb Robins Leben unter der Herrschaft von König Johann (1199–1216) und bis in die Amtszeit von Heinrich III. (1216–1272) und datierte seinen Tod auf den 18. November 1247, als Robin 87 Jahre alt war.

Um 1560, etwa 40 Jahre nach Majors Bericht, behauptete auch der Drucker Richard Grafton, daß er Beweise dafür habe, daß Robin Hood wirklich ein Gesetzloser unter Richard I. und König Johann gewesen sei. Grafton berief sich auf ein ›altes und echtes Pamphlet‹, in dem Robins Leben um 1200 belegt sei, sowie Aufzeichnungen des Schatzmeisters, in denen die Konfiszierung der Ländereien des Gesetzlosen verzeichnet seien. Doch er konnte weder Beweise vorlegen noch sagen, woher Robin stammte. Ende des 16. Jahrhunderts hatte man die Datierung von Major und Grafton allgemein akzeptiert. Anthony Munday ließ sein Stück in dieser Zeit spielen und legte damit die historische Einordnung für alle späteren Erzählungen fest. 1795 lieferte der Gelehrte Joseph Ritson den romantischen Autoren des 19. Jahrhunderts das endgültige Datum, als er das Jahr 1160 als das von Robins Geburt festlegte.

In den alten Balladen ist Robin Hood nicht adelig. Für wen hielten dann die späteren Autoren den ursprünglichen Helden? Die Antwort könnte in William Langlands *Piers the Ploughman* liegen. Hier heißt es: ›Ich kenne die Reime von Robin Hood und Randolf Graf von Chester.‹ Dieser Randolf war der dritte Graf von Chester (1172–1232), der unter der Herrschaft von Richard I. und König Johann lebte. Da Robin und Randolf hier in einem Atemzug genannt werden, entsteht der Eindruck, als hätten sie zur selben Zeit gelebt und Seite an Seite gekämpft. Wer war Robin Hood in Langlands Gedicht?

Es könnte Fulk Fitz Warine gewesen sein: Er war der einzige geschichtliche Führer der Gesetzlosen, mit dem Randolf zusammen kämpfte. Als Fulk König Johann für dessen Freund Moris Fitz Roger seines Besitzes beraubt wurde, sammelte er eine Armee von Leuten aus Shropshire um sich und holte sich Burg Whittington zurück. König Johann schickte darauf Randolf, den Grafen von Chester, mit einer Armee, um Whittington einzunehmen. Doch Randolf wechselte die Seiten, tat sich mit Fulk zusammen und kämpfte an seiner Seite gegen König Johann. So steht es im *Fulke le Fitz Waryn*; doch dort finden sich noch weit mehr Hinweise, die Fulk mit dem legendären Robin Hood verbinden.

Fulk wurde um 1170 geboren und wurde nach dem Tod seines Vaters 1197 Herr von Whittington. Doch Moris Fitz Roger setzte seinen Anspruch auf Burg Whittington durch, und Fulk wurde von König Johann des Hochverrats beschuldigt und zum Gesetzlosen erklärt. Die nächsten drei Jahre lang kämpfte er gegen König Johann in den Wäldern von Shropshire und in den Marken von Nordzentralwales. 1203 wurde er begnadigt und bekam Burg Whittington zurück. 1215 schloß er sich der Baronsrevolte an, die zur Unterzeichnung der Magna Carta führte. Er wurde ein beliebter Volksheld, der zweimal erfolgreich gegen den verhaßten König Johann rebelliert hatte.

Fulke le Fitz Waryn entstand um 1260 und konzentriert sich vor allem auf die Jahre von 1200 bis 1203, als Fulk in seine erste Auseinandersetzung mit dem König verwickelt war. Nach dem einleitenden Absatz, in dem Fulks Recht auf Burg Whittington beschrieben wird, betritt der Held selbst die Bühne. Er spielt mit dem künftigen König Johann eine Partie Schach, als sich Streit entspinnt. Fulk greift Johann an, und der Prinz schwört Rache. Johann kann nicht gleich etwas unternehmen, da König Richard ein Freund der Familie Fitz Warine ist. Doch als Richard stirbt und Johann König wird, nimmt er Rache, indem er Whittington an Fulks Feind Sir Moris Fitz Roger übergibt.

Besitz- und gesetzlos fliehen Fulk und seine Anhänger aus Whittington in den nahegelegenen Babbinswood Forest. Dort sammelt Fulk andere um sich, die gegen den König und Sir Moris Groll hegen; gemeinsam greifen sie Burg Whittington an. Der Angriff schlägt fehl, und die Gesetzlosen fliehen, wobei Fulk durch einen Pfeil am Bein verletzt wird. Nachdem die Wunde verheilt ist, bereitet er Moris und dem König Ärger, indem er reiche Händler in den Wäldern von Shropshire überfällt. Bald wird er ein beliebter Held, der nur die Freunde des Königs überfällt.

Fulks Bruder John überlistet Sir Moris und lockt ihn in die Wälder, wo er von den Gesetzlosen überfallen und getötet wird. Der Ärger des Königs schlägt in Raserei um, als Fulk die reichste und schönste Dame in England, Maude de Caus, befreit und heiratet, obwohl der König in sie vernarrt ist. Fulk kehrt mit seiner Braut in die Wälder zurück. Der König beschließt, Fulk selbst zu besiegen, und marschiert von Winchester nach Norden, doch den Gesetzlosen wird in Burg Balham bei Shrewsbury von einem freundlichen Ritter namens Sir Lewis Asyl gewährt. In der folgenden Schlacht ist der König zum Rückzug gezwungen, und Fulk kehrt auf seine Burg in Whittington zurück.

Fulks Glück währt jedoch nicht lange, denn der König ernennt den rücksichtslosen Henry de Audley von Red Castle (im Hawkstone Park nahe Hodnet) zum Sheriff. Sir Henry belagert Whittington mit 10 000 Rittern, und Fulk und seine Männer können nur mit knapper Not entkommen. Nach mehreren Abenteuern fliehen die Gesetzlosen auf den Kontinent, wo sie in die Dienste des französischen Königs treten.

Später kehren sie nach England zurück. Fulk reist nach Windsor, wo König Johann hofhält. Als Landmann verkleidet, lädt er den König zu einem guten Jagdplatz in den Wald ein. Der König nimmt die Einladung an. In den Wäldern wird er von den Gesetzlosen gefangengenommen und zu dem Versprechen gezwungen, sie nicht mehr zu verfolgen. Er willigt ein, bricht aber sein Versprechen, als er freikommt.

König Johann unternimmt einen letzten Versuch, Fulk gefangenzusetzen. Dazu benötigt er die Hilfe von Randolf, dem Grafen von Chester. Randolf gilt als größter Krieger des Landes. Doch Randolf verbündet sich mit Fulk, und beide erleben gemeinsame Abenteuer. Schließlich nimmt Fulk den König in New Forest gefangen und läßt ihn schwören, ihn wieder in seine Rechte einzusetzen. Diesmal hält der König Wort, Fulk und seine Familie kehren nach Whittington zurück. Dann macht sich Fulk auf die Suche nach dem Gral.

Munday hat viel aus dem Leben von Fulk Fitz Warine übernommen, etwa den entrechteten Adligen und seine treue Geliebte, die vom lüsternen Prinz Johann verfolgt wird, bis sie selbst zur Gesetzlosen wird. Doch die Geschichte von *Fulke le Fitz Waryn* hat noch mehr mit der allerersten Robin-Hood-Geschichte gemein, mit dem *Gest*.

Fulke le Fitz Waryn und *Gest* sind teilweise geradezu identisch. Der engste Vertraute von Fulk und von Robin heißt beidemal John. Little John ist Robins Leutnant und Fulks Bruder. Jedesmal soll John einer Gruppe reicher Reisender auflauern und sie zum Essen ins Lager bringen. Im *Gest* sind es Mönche aus St. Mary's Abbey:

> Die Mönche hatten zweiundfünfzig Männer
> und sieben stark beladene Pferde,
> es reitet kein Bischof so reich
> durch dieses Land, glaube ich.

In *Fulke le Fitz Waryn* sind es Händler, die den Schatz des Königs mit sich führen:

> Dann kamen zehn Händler von weit her, die mit dem Geld des Königs von England die kostbarsten Kleider, Felle, Gewürze und Handschuhe gekauft hatten[...]und sie trugen sie durch den Wald zum König.

Im *Gest* befiehlt Robin John, die Gruppe abzufangen:

> Und auf unbekannte Gäste zu warten
> und bis nach Sayles zu gehen
> und auch nach Watling Street
> und auf unbekannte Gäste zu warten,
> die du dort vielleicht triffst.

Im *Fulke le Fitz Waryn* heißt es:

Als Fulk die Händler entdeckte, rief er seinen Bruder John und bat ihn, hinzugehen und mit diesen Leuten zu reden und zu fragen, aus welchem Land sie kämen.

Beidemal fängt John die Gruppe ab und bringt sie in das Lager des Anführers. Die Gefangenen speisen mit den Gesetzlosen und müssen danach mit ihrem Besitz bezahlen. Fulk und Robin lassen ihre Gefangenen frei und schärfen ihnen ein, ihren Herren für den Raub Dank auszurichten. Im *Gest:*

> Und bittet ihn, mir einen solchen Mönch zu schicken,
> grüßt euren Abt schön, sagte Robin,
> Und euren Prior, ich bitte euch,
> und sagt ihm, er solle mir jeden Tag
> einen solchen Mönch zum Essen schicken.

Im *Fulke le Fitz Waryn*

Er verabschiedete sich und bat sie, den König von Fulk Fitz Warine zu grüßen, der sich für die schönen Kleider bedanke.

Am Anfang der *Fulk*-Geschichte ist Sir Moris der Schurke. Seine Begegnung mit den Gesetzlosen hat viel Ähnlichkeit mit dem Zusammentreffen des Sheriffs mit Robins Männern. Im *Gest* geht John verkleidet nach Nottingham, um den Sheriff zu überlisten, indem er in dessen Dienste tritt; im *Fulke le Fitz Waryn* geht John verkleidet in die Weiße Stadt, um Sir Moris auf dieselbe Weise zu überlisten. Sogar die Art, wie John den jeweiligen Schurken begegnet, ist fast gleich. Im *Gest* fragt der Sheriff John nach seiner Herkunft:

> In welchem Land wurdest du geboren,
> und wo wohnst du.
> In Hoderness, Sir, wurde ich geboren.

Im *Fulke le Fitz Waryn*:

> Moris fragte ihn, wo er geboren sei. »Sir«, sagte er, »an der Grenze von Schottland.«

Jedesmal gewinnt John das Vertrauen seiner Feinde, lockt sie in den Wald und in eine Falle. Im *Gest* wird der Sheriff gedemütigt, aber freigelassen; im *Fulke le Fitz Waryn* wird Moris getötet.

Vorher fliehen die Gesetzlosen vor Moris' Männern – ähnlich wie die Flucht von Robins Leuten nach dem Bogenwettbewerb im *Gest*. Als Robins Männer vor dem Sheriff fliehen, wird Little John verwundet:

> Little John wurde übel getroffen
> durch einen Pfeil in seinem Knie.

Im *Fulke le Fitz Waryn* wird Fulk selbst am Bein verletzt, als er vor Moris flieht:

Schließlich kam Morgan Fitz Aaron und schoß von der Burg und traf Fulk mit einem Pfeil ins Bein.

Im *Fulke le Fitz Waryn* bittet Sir Moris schließlich den König um Hilfe:

> Sir Moris beschwerte sich beim König [...] Der König war so erzürnt, daß [...] er 100 Ritter mit ihren Begleitern ernannte, damit sie durch ganz England zögen und Fulk finden und festnehmen sollten.

Im *Gest* wendet sich der Sheriff von Nottingham ebenfalls an den König:

> Ich werde in Nottingham sein, sagte der König [...]
> Er ritt in die Stadt London,
> um dem König alles zu erzählen [...]
> Ich werde in Nottingham sein, sagte der König [...]
> Und ich werde Robin Hood festnehmen.

Wie der Sheriff wird auch Moris schließlich vom Helden getötet. Als Moris tot ist, erscheint König Johann persönlich, um Fulk herauszufordern, so wie König Edward, als der Sheriff im *Gest* stirbt. Dort finden die Gesetzlosen zeitweise Asyl beim freundlichen Ritter Sir Richard at the Lee, genauso wie Fulks Männer in der Burg von Sir Lewis in Shrewsbury.

Am Ende sind Robin und Fulk wieder mit dem König vereint. Fulk erhält seine Ländereien zurück, und Robin tritt in die Dienste des Königs. Dann möchte Robin in den Wald zurückkehren und eine Kapelle in Barnsdale besuchen, die er gegründet hat:

> Ich baute eine Kapelle in Barnsdale
> von anständigem Aussehen.
> Es ist die Kapelle von Maria Magdalena,
> und dorthin möchte ich gehen.

Fulk dagegen gründet ein Kloster, das Maria geweiht ist:

> [Fulk] gründet ein Kloster zu Ehren unserer heiligen Maria vom Orden von Grandmont nahe Alberbury, in einem Wald am Fluß Severn; und sie wird New Abbey genannt.

Die Ähnlichkeiten sind zu häufig, um zufällig zu sein. Zweifellos setzt eine Geschichte die andere voraus. Aber welche war zuerst da? Der *Gest* in seiner heutigen Form wurde erst im 15. Jahrhundert niedergeschrieben, während *Fulke le Fitz Waryn* bereits um 1260 entstanden ist. Der Autor des *Gest* hat wohl auf Ereignisse aus dem Leben des Fulk Fitz Warine zurückgegriffen, wobei es keine Rolle spielt, ob Robin Hood tatsächlich einmal existiert hat. Im 16. Jahrhundert scheint die Beziehung zwischen beiden Überlieferungen in Vergessenheit geraten zu sein. Nur Robert Vernon wußte Bescheid.

Vernon war, wie gesagt, Fulks direkter Nachkomme und damit – wenn meine Theorie stimmt – der Nachfahre der Gralshüter. Je mehr ich mich mit ihm beschäftigte, um so deutlicher wurde mir, daß auch Vernon davon überzeugt war, daß der Gralskelch im *Fulke le Fitz Waryn* tatsächlich existiert hatte. Und offenbar hat er sich auf die Suche nach ihm gemacht.

17

Die Hirtenlieder

Aus Urkunden in der Zentralbibliothek von Shrewsbury geht hervor, daß Robert Vernon 1596 White Abbey kaufte, wo im Roman Fulk den Gral verborgen hat. Die Handschrift war vermutlich seit ihrer Abfassung um 1260 Teil im Besitz von Vernons Familie mütterlicherseits. Vernon scheint der erste seit Jahrhunderten gewesen zu sein, der sich für Fulk interessiert hat. Da Fulk offenbar in der Abtei begraben lag, könnte deswegen Vernon das Gelände erworben haben. Das Klostergebäude war Ende des 16. Jahrhunderts nur noch eine Ruine. Vernon begann sogleich mit der Gestaltung des ganzen Grundstücks. Teile des zerfallenen Gebäudes wurden wieder aufgerichtet, andere Mauerreste freigelegt, die sich gut in die Parklandschaft einpaßten. Oder steckte mehr hinter diesen Aktivitäten? Immerhin kannte Vernon die Gralssage. Hatte er den Gral in den Klosterruinen gesucht?

Leider hat Vernon keine Aufzeichnungen von der Renovierung hinterlassen. Um 1615, kurz vor seinem Tod, verfaßte er ein Epos, wobei ihm der mittelalterliche Artusroman *Sir Gawain and the Green Knight* als Vorlage diente. In Vernons Werk *Sir Gawain and the Red Knight* verlegt er die Handlung in seine Heimat Nordshropshire und die Gralskapelle nach White Abbey. Die Mönche sind die Gralshüter, doch der Rote Ritter stiehlt den Gral und bringt ihn auf seine Burg Red Castle (Rote Burg). Das Bauwerk hat es tatsächlich gegeben. Die Mauerreste aus rotem Ziegelstein können noch heute in Hawkstone Park besichtigt werden, etwa 3 Meilen südwestlich von Hodnet. Artus' Ritter Gawain bietet den Mönchen Hilfe an, besiegt den Roten Ritter und gewinnt den Gral. Doch statt den Gral den Mönchen zurückzubringen, will ihn Gawain an einem Ort verstecken, der nicht näher beschrieben wird. Die Originalhandschrift ist nicht erhalten. Thomas Wright hat das Werk 1855 als Buch veröffentlicht.

In der Einführung behauptet Vernon, eine erstaunliche Entdeckung gemacht zu haben, die ihn zu *Sir Gawain and the Red Knight* inspiriert habe:

> Wie es Gott gefiel, so habe ich in der White Abbey von St. Augustin einen Fund gemacht, der mich zu diesen Versen angeregt hat, für diejenigen, die Augen haben zu sehen und so etwas Würdiges gesehen haben wie ich.

Es wird nicht ganz klar, was uns der Autor hier sagen

will, außer daß er in White Abbey etwas gefunden hat, das ihn zu diesem Epos veranlaßt hat. Darin geht es um den Gral, der in White Abbey aufbewahrt wird. Soll das heißen, daß Vernon den Gral gefunden hat? Was sonst könnte dieser ›Fund‹ gewesen sein?

Jeder, der diese Stelle las und vermutete, daß Vernon den Gral gefunden zu haben glaubte, hätte ihn wohl kaum ernst genommen. Selbst wenn man seine tatsächliche Existenz angenommen hätte, würde man ihn doch kaum mit der White Abbey in Verbindung gebracht haben. Doch meine Forschungen hatten mich unabhängig von Vernons Arbeit zu der Theorie geführt, daß der Gral ein historischer Gegenstand war, der sehr wohl in die Hände von Fulk Fitz Warine gelangt sein könnte. Hatte Vernon also tatsächlich den Gral gefunden?

Der letzte Vernon starb im vorigen Jahrhundert. Auf die derzeitigen Besitzer von Vernon Manor in Hodnet Hall, die Heber-Percys, ist der literarische Nachlaß der Vernons nicht übergegangen. Die letzte Person, die Schriftstücke der Vernons besessen haben soll, war Mitte des 19. Jahrhunderts Thomas Wright. Man weiß nicht, was nach dessen Tod 1860 mit den Papieren geschah. Doch Wright veranlaßte, daß *Fulke le Fitz Waryn* und Vernons *Quest of Fulk Fitz Warine* und sein *Sir Gawain and the Red Knight* 1855 vom Warton Club in London gedruckt wurden.

Als ich die Ausgabe des *Sir Gawain and the Red Knight* untersuchte, stieß ich auf etwas, das ich zunächst für eine Art Hinweis des Druckers gehalten habe. Das Epos endet damit, daß Gawain den Gral für die Mönche zurückerwirbt, ihn jedoch nicht zur White Abbey bringt, sondern beschließt, ihn an einem sicheren Ort zu verstecken. Seltsamerweise erfährt man nicht, wo er versteckt wurde, sondern nur, daß Gawain auf den Zinnen von Red Castle stand und ein Versteck suchte. Die letzten Zeilen lauten:

> Die Hirtenlieder zeigen den Weg,
> Das Horn erklang, der Schatz war verborgen.

Darunter stehen die römischen Zahlen:

CXXXII XXXI LXI CII CIV CXXXV CXVIII
CXLII CXXIII CXVIII CXIX CXVI
XVII III II XIX VIII II XIX IV I XXII CXIV XIII

In unseren Zahlen:

132 31 61 102 104 135 118 142 123 118 119 116
17 3 2 19 8 2 19 4 1 22 114 13

Nirgendwo im Text oder im Vorwort geht Vernon auf diese geheimnisvollen Zahlen ein. Es ist unbekannt, ob sie am Ende von Vernons Original standen. Doch wer auch immer sie eingefügt hat – was bedeuten sie? Ich fragte mehrere Antiquare, doch sie waren ebenso ratlos wie ich. Da die Zahlen offenbar nichts mit dem Druck des Buches zu tun hatten, mußte ich annehmen, daß sie ein Teil des Originals gewesen waren. Doch warum hatte Vernon sie eingefügt?

Plötzlich fielen mir die Worte aus Vernons Einleitung ein: ›[...] für diejenigen, die Augen haben zu sehen und so etwas Würdiges gesehen haben wie ich.‹

Da kam mir eine Idee: Wenn nun Vernon den Gral vor seinem Tod versteckt und wie ein moderner Merlin eine kodierte Nachricht hinterlassen haben sollte, um das Versteck zu beschreiben? Im Epos war der Gral ursprünglich in der White Abbey aufbewahrt worden, aber Gawain hatte ihn irgendwo anders versteckt. Vielleicht hatte Vernon den Gral in der White Abbey gefunden und ihn an einen anderen Ort gebracht. Enthielt das Werk versteckte Hinweise auf diesen Ort? Vernon hatte nicht gesagt, wo Gawain den Gral versteckt hatte. Sein Epos endete mit zwei Reihen von Zahlen. Waren es kodierte Anweisungen? Obwohl ich von der Möglichkeit begeistert war, erwartete ich noch immer, daß sich die Zahlen als irgendeine Druckerkennung herausstellen würden. Doch dann begann ich mit der Entzifferung der Zahlen.

Aber auf was bezogen sich die Zahlen? Da in der vorletzten Zeile des Gedichtes die ›Hirtenlieder‹ erwähnt werden, die ›den Weg zeigen‹, könnten sie der Schlüssel sein. Ich verbrachte viele Stunden mit der Untersuchung von Gedichten, Reimen, Balladen und Hymnen aus dem frühen 17. Jahrhundert, als Vernon sein Epos schrieb. Schließlich stieß ich auf eine plausible Erklärung. Wenn Vernon wollte, daß sein Code erhalten blieb, dann hätte er mit Sicherheit etwas gewählt, was unverändert blieb. Reime, Gedichte, Balladen und Hymnen werden oft verändert oder modernisiert und über die Zeit vergessen. Doch es gab Lieder, die unverändert bleiben würden. Sie stehen in der Bibel: die Psalmen. Sie sind nicht nur Lieder, es sind sogar Hirtenlieder, die dem jüdischen König David zugeschrieben werden – einem bescheidenen Hirten, bevor er nach dem Sieg über den Riesen Goliath zum Helden Israels wurde.

Es gab zwei verschiedene Zahlenreihen in Vernons Gedicht. Bezog sich die erste Reihe auf die Nummern der Psalme und die zweite Reihe auf den Vers? Die erste Nummer in Vernons erster Zeile ist 132, die erste Nummer der zweiten Reihe ist 17. Psalm 132, Vers 17 lautet (*Da Graham Phillips die englische King-James-Bibelausgabe von 1611 verwendet, stimmen die Versangaben teilweise nicht ganz mit der deutschen Bibelübersetzung überein, Anm. d. Übers.*):

> Daselbst soll aufgehen das Horn Davids; ich habe meinem Gesalbten eine Leuchte zugerichtet.

Es konnte kein Zufall sein, daß der Vers von David und einem Horn handelte – das Epos endet mit dem Satz ›das Horn ertönte ...‹. Wollte Vernon damit signalisieren, daß man auf der richtigen Spur war? Die Leuchte könnte er als Orientierungslicht verstanden haben. Vielleicht für die folgenden Verse? Vernon hatte bestimmt dieselbe Bibelübersetzung benutzt wie ich: die King-James-Ausgabe von 1611, vier Jahre bevor er sein Epos schrieb. Die zweiten Zahlen der Reihen lauten 31 und 3. Psalm 31, Vers 3 lautet:

Denn du bist mein Fels und meine Burg, und um deines Namens willen wolltest du mich leiten und führen.

Wieder scheint es um die Suche zu gehen – ›mich leiten und führen‹, aber wohin? Der Vers erwähnt einen Fels und eine Burg, und bei Vernon steht Gawain auf den Zinnen von Red Castle. Bezeichnenderweise ist Red Castle, dessen Ruinen immer noch etwa drei Meilen von Hodnet in Hawkstone Park zu sehen sind, eine Burg, die in den Felsen hineingebaut ist. Ist das mit dem Psalm gemeint?

Im Februar 1994 besuchte ich Red Castle, um herauszufinden, wo die übrigen Verse einen geografischen Sinn ergaben. Wenn meine Überlegungen stimmten, fand sich der dritte Hinweis in Psalm 61, Vers 2 (*dt. 3, Anm. d. Übers.*). Der letzte Satz des Verses lautet:

[...] du wollest mich führen auf einen hohen Felsen.

In der Umgebung von Red Castle gibt es nur noch eine höhere Stelle, nämlich White Cliff, welche die Burg etwa eine Viertelmeile westlich überragt. Auf White Cliff steht die Ruine einer Kapelle. Sie stammt nicht aus der Zeit, um die es hier geht, aber an derselben Stelle stand auch früher eine Kapelle, wie man von einer Zeichnung weiß, die John Street 1620 angefertigt hat. Dies war die Zeit, in der Vernon sein Epos schrieb.

Psalm 102, Vers 19 (*dt. 20, Anm. d. Übers.*) beginnt:

Denn er schaut von seiner heiligen Höhe [...]

Bis dahin hatte ich die Zusammenhänge noch für zufällig gehalten. Doch nun war ich nicht mehr so sicher. ›Seine heilige Höhe‹. Wie konnte man eine Kapelle auf einem Felsen besser beschreiben? Ich sah mich um und erblickte eine enge Schlucht, die durch die Felsen führte. Könnte sich der nächste Hinweis, Psalm 104, Vers 8, auf diese Schlucht beziehen?

Die Berge stiegen hoch empor, und die Täler senkten sich herab zum Ort, den du ihnen gegründet hast.

Ich folgte der Schlucht bis ins Tal und weiter hinunter, bis ich das Dorf Weston, etwa 1 Meile entfernt, erreicht hatte. Der nächste Hinweis war Psalm 135, Vers 2, der so beginnt:

[Ihr], die ihr steht im Hause des Herrn [...]

Das Haus des Herrn war bestimmt eine Kirche, und so ging ich zur Pfarrkirche des Dorfes. Sie stammt aus dem Mittelalter und befand sich zu Vernons Zeit auf jeden Fall hier. Die nächsten vier Verse schienen mir genau zu sagen, was ich tun sollte. Psalm 118, Vers 19:

Tuet mir auf die Tore der Gerechtigkeit, daß ich durch sie einziehe.

Ich betrat die Kirche. Psalm 142, Vers 4 *(dt. 5, Anm. d. Übers.)*:

Schau zur Rechten und sieh!

Ich wandte mich nach rechts. Psalm 123, Vers 1:

Ich hebe meine Augen auf zu dir.

Ich blickte die Dachsparren hinauf. Psalm 118, Vers 22:

Der Stein, den die Bauleute verworfen haben, ist zum Eckstein geworden.

Wurde wirklich etwas hinter dem größten Stein in der nordwestlichen Ecke (hinten rechts) der Kirche versteckt? Der vorletzte Vers schien dies zu bestätigen. Psalm 119, Vers 114:

Du bist mein Schutz und mein Schild; ich hoffe auf dein Wort.

Alles schien zu passen. Wenn jedoch irgend etwas in dieser Kirche versteckt worden war, wäre es schon lange nicht mehr da. Obwohl eine Kirche seit dem frühen Mittelalter auf diesem Platz gestanden hatte und daher in Vernons Rätsel eine Rolle spielen könnte, stammt das heutige Gebäude aus dem 18. Jahrhundert. Alles, was hier um 1615 versteckt worden war, wäre vermutlich verschwunden oder zerstört.

Ich war davon überzeugt, daß die Zahlen ein Code waren und ich die Lösung gefunden hatte. Wenn nur ein oder zwei Verse zur Ortsbeschreibung gepaßt hätten, hätte es ein Zufall sein können, doch jeder einzelne Vers paßte genau. Wieder und wieder schlug ich die Bibel an einer zufälligen Stelle auf, um zu sehen, ob ein anderer Vers ebenfalls passen könnte, doch außer einem – und auch hier nur mit einiger Fantasie – fand ich keinen. Doch das machte die Enttäuschung nur größer. Arbeiter hatten im 18. Jahrhundert vermutlich einen alten Kelch gefunden, ihn vor dem Vikar versteckt und unter der Hand für einen guten Schluck verkauft.

Aber war wirklich eine alte Reliquie, die man für den Gral gehalten hat, in der Kirche von Weston versteckt worden? Die letzte Zahlenangabe schien dies zu bestätigen. Psalm 116, Vers 13 lautet:

Ich will den Kelch des Heils nehmen und des Herrn Namen anrufen.

Erst im Sommer 1994 merkte ich, daß ich wahrscheinlich in der falschen Kirche gesucht hatte. Ich erzählte einer Freundin, der Bibliothekarin Jean Astle, von meiner Entdeckung. Sie verglich den Weg, den ich genommen hatte, mit den Psalmen. Dann meinte sie, da gebe es eine Abweichung. Der fünfte Vers lautet:

Die Berge stiegen hoch empor, und die Täler senkten sich herab zum Ort, den du ihnen gegründet hast.

Ich sei nur ein Tal hinuntergegangen bis zur Kirche von Weston. Doch im Vers heiße es, erst ›hoch empor‹ zu gehen und dann erst ›herab zum Ort‹. Ich hatte angenommen, daß ›die Berge‹ White Cliff seien, auf dem die Kapellenruinen standen. Nach einem Blick auf die Karte sagte Jean, daß auch die hohen Hügel gegenüber der Schlucht gemeint sein könnten. Dort hatte ich mich nach rechts gewandt, um das Tal hinunterzugehen. Wäre ich über die Hügel gegangen, hätte ich etwa nach 1 Meile ein anderes Tal erreicht, das tatsächlich zu einer zweiten Kirche führte, im rund 3 Meilen entfernten Hodnet. Wir mußten auf der richtigen Spur sein. Die Pfarrkirche von Hodnet steht neben Hodnet Hall, dem Haus Robert Vernons, der überdies in dieser Kirche bestattet worden war.

Das heutige Gebäude stammt von etwa 1550. Es hat hier also gestanden, als Vernon lebte. Es wurde um 1850 nicht gerade stark renoviert. Wenn hier irgend etwas um 1615 versteckt worden war, könnte es noch immer dort sein.

Als ich die Kirche betreten hatte, las ich noch einmal den entsprechenden Psalm, dem ich in der Kirche von Weston gefolgt war: ›Schau zur Rechten und sieh!‹ Ich blickte den Kirchengang hinunter zum Chor. Der nächste Psalm (123, 1) lautet: ›Ich hebe meine Augen auf zu dir.‹ Ich hob den Blick und sah ein farbiges Glasfenster mit den vier Evangelisten Matthäus, Markus, Lukas und Johannes. Der nächste Psalm (118, 22): ›Der Stein, den die Bauleute verworfen haben, ist zum Eckstein geworden.‹ Hier gab es keinen Eckstein. Das Fenster bedeckte völlig den fraglichen Bereich der Kirche.

Um die Kirchenmauern elektronisch zu untersuchen, bat ich Kerry Harper, eine Archäologin der Universität Birmingham, um Hilfe. Die Mauern wurden durchleuchtet, doch es wurde kein Versteck gefunden.

Als ich gerade die Hoffnung aufgeben wollte, meinte Kerry, daß das farbige Fenster selbst von Bedeutung sein könnte. Sie machte mich auf etwas aufmerksam, auf das ich vorher nicht geachtet hatte: Die Figur des heiligen Johannes am rechten Rand des Fensters und damit am nächsten zur entscheidenden Ecke der Kirche, hielt einen Kelch in seiner Linken und damit am äußersten Fensterrand. Die anderen drei Evangelisten hielten Bücher. Ich hatte zunächst angenommen, daß die Figur nichts mit der Suche zu tun haben könnte, da sie von 1850 stammte, als die Kirche renoviert wurde. Doch Kerry vermutete, daß das Fenster Motive des Originals wiederholen könne. Leider wissen wir nicht, wie das Originalfenster ausgesehen hat. Doch dann kamen wir einer anderen Sache auf die Spur. Das Fenster war von Thomas Wright entworfen und gestiftet worden – demselben Mann, der *Fulke le Fitz Waryn*, Vernons *Quest of Fulk Fitz Warine* und *Sir Gawain and the Red Knight* übersetzt und veröffentlicht hatte, das letztere war das Epos mit den Zahlenangaben, die uns in diese Kirche geführt hatten.

Wright hatte nur einige Meilen von Hodnet entfernt im Dorf Wollerton gelebt. Obwohl er mehrere Bücher über die Geschichte von Shropshire veröffentlicht hat, gibt es fast keine Hinweise auf ihn selbst. Dennoch war ziemlich klar, warum er ein solches Interesse an der Geschichte von Fulk Fitz Warine und den Werken Robert Vernons hatte: Seine Frau Frances war die letzte Vernon in Hodnet. Die Wrights hatten nur ein Kind, einen Sohn namens Richard, der früh starb. Wenn meine Überlegungen stimmten, wäre Wrights Sohn durch seine Abstammung von Fulk Fitz Warine der letzte der Gralsfamilie gewesen.

Da die Ausgabe von Vernons Epos von Thomas Wright gedruckt worden war, könnte der Zahlencode sein eigener Zusatz gewesen sein. Mit anderen Worten: Wright könnte den Kelch um 1850 versteckt haben, als die Familienlinie abbrach. Wenn das stimmte, mußte das farbige Fenster, das von Wright selbst in Auftrag gegeben worden war, von Bedeutung sein. Die vier Evangelisten – was hieß das?

Die letzte Tarockkarte zeigt die vier Evangelistensymbole: Stier, Löwe, Adler und Engel. Der *Folie*-Roman basierte auf denselben Symbolen wie das Tarock. Gab es hier einen Zusammenhang? Das farbige Fenster zeigte die Symbole über den Köpfen der Heiligen. Erst im Frühling 1995 kam ich dahinter, daß einmal vier Statuen mit diesen Evangelistensymbolen in einem Höhlenlabyrinth gegenüber von Red

Castle in Hawkstone Park gestanden hatten. Auch sie waren von Thomas Wright in den 50er Jahren des vorigen Jahrhunderts errichtet worden.

Unterhalb des Torbogens der Kapellenruine von White Cliff, gegenüber von Red Castle, gibt es mehrere Stollen und Höhlen. Sie wurden um 1780 vom Besitzer des Geländes, Richard Hill, angelegt. Man hat angenommen, daß Hill bereits existierende Stollen erweitert hat, einstige Kupferminen aus römischen Zeiten. 1934 beschrieb die Naturforscherin Mary Broquet die Höhlen in ihrem Buch *Shropshire Rambles:*

> Das Zentrum des Labyrinths ist eine Galerie von 80 Fuß Länge, umgeben von Pfeilern. Einst war die ganze Galerie meergrün gestrichen, die Säulen waren mit Muscheln bedeckt. Mitte des letzten Jahrhunderts fügte Thomas Wright [...] vier Statuen hinzu: einen geflügelten Engel, einen Stier, einen Löwen und einen Adler, die unterhalb des Torbogens standen. Der Löwe und der Adler wurden mittlerweile nach Red Castle gebracht, der Stier und der Engel sind verschwunden. In einer interessanten kleinen Geschichte geht es um eine der Statuen. 1929 fand Mr. Wrights Enkel Walter Langham einen kleinen Kelch im Sockel der Adlerstatue. Man hielt ihn für ein antikes Duftgefäß; doch warum er hier ist, ist eines der Geheimnisse, die der heutige Besitzer so gern erzählt.

Wright hatte vier Statuen errichtet, die die vier Evangeliensymbole darstellten, und in einem – dem Adler – wurde ein *Kelch* gefunden! Auf dem Kirchenfenster hält der Evangelist Johannes einen Kelch in seiner Hand; sein Symboltier ist der Adler: Es ist über seinem Kopf zu sehen. War das Fenster der letzte Hinweis darauf, daß der Kelch in der Adlerstatue des Labyrinths versteckt war? Das ergäbe einen Sinn: Jeder, der 1920 dem Psalmenweg gefolgt wäre, hätte die Statuen gesehen. Dann brauchte man nur noch die Zusammenhänge zu erkennen. Vielleicht war das Walter Langham gelungen. Leider ist keine der Statuen erhalten geblieben. Die letzte, der Löwe, wurde vor einigen Jahren zerstört.

Mary Broquet nennt Langham Wrights Enkel. Aber Wrights einziges Kind Richard war jung gestorben. Wrights Witwe Frances jedoch heiratete noch einmal, und ihre Tochter Edith wurde Langhams Mutter. Da Frances die Vernonlinie verkörperte, war die Abstammungsfolge der ›Gralsfamilie‹ doch nicht ausgestorben. Wenn meine Theorie stimmt, war der Mann, der den Kelch in der Statue fand, der Nachkomme von Robert Vernon, Fulk Fitz Warine, Payne Peveril und Owain Ddantgwyn – er war der lebende Gralshüter. Hatte er den Kelch entdeckt, der die Gralsromane angeregt hatte?

Walter Langhams Urenkelin, die 24jährige Grafik-Designerin Victoria Palmer lebt in Rugby in Warwickshire und besitzt noch heute den Kelch aus Hawkstone Park. Sie hatte überhaupt keine Ahnung von seiner Bedeutung und wußte nur, daß er von ihrem Vorfahren gefunden und für ein altes Parfümgefäß gehalten worden war.

Der Gegenstand ist nur 6 Zentimeter groß. Er hat einen runden Fuß und einen kurzen Hals. Er wurde aus Onyx gefertigt, einem grünen Schmuckstein, und ähnelt einem Eierbecher – nur daß sein Rand nach innen gebogen ist. Der Grund dafür ist, so glaubte man, daß er einst einen Deckel hatte. Auf jeden Fall ist er wohl sehr alt, und an einigen Stellen sind Abnutzungsspuren zu sehen. Beeindruckt von unserer Geschichte, war Victoria damit einverstanden, daß Kerry den Kelch in der Universität von Birmingham untersuchen ließ. Leider war es nicht möglich, das Alter wissenschaftlich festzustellen. Mit der C-14-Methode können nur organische Reste datiert werden. Die mikroskopische Untersuchung ergab jedoch, daß der Kelch nicht maschinell hergestellt worden ist; er wurde also von Hand gemacht. Dies bewies zwar nicht sein hohes Alter, aber wahrscheinlich war er doch vor der industriellen Revolution gefertigt worden.

War dies der Gral der Ritterromane des Mittelalters – war es vielleicht sogar der Marienkelch? Zwar berichten die Legenden, er sei aus Gold und Silber, aber es gibt keine genauere zeitgenössische Beschreibung. Ein Kelch, der von Maria Magdalena im 1. Jahrhundert benutzt wurde, war aber vermutlich aus einfacherem Material, etwa ein Steingefäß. Tatsächlich wurden Stein- oder Tongefäße ähnlicher Form und Größe um das Tote Meer ausgegraben. Sie werden der jüdischen Sekte der Essener in der Zeit

Jesu zugeschrieben. Im Britischen Museum denkt man eher an ein römisches Parfümgefäß. Doch leider will sich niemand festlegen, um sich nicht zu kompromittieren, für den Fall, daß es eine Kopie aus dem 19. Jahrhundert ist. Kerry machte jedoch darauf aufmerksam, daß man zum Auffangen des Blutes Jesu eher ein kleineres Gefäß, wie den Marienkelch, als einen offenen Kelch verwendet hätte.

Ob dieser kleine Onyxkelch nun wirklich der Gral ist, den die mittelalterliche Peveril-Familie besessen haben will, werden wir vermutlich niemals erfahren. Vielleicht aber haben wir das uralte Geheimnis der Gralsromane gelüftet. Sie scheinen auf eine Geschichte zurückzugehen, die um 1100 geschrieben wurde –, eine Allegorie auf eine geächtete christliche Sekte, Nachkommen der Gnostiker; sie beanspruchte geistige Autorität durch eine andere apostolische Sukzession. Das hatte mit der Abstammungslinie von König Artus zu tun, der im 12. Jahrhundert zu einem beliebten Held von Ritterromanen wurde. So übernahmen andere Autoren die Gralsgeschichte und veränderten sie, um sie ihrem jeweiligen Leserkreis anzupassen – offenbar ohne Kenntniss ihrer wahren Bedeutung. Dies könnte die Reihenfolge historischer Ereignisse gewesen sein, die zur Entstehung der uns heute bekannten Gralssage geführt hatten.

Bis Anfang des 4. Jahrhunderts gab es im Römischen Reich verschiedene christliche Sekten: eine gnostische behauptete, sie besäße ein Buch mit den geheimen Worten Jesu – das Thomasevangelium. 327 machte Kaiser Konstantin der Große das Christentum zur Staatsreligion seines Reiches. Die Gnostiker und andere von der offiziellen Kirchenlehre abweichende Sekten wurden verboten. Nach wenigen Jahrzehnten war der Gnostizismus weitgehend im Römischen Reich verdrängt, nur in der relativen Isolation Britanniens existierte er weiter, wo er offenbar den britannischen Priester Pelagius im 4. Jahrhundert angeregt hat, eine unabhängige Kirche zu gründen. Im Gegensatz zu den Christen, die ihre geistige Herkunft auf Petrus bezogen, berief sich der Pelagianismus offenbar auf Joseph von Arimathia. 410, als Rom von den Westgoten geplündert wurde, könnten wichtige christliche Reliquien nach Britannien in Sicherheit gebracht worden sein, und zwar in die Hauptstadt Viroconium. Darunter könnten sich unter anderem befunden haben: der Kelch, der einst das Blut Jesu enthielt; der Teller vom letzten Abendmahl; die Lanze, mit der bei der Kreuzigung Jesu Seite geöffnet, das Schwert, mit dem Johannes der Täufer enthauptet worden war.

Als Britannien im zweiten Jahrzehnt des 5. Jahrhunderts aus römischer Herrschaft entlassen war, unterstützte der britannische Anführer Vortigern den Pelagianismus. Die abtrünnige britische Kirche weigerte sich, die Reliquien an Rom zurückzugeben, als die Stadt von Kaiser Honorius zurückerobert worden war. Britannische Könige regierten etwa zweieinhalb Jahrhunderte lang von Viroconium aus, darunter der historische Artus um das Jahr 500. Diese Herrscher, aus denen später die Könige von Powys hervorgingen, waren offenbar die Häupter der Pelagianischen Kirche und legitimierten mit den Reliquien ihren Führungsanspruch. Der Kelch und vielleicht auch die anderen Reliquien blieben wohl auch weiterhin im Besitz der Könige von Powys, bis ihre Nachkommen unter der Herrschaft der Normannen im 11. Jahrhundert zu walisischen Baronen wurden. Lynette, die Enkelin von Cadfarch, dem letzten König von Powys, heiratete den normannischen Baron Payne Peveril, der mit Wilhelm dem Eroberer in der Schlacht von Hastings (1066) gekämpft hatte.

Um 1100 schrieb Payne Peverils Kaplan, der Mönch Blayse von St. Asaph, seinen *Peveril*, in dem sein Herr der Gralshüter ist. Zwar sind nur Fragmente des *Peveril* erhalten, aber die ganze Geschichte scheint als Übersetzung, *La Folie Parzival*, erhalten zu sein (14. Jahrhundert). Die Geschichte handelt von den geistigen Nachkommen Josephs von Arimathia – offenbar die Familie Peveril – und ihrer Rolle als Gralshüter, die die vier Reliquien (Kelch, Schwert, Teller und Lanze) sowie den Heiligen Gral selbst besaßen: das Thomasevangelium. Es wurde als heiligste Reliquie betrachtet. Dies und ihre Symbolik der gnostischen Albigenser (in ihrem Tarockspiel) verweisen darauf, daß der Peverilstoff ursprünglich eine Allegorie war. Danach hatte die Familie Peveril die Führung einer geheimen gnostischen Sekte geerbt, die vermutlich von der Pelagianischen Kirche von Powys herrührte.

Nach wenigen Jahrzehnten war der *Peveril* kopiert und weit verbreitet. Der legendäre König Artus wurde im späten 12. Jahrhundert zu einer beliebten Figur von Ritterromanen, und der *Peveril* schilderte ihn als Urahn der Peveril-Familie. Vor diesem Hintergrund begannen mehrere europäische Verfasser, ihre eigenen Variationen der Peveril-Grals-Geschichte zu schreiben. Wahrscheinlich haben sie die wahre Bedeutung der ursprünglichen Geschichte nicht mehr gekannt; so haben sie sie mit Rücksicht auf ihre Leserschaft verändert. Der Name ›Peveril‹ wurde in ›Parzival‹ geändert, und die Handlung beschäftigte sich nicht mehr länger mit den hochmittelalterlichen Nachkommen von Artus, sondern mit seinen Zeitgenossen im frühen Mittelalter, dem Dunklen Zeitalter. Und aus dem Gral wurden bei den jeweiligen Verfassern ganz verschiedene Reliquien.

Die vier Reliquien kamen in den meisten Dichtungen vor, die um 1200 verfaßt wurden. Doch die Bedeutung des Thomasevangeliums wurde entweder heruntergespielt oder völlig ignoriert – vermutlich weil die Erwähnung dieser Schrift von der mächtigen Kirche des Mittelalters als Ketzerei verurteilt worden wäre.

Um 1190 beschreibt Chrétien de Troyes alle vier Reliquien in seiner Dichtung, doch der Teller gilt ihm als der eigentliche Gral. Obwohl er es nicht ausdrücklich sagt, scheint sein Gral doch der Teller des letzten Abendmahls zu sein, da dem Gralshüter eine Hostie angeboten wird. Nach zehn Jahren folgte die erste Fortsetzung nach Chrétiens Vorbild und stellt den Gral als Teller dar, jedoch nicht als Teller des letzten Abendmahls. In dieser Version stammt er von Joseph von Arimathia, der darin das Blut des gekreuzigten Jesus aufgefangen hat. Der Grund dafür, daß der Autor den Gegenstand von Jesus selbst trennte, war vermutlich der, daß er einen anderen Gral in seine Geschichte eingefügt hat – einen, der eine ebenso große Bedeutung haben sollte: der geschnitzte Jesuskopf, der noch immer im Dom von Lucca in der Toskana besichtigt werden kann.

Um 1200 hat Robert de Boron offenbar alle vorherigen Gralsversionen in seiner *Geschichte des Heiligen Grals* verschmolzen. Möglicherweise beeinflußt von der Legende, daß im Marienkelch Blut Jesu aufgefangen wurde, machte er den Gral zu einem Kelch; und beeinflußt von Chrétiens Verbindung des Grals mit dem letzten Abendmahl, machte er ihn zum Abendmahlskelch. Robert verband den Gral nicht mit Maria Magdalena, folgte jedoch dem Autor der ersten Fortsetzung und übergab ihn Joseph von Arimathia.

Im Gegensatz zu Chrétien und dem Autor der ersten Fortsetzung geht Robert de Boron auf das geheime Evangelium ein, wenn er sagt, daß der Gralshüter, der Fischerkönig, die geheimen Worte Jesu erfährt. Etwa zur selben Zeit beschreibt auch der Autor des *Didcot Parzival* den Kelch als den Heiligen Gral und führt, wie Robert, das Buch vom Heiligen Gefäß an, mit dem der Fischerkönig seinen Nachfolger die geheimen Worte Jesu lehrt. Um 1205 scheint der Verfasser des *Perlesvaus* der Originalgeschichte am nächsten gekommen zu sein, indem er den Gral als geheimes Evangelium darstellt, die Tatsache jedoch geschickt verschleiert. Er sagt nicht, was der Gral ist, sondern nur, daß er Episoden aus dem Leben von Christus offenbare – damit meint er vermutlich ein Evangelium, das nicht in die Bibel aufgenommen ist.

Um 1220 war der Autor des Lanzelot-Grals-Zyklus so mutig, den Gral eindeutig als Buch zu beschreiben, das von Jesus selbst geschrieben wurde. Doch er fügte auch den nun bekannteren Gral ein, den Abendmahlskelch. Um noch mehr Verwirrung zu stiften, haben offenbar noch andere Sagen die Entwicklung der Gralsgeschichte beeinflußt. Wolfram von Eschenbach beruft sich auf eine arabische Quelle und sieht in einem magischen Stein den Gral. Frühe walisische Geschichten lassen Artus nach einem Zauberkessel suchen, was ebenfalls die Artussage beeinflußt, was zu den heutigen Spekulationen geführt hat, ob der Gral vielleicht ursprünglich ein solcher Kessel gewesen ist.

Um 1260 versuchte ein unbekannter Autor, der irgendwie mit der Peverilsfamilie zu tun hatte, die Herkunft der Gralsgeschichte klarzustellen. In seinem *Fulke le Fitz Waryn* beschreibt er, wie Payne Peverils Urenkel Fulk den Gral in seiner Burg in Whittington findet. Dieser Gral ist ein Kelch, auch wenn ein bedeutenderer Gral, das Buch vom Heiligen Gefäß, ebenfalls von Fulk geerbt wird.

Auch wenn der Gral im 14. Jahrhundert nur noch der Abendmahlskelch war, können wir erkennen, daß das Wort anfangs nicht nur diesen meinte. Es gab mehrere Grale. Einige konnten gefunden oder identifiziert werden, während andere noch immer ihrer Entdeckung harren:

1. Das Buch vom Heiligen Gefäß ist offenbar das Thomasevangelium. Die einzige erhaltene Ausgabe wird im Koptischen Museum von Kairo aufbewahrt.
2. Der Marienkelch, der von der Kaiserin Helena 327 entdeckt worden sein soll, könnte die Reliquie sein, die von Fulk Fitz Warine Mitte des 13. Jahrhunderts entdeckt und wieder versteckt worden ist. Derselbe Gegenstand soll von Fulks Nachkommen Robert Vernon in den 90er Jahren des 16. Jahrhunderts ausgegraben worden sein und blieb offenbar in der Familie, bis er in den 50er Jahren des vorigen Jahrhunderts im Hawkstone Park versteckt und von Walter Langham 1920 entdeckt wurde. Der Kelch ist heute im Besitz der Urenkelin Walter Langhams, Victoria Palmer, die direkt von den mittelalterlichen Peverils abstammt und von Owain Ddantgwyn – dem historischen Artus.
3. Der Volto Santo, der geschnitzte Jesuskopf, angeblich ein Werk von Nikodemus, wird im Dom von Lucca aufbewahrt.
4. Der Teller des letzten Abendmahls, der Gral in Chrétiens Version, könnte unter den Reliquien gewesen sein, die die Peverils Ende

des 11. Jahrhunderts geerbt haben. Wo er sich heute befindet, ist unbekannt. Er wird weder im *Fulke le Fitz Waryn* erwähnt noch von Fulks Nachkommen Robert Vernon gefunden. Vielleicht liegt er noch immer dort, wo Fulk den Kelch gefunden haben soll: in Burg Whittington, der historischen Gralsburg der mittelalterlichen Romane. Dasselbe könnte auch für die übrigen Reliquien gelten: die Lanze der Kreuzigung und das Schwert, durch das Johannes der Täufer starb.

5. Der Lapis Excillis, der magische Stein Wolframs von Eschenbach, soll im Besitz mehrerer mittelalterlicher Alchimisten gewesen sein, die unedle Metalle in Gold verwandeln wollten. Was damit geschah, falls er jemals existiert hat, müßte untersucht werden.

6. Der Zauberkessel der alten walisischen Erzählungen wurde nicht als Gral in die mittelalterlichen Ritterromane übernommen. Dennoch könnten einige Aspekte der Gralsdichtung von der in ihnen beschriebenen Suche des Artus nach dem Kessel von Di-Wrnach beeinflußt worden sein. Wenn diese Ereignisse mit dem historischen Artus zu tun haben, könnte der fragliche Kessel möglicherweise jener sein, den man im Berth bei Baschurch gefunden hat, der Grabstätte der Könige von Powys. Er ist heute im Britischen Museum.

Heute ist der Gral nicht mehr nur ein Gegenstand – er steht für die Suche nach Wahrheit oder Erleuchtung. So gesehen, war die Untersuchung ein voller Erfolg. Die Suche nach der Wahrheit hinter der Gralssage hat viel Licht in die Figur des geschichtlichen König Artus und das Geheimnis der mittelalterlichen Ritterromane gebracht.

Chronologie der Ereignisse

43–47	Britannien wird von Kaiser Claudius erobert.
380	Pelagius reist von Britannien nach Rom und gerät in Konflikt mit der Kirche.
383	Magnus Maximus wird von den britischen Legionen zum Kaiser ausgerufen. Er fällt in Gallien und Italien ein und wird von Theodosius I. besiegt.
401	Alarich, der König der Westgoten, fällt in Norditalien ein.
408	Alarich belagert Rom. Kaiser Honorius muß Truppen aus Britannien abziehen.
416	Die römische Kirche erklärt die Lehre des Pelagius zur Ketzerei.
420	Wiederaufbau von Viroconium
429	Germanus, der Bischof von Auxerre, besucht Britannien als Abgesandter der Kirche.
447	Germanus besucht Britannien zum zweitenmal.

451	Die Hunnen unter Attila werden bei Châlons-sur-Marne besiegt.
455–460	Die Angelsachsen übernehmen die Herrschaft über Ostbritannien.
460	Vortigern wird abgesetzt. Ambrosius wird Anführer der britannischen Armeen: Die Verteidigung wird umorganisiert.
470	Ein britannisches Kontingent kämpft für Kaiser Anthemius in Nordfrankreich.
476	Odoaker besiegt Kaiser Romulus Augustulus und wird vom Heer zum König ausgerufen. Das Weströmische Reich bricht zusammen.
480	Pattsituation zwischen Britannien und Sachsen im Süden Englands. Die Angeln müssen im Norden eine Niederlage hinnehmen. Cunorix wird in Viroconium beigesetzt.
488	Hengist stirbt. Octha wird sein Nachfolger. Artus löst Ambrosius ab.
488–493	Die Feldzüge des Artus
493	Schlacht von Badon. Die Angelsachsen ziehen sich nach Südostengland zurück.
519	Tod von Artus (?). Maglocunus wird König von Gwynedd. Cuneglasus wird König von Powys.
530	Dem byzantinischen Kaiser Justinian I. gelingt es nicht, Westrom zurückzuerobern.
545	Gildas: *De excidio et conquestu Britanniae* (*Über die Vernichtung und Wehklage Britanniens*).

549	Tod des Maglocunus
610	*Gododdin*
658	Oswy plündert Powys. Tod des Cynddylan. Die Briten verlieren Staffordshire und Shropshire. Mercia besetzt das westliche Powys. Wulfhere wird König von Mercia.
731	Beda: *Historia ecclesiastica genetis Anglorum (Kirchengeschichte des Volkes der Angeln)*.
800	Der Papst krönt Karl den Großen zum Kaiser des Heiligen Römischen Reiches.
830	Nennius: *Historia Britonum*
850	Das *Lied von Llywarch dem Alten* entsteht in seiner überlieferten Form. Cyngen, der König von Powys, errichtet die Säule von Eliseg.
871–899	Die *Angelsächsische Chronik* wird nach frühen Klosteraufzeichnungen unter Aufsicht von Alfred dem Großen zusammengestellt.
900	*Die Beute von Annwn*
927	Athelstan vereinigt die Angelsachsen und wird erster König von ganz England.
950	*Culhwch und Olwen*
955	*Welsh Annals*
1100	*Peveril* (?)
1135	Geoffrey of Monmouth: *Historia regum Britanniae (Die Geschichte der Könige Britanniens)*.
1160	*Der Traum von Rhonabwy*
1170	Geburt von Fulk Fitz Warine
1189	Thronbesteigung Richards I. (Löwenherz)

1190	Chrétien de Troyes: *Le conte del Graal.* Die Mönche des Klosters von Glastonbury behaupten, das Grab von König Artus gefunden zu haben.
1193/4	Richard I. (Löwenherz) wird in Deutschland gefangengehalten.
1195	Erste und zweite Fortsetzung von *Le conte del Graal*
1197	Fulk Fitz Warine wird Herr von Whittington.
1199	Thronbesteigung von König Johann (ohne Land)
1200	Fulk Fitz Warine wird wegen Hochverrats für vogelfrei erklärt. Robert de Boron: *Die Geschichte des Heiligen Gral.* Für ihn ist der Heilige Gral der Abendmahlskelch.
1203	*Didcot Parzival.* Fulk Fitz Warine von König Johann begnadigt
1205	Wolfram von Eschenbach: *Parzival.* Für ihn ist der Gral ein magischer Stein.
1215	Fulk Fitz Warine schließt sich der Rebellion der Barone an. König Johann (ohne Land) unterzeichnet in Runnymede die Magna Charta.
1216	Tod von König Johann. Thronbesteigung Heinrichs III.
1217	Fulk Fitz Warine schließt Frieden mit Heinrich III.
1220	Lanzelot-Gral-Zyklus (*Lancelot du lac ou Lancelot propre, Queste del saint Graal, Mort le roi Artu*) und *Perlesvaus*

1256	Tod von Fulk Fitz Warine
1260	*Fulke le Fitz Waryn* (?)
1264	Tod von Fulks Sohn in der Schlacht von Lewes
1265	*Das Buch von Aneirin* wird zusammengestellt, darin die älteste erhaltene Abschrift des *Gododdin*.
1275	*Das Buch von Taliesin*, darin *Die Beute von Annwn*
1322	Lancaster-Aufstand
1323	Eduard II. königliche Rundreise, die im November nach Nottingham führt
1325	*Das Weiße Buch von Rhydderch*, darin der erste Teil von *Culhwch und Olwen*
1330	Die erhaltene Version von *La Folie Parzival*
1377	William Langlands *Piers the Ploughman* erwähnt Robin-Hood-Reime.
1400	*Gest* (?). *Sir Gawain and the Green Knight* von einem unbekannten Autor aus den nordwestlichen Midlands. *Das Rote Buch von Hergest*, der *Traum von Rhonabwy*, *Culhwch und Olwen* und die überlieferte Version von *Das Lied von Llywarch dem Alten*
1420	Andrew de Wyntoun schreibt in seinem *Original Chronicle of Scotland*, daß ›in den frühen 80ern des 13. Jahrhunderts Little John und Robin Hood als Gesetzlose berühmt waren.‹
1470	Sir Thomas Malory beendet *Le Morte*

	Darthur, den berühmtesten aller Artusromane.
1510	*A Lyttel Geste of Robyn Hode* wird vom englischen Drucker Wynken de Worde veröffentlicht.
1515	Eine zweite Ausgabe des *Gest* erscheint mit dem Titel *A Gest of Robyn Hode*.
1521	Der Schotte John Major behauptet in seiner *History of Greater Britain*, daß Robin Hood in den Jahren 1193 und 1194 entrechtet wurde, während Richard I. (Löwenherz) nach seinem Kreuzzug in das Heilige Land in Deutschland gefangengehalten wurde.
1542	John Leland erwähnt Robin Hood in seiner *Collectanea* als Edelmann.
1550	Das anonyme Gedicht *Robin and Marian* wird in Shropshire verfaßt.
1562	Richard Grafton behauptet in seiner *Chronicle*, ein ›altes und authentisches Pamphlet‹ über Robin Hoods Leben entdeckt zu haben sowie ›Aufzeichnungen im Schatzmeisterbericht‹ über die Konfiszierung seiner Ländereien.
1567	Die erhaltene Abschrift von *Diarebion Camberac*, darin die walisischen *Triaden*
1598	Der elisabethanische Bühnenautor Anthony Munday schreibt *The Downfall of Robert the Earl of Huntingdon*.
1600	Anthony Munday und Henry Chettle: *The Death of Robert the Earl of Huntingdon*.

	Robert Vernon: *The Quest of Fulk Fitz Warine*
1615	Robert Vernon: *Sir Gawain and the Red Knight*
1852	Joseph Hunter: *Mr. Hunter's Critical and Historical Tracts. No IV. The Ballad Hero Robin Hood* mit dem Untertitel: *Robin Hood: His Period, Real Character, Etc. Investigated and Perhaps Ascertained*
1850	Renovierung der Kirche von Hodnet
1855	Thomas Wright veröffentlicht eine Übersetzung von *Fulke le Fitz Waryn*, ebenso Robert Vernons *The Quest of Fulk Fitz Warine* und *Sir Gawain and the Red Knight*.
1920	Ein kleiner Kelch, den man für ein altrömisches Parfümgefäß hält, wird im Hawkstone Park gefunden.

Bibliographie

Quellen

The Anglo-Saxon Chronicle. Übers. v. G. N. Garmonsway. London 1967

Beda *The Ecclesiastical History of the English Nation.* Übers. v. J. A. Giles. London 1970

L. T. Topsfield. *Chrétien de Troyes: A Study of the Arthurian Romances.* (Cambridge University Press) Cambridge 1981 (über *Le conte del Graal*)

The Continuations of the Old French ›Parzival‹. Übers. v. William Roach. (University of Pennsylvania Press) Philadelphia 1983 (über die Fortsetzungen).

The Romance of Parzival in Prose. Übers. v. Dell Skeels. (University of Washington Press) Seattle, 1961 (über den *Didcot Parzival*)

Chrétien de Troyes *Parzival oder Die Geschichte vom Gral.* Übers. v. K. Sandkühler. Stuttgart, 7. Aufl. 1991

– *Der Parzivalroman.* Übers. v. Monica Schönler-Beinhauer. München 1991

- *Lancelot.* Übers. v. Helga Jauss-Meyer. München 1974
- *Der Karrenritter (Lancelot) und das Wilhelmsleben.* Hrsg. W. Foerster, Nachdruck Amsterdam 1965
- *Sämtliche Werke.* Übers. v. Heinz Klüppelholz. Hrsg. W. Foerster, München 1987

Hugh D. Sacker *An Introduction to Wolfram's ›Parzival‹.* (Cambridge University Press) Cambridge 1963.

›Welsh Annals‹. Latein u. Übers. v. John Morris, in: *History from the Sources.* Bd 8. Chichester 1980.

The Mabinogion. Übers. v. Gwyn Jones u. Thomas Jones. London 1975 (über *Culhwch und Olwen, Der Traum von Rhonabwy* und *Peredur*)

Die vier Zweige des Mabinogion. Übers. v. L. Mühlhausen. Halle 1925

Die vier Zweige des Mabinogion. Übers. v. Martin Buber. Frankfurt/Main 1966

Poems from the Book of Taliesin. Hrsg. v. G. J. Evans. Llanbedrog 1915 (über *Die Beute von Annwn*)

Joseph Clancy *The Earliest Welsh Poetry.* London 1970 (über *Den Dialog von Artus*)

Thomas Parry *A History of Welsh Literature.* Übers. v. H. Idris Bell (Oxford University Press) Oxford 1955 (über *Die Triaden*)

Robert de Boron *Die Geschichte des Heiligen Gral.* Übers. v. K. Sandkühler. Stuttgart 1958

Ausgewählte Literatur

Alcock, Leslie *Arthur's Britain: History and Archaeology A.D. 376–634*. London 1971

Arbert, Edward (Hrsg.) *A Transcript of the Registers of the Company of Stationers of London 1554–1640*. London 1875

Fulke le Fitz Waryn. Übers. v. Thomas Wright. (Warton Club) London 1855

Robert Vernon *Sir Gawain and the Red Knight*. Hrsg. v. Thomas Wright. (Warton Club) London 1855

Geoffrey of Monmouth *History of the Kings of Britain*. Übers. v. Lewis Thorpe. London 1966

The Gest of Robin Hood. Hrsg. v. W. H. Clawson. (Toronto University Press) Toronto 1909

Gildas ›On the Ruin and Conquest of Britain‹, Latein u. Übers. v. Michael Winterbottom, in: *History from the Sources*. Bd. 7. Chichester 1978

Nennius ›Historia Brittonum‹, Latein u. Übers. v. John Morris, in: *History from the Sources*. Bd. 8 Chichester 1980

Olympiodorus *The Works of Olympiodorus*. Übers. v. D. C. Scott (Chicago University Press) Chicago 1952

Perlesvaus, Übers. v. William Nitze. (Chicago University Press) Chicago 1937

Robert Vernon *The Quest of Fulk Fitz Warine*. Hrsg. v. Thomas Wright (Warton Club) London 1855

The Oxford Book of Welsh Verse in English. Hrsg. v. Gwyn Jones. (Oxford University Press) Oxford 1977

Auch: *The Age of Arthur,* John Morris, Phillimord, Chichester 1977 (über *Das Lied von Llywarch dem Alten*).

Sir Thomas Malory *Die Geschichte von König Artus und den Rittern seiner Tafelrunde.* Übers. v. H. Findeisen nach K. Lachmann. Frankfurt/Main 1977

Jane E. Burns *Arthurian Fictions: Re-reading the Vulgate Cycle.* (Ohio State University Press) Columbus 1985

Wolfram von Eschenbach *Parzival.* Text nach K. Lachmann, Übers. v. Wolfgang Spiewok. Stuttgart 1981

– *Parzival und Titurel.* Übers. v. K. Simrock. Stuttgart 1842, 1857

Der Parzival des Wolfram von Eschenbach. Siehe Ausgewählte Literatur: Kühn, Dieter

Ashe, Geoffrey *The Quest for Arthur's Britain.* London 1968

– *Camelot and the Visions of Albion.* London 1971
– *A Guidebook to Arthurian Britain.* Wellingborough 1983
– *Avalonian Quest.* London 1984
– *The Discovery of King Arthur,* London 1985

Baildon, W. P. (Hrsg.) *Court Rolls of the Mannor of Wakefield.* (Yorkshire Archaeological Society Records Series) 1945

– *Notes on the Religious and Secular Houses of Yorkshire.* (Yorkshire Archaeological Society Records Series) 1931

Barber, Richard *King Arthur in Legend and History*. London 1973

Baugh, G. C. u. Cox, D. C. *Monastic Shropshire*. Shrewsbury 1982

Bellamy, John *Robin Hood: An Historical Enquiry*. London 1985

Benham, W. G. *Playing Cards: Their History and Secrets*. London 1931

Bindhoff, S. T. *Tudor England*. Harmondsworth 1950

Birch-Hirschfeld, Adolf *Die Sage vom Gral*. Wiesbaden 1969

Bogdanow, Fanni *The Romance of the Grail*. Manchester 1966

Borne, Gerhard von dem *Der Gral in Europa*. Stuttgart 1976

Boutlton, Helen (Hrsg.) *The Sherwood Forest Book*. (Thoroton Society Records Series) 1965

Bradbrook, Muriel *The Rise of the Common Player*. London 1962

Bronson, Bertrand *The Traditional Tunes of the Child Ballad*. Princeton 1966

Brown, W. (Hrsg.) *Yorkshire Deeds*. (Yorkshire Archaeological Society Records Series) 1955

Bryant, Frank *A History of English Balladry*. Boston 1913

Bumke, Joachim *Höfische Kultur*. München, 4. Aufl. 1987

Camden, William *Annales*. London 1625

Cavendish, Richard *King Arthur and the Grail*. London 1978

Chadwick, Nora K. *Celtic Britain.* New York 1963
- *The Age of the Saints in the Early Celtic Church.* London 1981.
- *The Celts.* Harmondsworth 1970

Chambers, E. K. *English Literature at the Close of the Middle Ages.* Oxford 1945
- *The Eliabethan Stage.* Oxford 1923
- *The English Folk Play.* Oxford 1933
- *Oxford Book of Sixteenth-Century Verse.* Oxford 1961

Child, Francis J. (Hrsg.) *The English and Scottish Popular Ballads.* New York 1956

Clancy, Joseph *Pendragon: Arthur and his Britain.* London 1971

Clawson, W. H. *The Gest of Robin Hood.* Toronto 1909

Comfort, W. W. *Arthurian Romances.* New York 1914

Copley, Gordon K. *The Conquest of Wessex in the Sixth Century.* London 1954

Crossley-Holland, Kevin *British Folk Tales.* London 1987

Davidson, H. E. *Gods and Myths in Northern Europe.* Harmondsworth 1964

Delaney, Frank *Legends of the Celts.* London 1989

Dillon, Myles u. Chadwick, Nora K. *The Celtic Realms.* New York 1967

Dodson, R. B. u. Tylor, J. *Rymes of Robin Hood.* London 1976

Dugdale, William *Antiquities of Warwickshire*. London 1656

Dunnin, Robert *Arthur – King in the West*. London 1988

Empson, William *Some Verses of Pastoral*. London 1935

Fife, Graham *Arthur the King*. London 1990

Ford, Patrick *The Mabinogi and Other Medieval Welsh Tales*. Los Angeles 1977

Frere, S. *Britannia*. London 1967

Fryde, N. *The Tyranny and Fall of Edward II*. Cambridge 1979

Fuller, Thomas *The History of the Worthies of England*. London 1662

Gable, J. H. *Bibliography of Robin Hood*. Lincoln (Nebraska) 1939

Garmonsway, G. N. (Übers.). *The Anglo-Saxon Chronicle*. London 1967

Gerould, Gordon *The Ballad of Tradition*. New York 1932

Giles, J. A. (Hrsg.) *The Ecclesiastical History of the English Nation* (Übers. von Beda). London 1970

Goetinck, Glenys *Peredur: A Study of Welsh Tradition in the Grail Legends*. Cardiff 1975

Grafton, Richard *Grafton's Chronicle*. London 1809

Green, Miranda *The Gods of the Celts*. Gloucester 1986

Hales, J. W. u. Furnivall, F. J. *Bishop Percy's Folio Manuscript*. London 1868

Harding, A. *The Law Courts of Medieval England*. London 1973

Hargrave, Catherine *A History of Playing Cards*. New York 1966

Harris, P. v. *The Truth about Robin Hood*. Mansfield 1973

Hart, D. F. *The Legend of Pope Joan*. London 1966

Hodgkin, R. H. *A History of the Anglo-Saxons*. Bd. 1 u. 2, London 1952

Holt, J. C. *Robin Hood*. London 1991

Hunter, Joseph *The Ballad Hero: Robin Hood*. London 1852

Jarman, A. O. H. u. Hughes, Gwilym Rees *A Guid to Welsh Literature*. Swansea 1976

Jewell, H. M. (Hrsg.) *The Court Rolls of the Mannor of Wakefield*. Yorkshire Archaeological Society Records Series 1982

Keen, Maurice *The Outlaws of Medieval Legend*. Toronto 1961

King, Francis *Ritual Magic in England*. London 1970

Kircher, Bertram (Hrsg.) *Das Buch vom Gral*. München 1989

Kühn, Dieter *Der Parzival des Wolfram von Eschenbach*. Frankfurt/Main 1986

Lacy, Norris (Hrsg.), *The Arthurian Encyclopedia*. London 1988

Langland, William *Piers Plowman*. (Hrsg. v. W. Skeat). London 1886

Leland, John *The Itinerary of John Leland* (Hrsg. v. Lucy Toulmin Smith). London 1909

Lincoln, Henry *Der Heilige Gral und seine Erben*. Bergisch Gladbach 1987

Loomis, Roger Sherman *Arthurian Literature in the Middle Ages*. Oxford 1959

– *The Grail: From Celtic Myth to Christian Symbol*. London 1993

– *Wales and the Arthurian Legend*. Cardiff 1966

McGrath, Patrick *Papists and Puritans under Elizabeth I*. London 1967

Markale, Jean *King Arthur: King of Kings*. London 1977

Matthews, John (Hrsg.) *Der Gralsweg*. München 1989

– *Der Gral*. Übers. v. Karin Hirschmann. Braunschweig 1992

Miller, Arthur M. *Der Gral*. Kempten 3. Aufl. 1994

Morris, John (Hrsg.) *The Age of Arthur*. Chichester 1997

Owen, D. D. R. *The Evolution of the Grail Legend*. London 1968

Painter, S. *The Reign of King John*. Baltimore 1952

Page, W. (Hrsg.), *Victoria County History*. Nottinghamshire London 1906

Parry, Thomas *A History of Welsh Literature*. (Übers. v. H. Idris Bell). Oxford 1955

Percy, Thomas *Reliques of Ancient English Poetry*. London 1765

Phillips, Graham u. Keatman, Martin *King Arthur: The True Story*. London 1992 [Auf dt.: *Artus. Die Wahrheit über den legendären König der Kelten*. Übers. v. Christiane Jung. München 1995]

Pollard, Alfred *The Romance of King Arthur*. London 1979

Rahn, Otto *Kreuzzug gegen den Gral*. Stuttgart 1964

Ravenscroft, Trevor *Der Kelch des Schicksals*. München 1997

Rohr, Wulfing von (Hrsg.) *Glastonbury*. München 1991

Salway, Peter *The Frontier People of Roman Britain*. Cambridge 1965

Sinclair, Andrew *The Sword and the Grail*. London 1993

Schmidt, Karl Otto *Die Grals-Botschaft*. München/ Ergolding 1971

– *Dreistufenweg zum Gral*. München/Ergolding 1990

Stadicz, Georg M. de *Ritter des Heiligen Gral*. Wien 1992

Stephens, Meic (Hrsg.) *The Oxford Companion to the Literature of Wales*. Oxford 1986

Thomas, Charles *Britain and Ireland in Early Christian Times*. London 1971

Thomas, W. J. (Hrsg.) *Early English Prose Romance*. London 1858

Thomson, E. A. *A History of Attila and the Huns.* Oxford 1948

Treharne, R. F. *The Glastonbury Legends.* London 1967

Thorpe, Lewis (Hrsg.) *History of the Kings of Britain* (Übers. v. Geoffrey of Monmouth) London 1966

Topsfiel, L. T. *Chrétien de Troyes: A Study of the Arthurian Romances.* Cambridge 1981

Veltman, Willem F. *Tempel und Gral.* Frankfurt/Main 1993

Walker, J. W. *The True History of Robin Hood.* Wakefield 1973

Wehrli, Max *Die Suche nach dem Gral.* Zürich 1971

Westwood, Jennifer *Albion: A Guide to Legendary Britain.* London 1987

Whitelock, Dorothy (Hrsg.) *English Historical Documents: 500–1042.* London 1955

Wiles, David *The Early Plays of Robin Hood.* Cambridge 1981

Wilson, R. M. *The Lost Literature of Medieval England.* London 1952

Williams, A. H. *An Introduction to the History of Wales.* Cardiff 1962

Winterbottom, Michael (Hrsg.) ›De Excidio Britanniae‹, in: *History from the Sources.* Bd. 7 (Übers. v. Gildas). Chichester 1978

Wyntoun, Andrew *The Original Chronicle of Andrew de Wyntoun* (Hrsg. v. F. J. Amours). Edinburgh 1907

Register

A Gest of Robyn Hode 305
Abingdon 147
Adam, Dr. Clare 163
Advocates Library in
  Edingburgh 305
Aedan, König 150
Aegaeles Threp (Aylesford) 87
Aelle von Deira, König 96, 97,
  102, 148, 150
Aethelfrid von Bernicia, König
  148, 150
Aethelhere von East Anglia,
  König 152, 155, 229
Aetius (Agitius) 78–81
Agned, Berg 61
Agricola 201
Ägypterevangelium 284
Alain li Gros 177, 180, 248,
  249
Alarich, König der Westgoten 74
Alberbury 240, 299, 300
Albingenser 273, 274,
  276–279, 339
Alcock, Leslie 33
Alexandria 279

Alfred der Große 28, 56
Alice 236, 237
Alliette 271
Ambrose Marca 232
Ambrosius Aurelianus 25, 26,
  57, 58, 60, 68, 89, 90, 93,
  105–107, 113, 117, 120,
  121, 133, 219, 220–223,
  226, 244
Ambrosius Emrys 129
Amr, Artus' Sohn 68
Anderida (heute Pevensey) 96
Aneirin 122
Anfortas 183, 184
Angeln 67, 75, 77, 85–87,
  91–93, 108, 110, 120, 150
Angelsachsen 24, 40, 56, 71,
  73, 75, 78, 80–82, 85, 95,
  122–124, 130, 153, 154,
  219, 229, 230
Angelsächsische Chronik 56,
  57, 65, 76, 81–83, 87, 90,
  91, 95–97, 102, 104, 108,
  140, 145, 147, 159, 202,
  205, 210, 241

367

Anglesey 51
Ankara, Türkisches National Museum 225
Anna, König 152
Annwn 42, 48, 49, 207, 243
Annwn, Insel 194
Antiquities of Shropshire 239
Antoninus Pius, Kaiser 119
Antoninuswall 119
Aquae Sulis 99
Arthgallus, Earl von Warwick 234, 235
Artorius 129
Artorius Justus 129
Artorius Rex 129
Artus, König
 – König Artus von Britannien 11, 17, 21, 23, 24, 26, 57, 71–84, 92, 103–126, 143, 209–228, 229
 – Abenteuer 20
 – Artus' Erben 229–246
 – Artusromane 17–38, 146, 203
 – frühe Literatur 39–54
 – Geburt 29, 30
 – Grab 34–36, 41, 48, 59, 143, 162, 163, 166
 – Gralsuche 13
 – Historischer Artus 24, 25–28, 33, 40, 44, 55–70, 71–84, 128, 144, 158, 159, 166, 199, 201, 202, 226, 230, 236, 238, 248, 252, 338, 343, 344
 – Kaiserkönig 209–228
 – Leben 18
 – Relikte 30
 – Romane 40, 41, 46, 52
 – Runde Tafel 31
 – Schlachten und Feldzüge 13, 19, 24, 26, 33, 44, 58–61, 63, 65, 67–69, 82, 83, 92, 93, 100
 – Suche nach Artus 15–166
 – Tod 17, 21–25, 34, 35
 – siehe auch Owain Ddantgwyn
Artus. Die Wahrheit über den legendären König der Kelten 158
Astle, Jean 330, 331
Athelstan, König 17, 28, 233
Atrebates, Stamm 110
Attila, Hunnenkönig 74
Augustus, Kaiser 77
Aurelianus 90
Aurelius Ambrosius 24
Aurelius Caninus, König 128, 133
Auxere, Bischof von 200
Avalon, Insel 19, 21, 22, 33, 34, 36, 37, 48–50, 143–166, 185, 194, 207, 243
Avon 101
Aylesford 87

Babbinswood Forest 302, 313
Badanceaster 99
Badbury 98
Badon (Schlacht von) 26, 57, 58, 61, 63, 66, 67, 69, 71–73, 77, 82, 83, 85–103, 126, 144, 145
Balham, Burg 313
Bangor 230

Bangor, Brand von 151
Barbury 147
Barker, Philip 138
Barnsdale 319
Bassas 60, 156, 162
Bath (Schlacht) 19, 94,
 98–100, 102, 137, 300
Beda, Mönch 55–57, 73, 77,
 80, 81, 86–90, 92, 94, 95,
 97, 104, 105, 107, 108, 117,
 140, 144, 150, 152, 153,
 202
Beddgelert 99
Bedfordshire 147
Bedivere, Sir 22, 50
Belgae, Volksstamm 110
Benedikt III., Papst 276
Berkshire 91, 110
Berth, Baschurch 156–158,
 160–162, 195, 344
Berth Hill 163, 165, 166
Berth Pool 156
Beute von Annwn 42, 47, 48,
 49, 52, 194, 243
Bibliothèque Nationale Paris
 253, 269
Blayse, Mönch 179, 247, 248,
 249, 251, 339
Blessed, Brian 163, 164
Bodleian Library Oxford 42,
 152
Bodmin 39
Bogomilen, Volk 277, 279
Book of Taliesin 148
Boorman, John 52
Boron, Robert de 37, 170
Boudicca, Königin 110
Brabant 269

Bran, Gott 43, 244
Bran, König 250, 259
Bravonium (Leintwardine) 137
Bretagne 95
Brigantes, Stamm 110
Britannia (Britannien) 62, 72,
 74, 75, 80, 82, 85, 86, 89,
 93, 94, 97, 101, 107, 109,
 110, 112, 118, 129, 130,
 140, 147, 165, 177, 179,
 193, 199, 201, 202, 211,
 217, 218, 220, 229, 230,
 233, 338
Britannier (Briten) 59, 71, 79,
 87, 92, 95, 96, 123, 125,
 147, 148, 151, 154, 229
Britisches Museum London
 155, 157, 225, 344
British Library 26, 43, 59, 83,
 234, 239, 300
Britu 230
Brochfael Ysgithrog, König
 148
Bron 177, 178, 180, 181, 184,
 216, 248, 249, 250
Broquet, Mary 334, 335
Brutus der Trojaner 27, 61
Brycheiniog, Königreich 110,
 133
Bryn Euryn 230
Buch von Taliesin 41, 48
Buch von Thoth 271
Buckinghamshire 94, 96
Buellt 68, 110, 133
Burgund 19

Cabal, Artus' Hund 68
Cadbury Castle 32, 33

Cadfarch, Baron 237
Caer Gloiu 104
Caer Luitcoet (Lichfield) 153, 159
Caerleon 19, 31, 32, 67
Caernarvon 220
Caius Caesar Caligula, Kaiser 130
Caius Julius Caesar Germanicus 130
Caledfwlch, Schwert 49
Caliburn, Schwert 19, 33, 48 49, 50
 – siehe auch Excalibur
Cambridge University 152
Camelot 20, 22, 29, 30, 31, 32, 33, 141, 204, 222
Camlann, Schlacht von 19, 24, 26, 64, 143–146
Canddylan 154
Cantii, Stamm 109
Canu Heldd 155
Canu Llywarch Hen 66, 152
Caradoc von Llancarfan 65
Cardiff, Public Library 124
Castellum (Fort) Guinnion 93
Cat Coit Celidon 60
Cateyrn 87
Cathrall, William 302
Catraeth (Catterick) Schlacht von 148, 150
Caxton, William 22
Ceawlin of Wessex 148
Chester 135
Chitty, Lilly 158
Chrétien de Troyes 20, 30, 33, 141, 169, 170, 176, 178, 179, 182, 183, 184, 191, 192, 203, 254, 263, 269, 340, 341, 343
Christen 86, 199, 218, 338
Christentum 280
Christus, siehe Jesus Christus
Circencester 94, 98, 137, 148
City of the Legion 60, 67
Civitas to Kingdom 133
Claudius, Kaiser 118
Clwyd 105
Clyde 119
Codex Sinaiticus 294
Coleman Smith, Pamela 273
Cölestin, Papst 201
Collectanea 239
Concenn, König von Powys 105, 230
Constans 24, 25
Constant, Alphonse 272
Constantine II. 235
Constantius von Lyon 202
Coritani, Stamm 110
Cornovii, Königreich 104, 111, 134–141
Cornwall, Earl of 102
Cornwall 18, 29, 40, 95, 111, 131, 146, 230, 235
Cotton Vespasian 83, 102, 232
Covianna 51
Culhwch 42
Culhwch und Olwen 42, 44, 46, 47, 49, 52, 193, 194, 243
Cunedda 114–117, 120, 121, 123, 134, 135
Cuneglasus, König 120, 126–128, 131, 133, 140, 144, 230
Cuno, König 139

Cuthwine, König 148
Cuthwulf, König 147
Cymenesora 96
Cynan Garwyn 148
Cynddia 237
Cynddylan, König 153–156, 158, 159, 161–165, 209, 210, 213, 215, 226, 229, 230
Cyndrwyn Selyf 150, 153
Cyneberga, Königin 153
Cyngen, König 230, 232, 235, 237, 278, 279
Cynwise, Königin 232

Dagda, Kessel von 47, 48
Dagda, König 194
Daily Telegraph 225
Damnoniae 131
Damnonii, Stamm 119, 131
Dänemark 75, 86
Dänen 233
Dark, K. R. 133
David, Horn 326
David, König 326
Death of Robert the Earl of Huntington, The 305
De Antiquitate Glastoniensis Ecclesiae 37
De excidio et conquesta Britanniae 56, 58, 72, 73, 111, 125, 127
de Gebelin, Antoine 270
De principis instructione 48
Deceangli, Stamm 110
Deira 148, 150
Demetae, Stamm 110, 133
Demtarum 131

Deutschland 94
Deva (Chester) 137
Devon 95, 111, 131
Di-wrnach 48, 344
Dialog von Artus und Glewlwyd Gafaelfawr 41, 204, 243
Didcot Parzival 170, 178–182, 185, 192, 196, 203, 215, 216, 217, 247, 248, 250, 251, 257, 263, 341
Didymus 267, 280, 281, 297
Didymus Judas Thomas 285
Dinarth 230
Dinas Bran 241
Dinas Emrys 107
Dinlle Wrecon 154
Domesday Book 241, 251
Donwal 250
Dorset 110
Downfall of Robert, The 305
Drei schlimme Entdeckungen 244
Dschingis-Khan 130
Dubr Duiu, Fluß (Dee) 114, 115
Dumnonia, Königreich 111, 131, 148
Dunglas, 60
Dunstan, Heiliger 12, 34
Durotriges, Stamm 110
Dyfed, Königreich 110, 131
Dyrham, Schlacht 94, 148

Earl of Huntington 305
East Anglia 85, 92, 108, 155, 229
Ebionitenevangelium 284

Edinburgh 117
Eduard III. 31
Edward Lhwyd 235
Edwin, König 150, 151
Eglwyseu Bassa 156
Einyawn 230
Eliseg 105, 221, 230
Elmet, Königreich 110
England 103, 114
Enniaun Girt, König von
 Gwynedd 117, 222
Epiphanius 284
Episford 87
Erec 182
Ergyng (Ercing) 68
Ermine Street 98
Essener, Stamm 336
Essex 88, 96, 109
Ethelfleda, Königin 233
Ethelred, König von Mercia 233
Etteilla 271
Evangelium Nicodemi 341, 342
Excalibur 21, 22, 49, 50, 51,
 52, 223, 224, 225
Exeter 39, 137
Eyton, R.W. 239

Feet of Fines 251
Firmin Didcot 178
Firth of Forth 117
Fischerkönig 171–173, 175,
 177, 180–182, 185, 197,
 249, 250, 257, 258–261,
 266, 341
Fitz Warnines 301
Florenz 269
Folie 257, 260, 261–264, 266,
 267, 333

Forth 119
Frankreich 39
Fulda, Kloster 275
Fulk Fitz Warine (Lord of
 Whittington) 237–245,
 249, 299, 300, 302–304,
 308–316, 318–321, 323,
 333, 335, 342–344
Fulke le Fitz Waryn 238–245,
 249–254, 256–258,
 299–301, 303, 308, 309,
 312, 314–320, 323, 332,
 342, 344

Galahad 50
Gallien 19, 23
Ganhumara, Königin 19, 35,
 222
Gater, John 163, 164
Gautier de Montbèliard 176
Gawain, Sir 173, 185–188,
 238, 257, 322, 325, 327
Geheimes Evangelium
 (= Thomas-Evangelium)
 283–297
Gelling, Peter 157
Geoffrey of Monmouth 18,
 23–30, 32, 33, 38–41,
 45–49, 52, 58, 61, 62, 64,
 65, 69, 100, 112, 113, 121,
 144, 146, 154, 169, 194,
 204, 211, 222, 194, 204,
 211, 222, 247
Gerbert de Montreuil 189, 214,
 215
Germanen 134, 201, 213, 218
Germanus von Auxerre,
 Bischof 201

Geschichte der Könige Britanniens 18, 247
Geschichte des Heiligen Gral 341
Geschichte von Oswestry 302
Gest of Robyn Hode 305, 306, 314–319
Gesta regum Anglorum 26, 39
Gildas, Heiliger, Mönch 12, 25, 34, 55–58, 65, 69, 71–73, 77, 79–81, 87, 89, 93, 94, 97, 101, 104–108, 111, 112, 117, 120, 122, 125–128, 131, 133–135, 140, 144–147, 202, 219, 222, 226, 230
Giraldus Cambrensis 48
Girflet, Ritter 50
Glastonbury Abbey 11, 33, 34, 36, 37, 38, 48, 57, 206
Glein, Schlacht von 60, 66
Glendower 237
Glewlwyd Gafaelfawr 41
Gloag, John 129
Gloucester 94, 98, 104, 148
Gloucestershire 101
Glwyd 230
Gnostiker 283, 337, 338
Gnostizismus 279, 280
Goddodin 66, 118, 120, 122–125, 128, 150, 151, 154
Goddodin, Königreich 117, 119, 123
Golgatha 174
Goliath 326
Gorlois, Herzog von Cornwall 29
Gornemant 170

Gorthyn 124
Grafton, Richard 310, 311
Graham Philip 326
Gral, Heiliger 9, 12, 19, 167–345
– *Geschichte des Heiligen Gral* 176–178
– Gralsdichtungen 169–189, 203
– Suche nach dem 10, 13, 21, 167–345
Grantham 92
Gratian, Kaiser 220, 221
Gregor IX., Papst 197
Gruffudd Hiraethog 236
Grüne Ritter 257
Guest, Lady Charlotte 44
Guinevere, Königin 20, 22, 35, 37, 222
Guinnion, Fort 60
Gurgaran 185
Guzmán, Dominikus 274, 277
Gwawrddur 123
Gwent, Königreich 110, 131, 133
Gwledig Emrys 107
Gwynedd, Königreich 99, 106–108, 110–114, 116, 117, 120–126, 130–134, 146, 150, 151, 222
Gynwise, Königin 153

Hadrian, Kaiser 118
Hadrianswall 51, 74, 103, 119
Hampshire 30, 88, 110
Harlech, Burg 236
Harper, Kerry 332
Hartmann von Aue 182

Hastings, Schlacht von 27, 29, 237, 339
Hawkstone Park 322, 343
Heath-Stubbs, John 129
Hebräerevangelium 284
Heinrich I., König 28
Heinrich III., König 238, 245, 310
Heinrich IV., König 235, 236
Heinrich VII., König 300
Heinrich VIII. 31, 32
Heinrich von Huntingdon 65
Heledd 154, 155, 162, 205, 226, 230
Helena, Kaiserin 211, 213
Hengist 82, 83, 87, 91, 92, 102, 104, 137
Henry de Audley 313
Herefordshire 237
Hermann von Tournai 39
Hertfordshire 96
Herzeloyde 183
Hill, Richard 334
Hirtenlieder 321–345
Historia Anglorum 65
Historia regum Britanniae 18, 26, 28, 29, 32, 33, 39, 47, 57, 58, 59, 61, 62, 64, 65, 67, 68, 100, 104, 111, 154, 201, 204
History of Greater Britians 310
Hoderness 317
Hodnet 322, 327, 331, 333
Hodnet Hall 300
Honorius, Kaiser 200, 212, 338
Horsa 87, 104, 137
Hudson, James 36
Humberside 88

Hunnen 74, 75
Hwicce, Stamm 100, 101
Hywel ap Caradoc 230

Iceni, Stamm 109
Indien 269
Innozenz III., Papst 274
Insula Pomorum 33
Ipswich 155
Iren 60, 75, 76, 80, 81, 104, 110, 116, 120, 130, 131, 134
Irish Annals 71, 151
Irland 19, 43, 47, 49, 151, 244
Isca Silurum 32
Island 19, 40
Iwein 182

Jakobus der Gerechte 287, 295
Jarrow, Kloster 55
Jerusalem 177, 211, 214, 280
Jesus Christus 12, 180–182, 188, 193, 196–199, 207, 211–215, 253, 258, 260, 261, 267, 281, 283–297, 337, 338, 341, 342
 – Kreuzigung 24
 – Tod 176, 177
Joanna Aquila 275, 277
Johann, König 238, 239, 255, 301, 309–312, 314, 318
Johanna der Adler, Päpstin 275, 277–279
Johannes der Täufer 185, 193, 207, 257, 338, 344
Johannes VIII., Papst 275, 276, 278
Johannes, Apostel 198, 267, 280, 293, 296, 335

Johannes, Evangelist 267, 332
Johannesevangelium 214
John, Bruder von Fulk 313
Joseph von Arimathia 12, 13,
    37, 38, 174, 177–180, 182,
    187, 195–200, 203, 206,
    213–216, 248, 249, 252,
    253, 260–262, 278, 295,
    338–340
*Journal of Theoretical
    Archaeology* 133
Judäa 180, 249
Juden 198, 199, 295
Julius Caesar 194
Jüten 75, 86
Jütland 86
Juvencus Englynion 152

Kabbala 272
Kairo 343
Kaledonische Wälder 93
Kapernaum 294
Kapetinger 28
Karl III., Kaiser 276
Karl VI. 269
Karl, König (der Große) 232
Katalaunische Felder 75
Katharer 275, 276
Kathedrale von Canterbury 300
Katherinenkloster 294
Katholiken 276
Keatman, Martin 158, 161, 224
Kelten 28, 40, 47, 50, 52, 128
Kent, Königreich 55, 82,
    86–88, 96, 97, 109
Kentchurch Court 237
Kerry 336, 337
Kesteven 91

King Lud's Bank 92
King-James-Bibelausgabe 326
*Kirchengeschichte des Volkes
    der Angeln* 55
Kirklees 307
Konstantin der Große, Kaiser
    211, 280, 338
Konstantin III,. röm. Kaiser 24,
    131, 217, 218
Konstantinopel 74, 221
Konzil von Nizäa 217
Koptisches Museum 343
Kreuzritter 184
Kyot 184

*L*a *Folie Parzival* 253, 254,
    255, 256, 269, 277, 278,
    280, 297, 339
Lancelot 187–189, 216, 250,
    254
Langham, Edith 334
Langham, Walter 334, 335, 343
Langland, William 305, 311
Lanzelot 21, 22, 30, 50
*Lanzelot-Gral-Zyklus (The
    Vulgate Cycle)* 21, 50, 170,
    187–189, 192, 196, 197,
    203, 216, 250, 253, 263,
    342
Laon 39
Lapis Excillis 344
Lavrobrinta (Forden Gaer) 137
Layamon 21
Le Conte del Graal 170, 183,
    184, 191, 203
Le Jeu de Tarots 271
Le Morte d'Arthur 17, 22, 189,
    222

Le Velle Marche 188
Leben Jesu kritisch betrachtet 294
Leben Merlins, Das 20
Leben von Gildas 65
Leeds 152
Leland, John 32, 239
Leo VI., Papst 63, 275, 276
Leon I, Kaiser von Byzanz 24
Levi, Eliphas 272, 273
Lewes, Schlacht von 239
Lewis, Sir 313, 318
Lhwyd, Edward 105
Liddington Castle 97, 98
Lied von Llywarch dem Alten 153–155, 158, 159, 161, 165, 166, 204–206, 209, 210, 226, 230, 240
Lincoln 136, 213
Lincolnshire 44, 67, 85, 88, 108
Lindsey 91
Linnuis 60
Little John 306, 315, 316, 317
Little Solsbury Hill 101
Llancarfan, Caradov von 37
Llandrillo 230
Llangollen 105, 230, 241
Llongborth, Schlacht von 41
Llyn Cerrig Bach 51
Llywarch 156
London 135, 137, 155, 157, 213, 225, 344
Lothar I., Kaiser 276
Lothian, Stamm 117
Lucca, Kathedrale 174, 175, 341, 343
Lucius Artorius Castus 129

Ludwig II., Kaiser 232
Ludwig VIII. 274
Lukas, Evangelist 267, 280, 293, 295, 332
Lynette Peveril 237, 252
Lynette, Enkelin von Cadfarch 339

Mabinogion 44, 45
Mabon, Gottkönig 43
Madog ap Maredudd 46
Maelgwn (Maglocunus) 111, 114
Maes Cogwy, Schlacht von 151, 153, 158
Maessier 189
Maglocunus, König 72, 111, 112, 115–117, 125, 126, 128, 131, 133, 145
Magna Carta 238, 309
Magnus Maximus, Kaiser 217, 220, 225
Major, John 310, 311
Malmesbury, William of 37
Malory, Sir Thomas 17, 22, 25, 30, 50, 169, 189, 222
Malory, Thomas 262
Manannan, Meeresgott 49
Manau Guotodin 114, 117
Manawydan 45
Maria Magdalena 211, 212, 213, 214, 215, 295, 296, 319, 336, 341
Maria, Jungfrau 58, 60, 61, 63, 288, 295
Marian (Frau von Robin Hood) 299–320
Marianus Scotus 276, 278, 279

Marienkelch 211–213, 215, 226, 303, 304, 309, 336, 337, 341, 343
Markian, Kaiser 77
Markus, Evangelist 267, 280, 293, 332
Markusevangelium 295
Marseillespiel 269
Martinus Polonus 275, 276
Math 45
Mathers, McGregor 273
Mathers, Samuel 273
Matthäus, Evangelist 9, 267, 280, 293, 295, 332
Matthäusevangelium 296
Maude de Caus 299, 309, 313
Maximus, Kaiser 221–225, 230, 232
Mearcredesburna, Fluß (Alun) 96
Medraut 26, 64, 143–146
Meic 230
Meiryawn 230
Mellet 237
Melverley 155
Melwas, König von Somerset 37
Mercia, Königreich 101, 151–153, 159, 233, 234
Merioneth 146
Merlin, Zauberer 19, 27, 29, 179, 180, 242, 254, 256, 257, 260, 266
Merlin, Zaubertrank 29
Merlins Prophezeiungen 20
Middlesex 88, 91, 96
Midlands, Kampf um die 149
Modena 40

Mordred 19, 22, 44, 126, 145, 146
Morgan Fitz Aaron 33, 318
Morgana 49
Moris Fitz Roger, Sir 313, 316–318
Moses 272
Much 306
Munday, Anthony 301, 304, 305, 307, 308, 309, 311, 314

Nag Hammadi 283, 284
National Museum of Wales 46, 108
Nazaräerevangelium 280
Nennius von Bangor 60–67, 76, 77, 82, 83, 87, 88, 92, 95, 100, 101, 104–107, 111–116, 121, 122, 144, 201, 202, 219, 221, 222, 244
Nest, Königin 235, 279
New Abbey 299, 319
New Forest 314
Newbold Revel 22
Newcastle 118
Newstead 224
Nikodemus 174, 198, 199, 207, 343
Nikodemus Evangelium 214
Nimwegen Rijksmuseum 224
Norddeutschland 75
Nordshropshire 322
Norfolk 85
Normandie 28
Normannen 17, 28, 235, 339
Northumbria, Königreich 55, 150, 229, 233

Norwegen 19
Notitia dignatatum 204, 220, 225
Nottingham 305–307, 316, 318
Nottinghamshire 309, 310
Novantae, Stamm 110
Nürnberg 269

Octha 82, 92, 93, 96, 97, 102
Odoaker, König 82, 218
Offa's Dyke 241
Offa, König 101, 241
Old marche 257
Olwen 42
Olympiodoros 211
Order of the Golden Dawn 273
Ostrom 212
Oswestry 241
Oswy, Sachsenkönig 152–154, 210, 233
Ovenden, Dr. Susan 163
Owain Ddantgwyn (historischer Artus) 126–141, 143, 156, 157, 165, 166, 195, 210, 215, 222, 224, 226, 229, 230, 232, 233, 235–238, 252, 278, 335, 343
Owain Glendower 235–237
Oxythrhynchus-Fragment 284, 294

Palästina 13, 201, 304
Palmer, Victoria 335, 343
Papus 272
Paris, Bibliothèque Nationale 178, 253, 269

Parsifal (Oper) 183
Parzival 50, 171–173, 175, 177–179, 181, 182, 184, 186–188, 195, 204, 209, 215, 216, 226, 238, 245, 247–267, 278, 297, 340
Parzival (Wolfram von Eschenbach) 170, 191
Parzival von Wales 170
Patrick, Heiliger 12, 34
Payne Peveril 237, 245, 249–252, 255, 335, 339, 342
Peada 152, 155
Pearson, Simon 302
Pedair Cainc y Mabinogi 44, 45
Pelagianische Kirche 339
Pelagianismus 199, 200, 201–203, 338
Pelagius 338
Pelles, König 187
Penda von Mercia, König 160, 153, 229, 232
Penda, Prinz 151, 152, 153
Pendragon 112
Peredur 203, 204, 256
Perlesvaus 170, 185–187, 192, 193, 196, 203, 209, 213, 214, 216, 250, 262, 341
Petrus, Apostel 196, 197, 200, 262, 278, 296, 338
Peveril 245, 251–256, 258, 259, 262, 263, 277, 279, 300, 301, 309, 337, 339, 340, 343
Philipp von Flandern, Graf 170
Piers the Ploughman 305, 311
Pikten 68, 74–76, 80, 81, 87,

92, 103–105, 110, 118–120, 122, 134, 213
Pilatus, Pontius 13, 176, 198, 199
Pomponius Mela 47
Portsmouth 96
Powys, Königreich 42, 46, 104, 105, 131, 133–135, 139, 146–148, 152, 154, 157, 158, 160, 161, 165, 166, 195, 203–206, 210, 223–227, 229, 234, 240, 241, 339, 344
Price, Francesca 161
Prophetiae Merlini 20
Prosper von Aquitanien 201
Prydwen 47, 49
Public Library in Cardiff 124
Pwyll 45

Queen Camel 32
Queste del saint Graal, 187–189

Radford, Dr. Ralegh 36
Randolf, Graf von Chester 311, 314
Red Castle (Nähe Hodnet) 313, 322, 324, 327, 333, 334
Redwald, König von East Anglia 150
Regenenses, Stamm 110
Regensburg 269
Reginald, Graf von Cornwall 30
Rheged, Königreich 110, 150
Rhodri Mawr, König von Powys 235, 241

Rhodris 235
Rhonabwy 42, 46
Rhos 230
Richard at the Lee, Sir 318
Richard I., König 311
Richard Löwenherz 304, 310
Richard, König 312, 335
Ridgeway 98
Rijksmuseum 224
Ritson, Joseph 311
Robert de Boron 12, 21, 52, 176, 178, 192, 199, 214, 341
Robert, Graf von Gloucester 30
Robin and Marian 308
Robin Hood 299–320
Robin und Marian 302, 303
Roger of Doncaster, Sir 307
Rom 74, 200, 211, 221, 230, 232, 275, 277, 338
Roman de Brut 20, 21
Roman de Brut 254
Römer 27, 78, 103, 105–109, 119, 134, 137, 138, 177, 179, 199, 204, 205
Römisches Reich 74, 119, 201, 232, 278, 279, 337, 338
Romulus Augustulus, Kaiser 82, 218, 219
Rosette, Stein von 271
Rotes Buch von Hergest 42–46, 152, 203
Rous, John 234
Rous, Rol 234, 235
Rowley's House Museum 136, 161
Rugby 335
Ryland-Fragment 294

Sachsen 27, 60, 75, 77, 82, 83, 85, 88, 92–95, 97, 98, 101, 104, 106, 145–148, 210, 235
Salisbury, Schlacht 94, 147
Savory, Dr. H. N. 108
Schleswig 86
Schottland 103, 116, 119, 123, 131
Schwarze Buch von Carmarthen, Das 41
Scudamor von Kentchurch, Sir John 236, 237
Segontium (Caernarvon) 115, 116, 220
Seiryoel 230
Selgovae, Stamm 119
Selsey Peninsular 96
Severa, Königin 221, 230
Severianus, Bischof 201
Severn 104, 135, 137, 155, 299, 319
Sewestern Lane 92
Shadrake, Dan 224
Shakespeare, William 301
Sherwood Forest 305, 309, 310
Shoreditch 301
Shrewsbury 136, 321
Shrewsbury Abbey 252
Shropshire 135, 160, 210, 229, 240, 243, 304, 308, 309, 311, 312, 333
Shropshire Rambles 334
Sigebert von Gemblou 276
Silures, Stamm 110
Sir Gawain and the Green Knight 322

Sir Gawain and the Red Knight 322, 323, 332
Skoten 116, 119, 122, 130
Snowdonia 107, 170, 219
Solway Firth 118
Somerset 32, 94, 110
Southampton, Graf von 301
St. Albans 202
St. Andrews 136
St. Asaph 247, 248, 249, 339
St. Asaph Abbey 18, 235, 251
St. Augustin 252
St. Illtud 57
St. Mary 300
St. Mary's Abbey 306, 315
Stein, magischer *(lapis excillis)* 183, 184, 191, 193, 342, 344
Stephens, Clare 163
Stokes, Mike 161
Strauß, David Friedrich 293, 294
Street, John 327
Südwales 62
Suffolk 85, 109
Surrey 91, 96
Sussex 88, 96, 97
Sutton Hoo Man 155
Swindon 97, 98
Syles 315

Tage der englischen Könige 26
Taliesin, Barde 44
Tarock (Kartenspiel) 264, 267, 269–281
Tarot of the Bohemians 272
Tebi, Fluß (Teifi) 115
Tempelritter 184

Temüdzin 130
Thanet, Insel 137
The Wash 85, 88, 137
Themsetal 91, 97, 109
Theodosius 220, 221
Thomas von Aquin 274
Thomas, Apostel 280, 281
Thomasevangelium 281, 283–297, 299, 338–340, 343
Tintangel, Burg 18, 29, 30, 206
Toledo 184
Toulouse 273, 275
Tower of London 244
Traum von Rhonabwy 42, 44, 46, 223, 243
Travail's Acre 162, 163, 165
Trawsganu Cynan Garwyn 148
Trevor, Baron von Hereford 237
Triaden von Britannien 43, 45, 46, 244
Tribal Hidage 100, 159, 241
Tribuit 60
Trinovantes, Stamm 109
Tuatha de Dannan 47

Über die Geschichte der Kirche von Glastonbury 37
Über die Vernichtung und die Wehklage Britanniens 56
Universität Birmingham 157
Usk 31
Uther Pendragon, Königreich 18, 22, 24, 29, 113, 121, 180

Valentinian, Kaiser 77
Valle Crucis 105
Vatikan 199
Vernon, Elisabeth 301
Vernon, Mary 300
Vernon, Rätsel 329
Vernon, Richard 300
Vernon, Robert 300, 301, 303, 304, 308, 310, 319–328, 331- 333, 335, 343, 344
Vernon, Werk 322
Vernonlinie 335
Vertigernus 76
 – siehe auch Vortigern
Victoria 336
Vier Zweige der Mabinogi 45
Vindicta Salvatoris 199, 201, 214
Vinwed, Fluß 152
Viroconium 135, 154, 155, 159, 165, 202–206, 212, 213, 215, 222, 223, 229, 240, 241, 338
Viscontispiel 269
Vistenium 225
Vita Merlini 20, 33, 49
Vitalinius 88
Viviane 51
Vortigern, Königreich 76, 79, 81, 85, 87, 88, 93, 105–107, 113, 117, 121, 129, 137, 138, 201, 202, 220–222, 230, 338
Vortipori, König 131
Votadini 118, 119, 120–123, 134, 136, 148
Vulgate Cycle 50

– siehe auch Lanzelot-Gral-
Zyklus

Wace, Dichter 20, 21, 30,
  254
Wagner, Richard 183
Waite, A. E. 273
Wales 32, 40, 43, 57, 95, 103,
  114, 135, 187, 230, 235,
  241, 243
Waliser 46
Walisische Annalen 26
Walter von Oxford, Erzdiakon
  23
Warton Club 323
Warwick Castle 233
Warwickshire 89, 91
Watling Street 136, 137
Weiße Buch von Rhydderch 46,
  107
Weiße Burg 250, 261
Weiße Halle 204, 206
Weiße Stadt 154, 203,
  204–206, 209, 240, 244,
  250, 255, 261, 317
Weißer Turm 244
Weißes Land 191, 203–206,
  209, 239, 240, 242, 255
Weißes Land, Ketzerei
  191–207
Welsh Annals 26, 39, 57,
  62–64, 67, 71, 72, 77, 95,
  101, 104, 114–117, 121,
  126, 143–147, 150, 153,
  154, 159, 205, 210, 222,
  230, 278
Welsh Marches 210
Wessex, Königreich 148, 233
West Camel 32
Westgoten 74, 211, 338
Weston 328, 330, 331
Weströmisches Reich 74, 82,
  212, 217, 219, 221
White Abbey 300–325
White Cliff 327, 331, 334
White Ladies Prior 223
White, Roger 161, 163
Whittington 238, 240, 241,
  250–252, 257, 299, 302,
  313, 314
Whittington, Burg 237, 244,
  255, 300, 311, 312, 342,
  344
Wilhelm der Eroberer 31, 237,
  241, 249, 250, 339
Wilkinson Sword 225
Will Scarlet 306
William of Malmesbury 26,
  39, 57–59, 61, 62, 64, 67,
  93
William-Salt-Sammlung 301
Wiltshire 110
Winchester 22, 30, 313
Winchester, Burg 30, 31
Windsor 314
Wirth, Oswald 272, 273
Witwe Frances 335
Wolfram von Eschenbach 170,
  182, 191, 193, 256, 342,
  344
Wolfram von Eschenbach,
  Parzival 182–184
Wollerton 333
Worcester 101
Wrekin 154
Wrekin Hill 205

Wright, Thomas 322, 323, 332–335
Wrocensaetna 155
Wroxeter 136, 154
Wulfhere 232

Y Diarebion Camberac 43
Ygerna, Herzogin von Cornwall 29
Ynyr 237
York 136, 213
Yorkshire 85, 123
Ysbaddaden, Riese 42

Bedeutende Persönlichkeiten der Weltgeschichte

„Was will man uns noch mit dem Schicksal! - Politik ist das Schicksal."

Napoleon zu Goethe

Franz Herre
Ludwig II.
Bayerns Märchenkönig - Wahrheit und Legende
19/354

E.C. Conte Corti
Elisabeth von Österreich
Tragik einer Unpolitischen
19/388

Vincent Cronin
Napoleon
Stratege und Staatsmann
19/389

Louis Fischer
Gandhi
Prophet der Gewaltlosigkeit
19/426

Zoé Oldenbourg
Katharina die Große
Die Deutsche auf dem Zarenthron
19/353

19/426

Heyne-Taschenbücher